José del Valle (ed.)

# La lengua, ¿patria común?

## Ideas e ideologías del español

# Lengua y Sociedad en el Mundo Hispánico
## *Language and Society in the Hispanic World*

**Editado por /** *Edited by*
Julio Calvo Pérez (Universitat de València)
Luis Fernando Lara (El Colegio de México)
Matthias Perl (Universität Mainz)
Armin Schwegler (University of California, Irvine)
Klaus Zimmermann (Universität Bremen)

**Vol. 17**

José del Valle (ed.)

# La lengua, ¿patria común?

**Ideas e ideologías del español**

Vervuert · Iberoamericana · 2007

Bibliographic information published by Die Deutsche Bibliothek
Die Deutsche Bibliothek lists this publication in the Deutsche Nationalbibliografie;
detailed bibliographic data are available on the Internet at <http://dnb.ddb.de>.

Esta obra ha sido publicada con una subvención de la Dirección General del Libro, Archivos y Bibliotecas del Ministerio de Cultura, para su préstamo público en Bibliotecas Públicas, de acuerdo con lo previsto en el artículo 37.2 de la Ley de Propiedad Intelectual.

© Iberoamericana, 2007
Amor de Dios, 1 – E-28014 Madrid
Tel.: +34 91 429 35 22
Fax: +34 91 429 53 97
info@iberoamericanalibros.com
www.ibero-americana.net

© Vervuert, 2007
Wielandstr. 40 – D-60318 Frankfurt am Main
Tel.: +49 69 597 46 17
Fax: +49 69 597 87 43
info@iberoamericanalibros.com
www.ibero-americana.net

ISBN 978-84-8489-306-6 (Iberoamericana)
ISBN 978-3-86527-337-6 (Vervuert)

Depósito Legal:

Diseño de la cubierta: Michael Ackermann
Ilustración de la portada: Marcelo Alfaro
Idea para la ilustración de la portada: José del Valle
Impreso en España por
The paper on which this book is printed meets the requirements of ISO 9706

# ÍNDICE

# AGRADECIMIENTOS

Quiero darles las gracias, en primer lugar, a mis colaboradores. Trabajar con ellos ha sido un privilegio y una de las experiencias más gratificantes de mi vida profesional. Gracias a Jim Fernández (director del King Juan Carlos I of Spain Center de la New York University) y Lía Schwartz (directora del programa de doctorado de Literaturas y Lenguas Hispánicas y Luso-Brasileñas de la City University of New York) por hacer posible en 2005 el coloquio "El español como ideología en la era de la globalización". El coloquio fue un paso fundamental para la articulación coherente de mi propio proyecto con el trabajo de mis colaboradores. Gracias también a los participantes en las mesas redondas de aquel coloquio: Rainer Enrique Hamel, Isaías Lerner, Miki Makihara, Mary Louise Pratt y Cristina Rodríguez. Un saludo y gesto de reconocimiento especiales se los debo a Luis Gabriel-Stheeman, leal compañero de trinchera en *La batalla del idioma* y aún hoy uno de mis más ágiles interlocutores sobre estas materias. Gracias, por último, a Klaus Vervuert y Kerstin Houba por su confianza y por el profesionalismo con que siempre hemos tratado.

El capítulo 2 de este libro está basado en José del Valle (2005): "La lengua, patria común: política lingüística, política exterior y post-nacionalismo hispánico". En: Wright, Roger y Ricketts, Peter (eds.): *Studies on Ibero-Romance Linguistics Dedicated to Ralph Penny*. Newark, DE: Juan de la Cuesta Monographs, 391-416. Gracias a Roger, Peter y Tom Lathrop de Juan de la Cuesta. El capítulo 4 está basado en José del Valle (2007): "Embracing diversity for the sake of unity: linguistic hegemony and the pursuit of total Spanish". En: Duchêne, Alexandre y Heller, Monica (eds.): *Discourses of endangerment*. London: Continuum International, 242-67. Gracias a Alexandre y Monica. Uso aquí aquel artículo "by kind permission of Continuum International Publishing Ltd". El capítulo 5 está basado en José del Valle y Laura Villa (2006): "Spanish in Brazil: language policy, business, and cultural propaganda". En: *Language Policy*, 5, 369-392. Lo usamos "with kind permission of Springer Science and Media Business". Le agradecemos a Bernard Spolsky y a Springer el permiso para usarlo en este libro. El capítulo 8, "Por una reconstrucción de la idea de la lengua española" de Luis Fernando Lara, fue presentado como ponencia plenaria en el XV Congreso de Hispanistas Alemanes en marzo de 2005 en Bremen y publicado en la *Revista Internacional de Lingüística Iberoamericana*. Gracias a los editores y a Iberoamericana/Vervuert por permitirme reproducirlo.

# PREFACIO

Ya en los últimos capítulos de *La batalla del idioma* (2004), Luis Gabriel-Stheeman y yo dábamos los primeros pasos hacia un análisis crítico de los discursos que, a inicios del milenio, iban sirviendo de soporte a las políticas de promoción del español. Algunas de las críticas que el libro recibió (y quiero señalar que entre las más interesantes se encuentran las escritas precisamente por varios de mis actuales colaboradores) me animaron a continuar trabajando en un proyecto que parecía haber cuajado entre ciertos sectores de la profesión dando lugar, en algunos casos, a estudios complementarios y detonando, en otros, actitudes de abierto enfrentamiento intelectual. Durante aquellos primeros meses tras la publicación de *La batalla*, pensaba que seguiría en solitario y que quizás acabaría por producir una monografía que, en formato cerrado y acaso coherente, sintetizara mi perspectiva y los resultados de mi investigación. Sin embargo, quizás por la dinámica de mi actividad profesional, el proyecto se fue desarrollando de otra manera, en un proceso de constante diálogo con un grupo de colegas que enriquecían el trabajo ofreciéndome perspectivas, como acabo de decir, a veces complementarias y a veces alternativas. Y así se fue forjando este libro, este híbrido marcado, por un lado, por la fuerte impronta que yo, como editor, le pude dar, y por otro, por la poderosa presencia de intelectuales e investigadores de una talla tal que ni el editor más enérgico les puede hacer sombra.

El libro, su estructura interna y su efecto como un todo, ha sido meticulosamente planeado. Y sin embargo, a pesar de mis impulsos totalizadores y de mi intervención editorial, cada uno de los elementos que lo constituyen tiene una existencia y un valor propios. Son ensayos creados autónomamente (la mayoría como respuesta a mi invitación y uno, el de Lara, de modo absolutamente independiente) que de hecho han funcionado en otros contextos donde los autores los hemos presentado o publicado en variaciones mayores o menores sobre el que aquí aparece.

El resultado final es este libro: una serie de análisis y reflexiones sobre la dimensión ideológica de las políticas contemporáneas de promoción del español. En torno al concepto de ideología lingüística –aunque comprometidos con él en distinta medida– y frente al horizonte que dibujan los paradigmas del nacionalismo y la globalización, los autores analizamos –con diferente intensidad crítica– dos aspectos de los discursos que arropan este proyecto de consolidación del estatus simbólico del idioma: la afirmación del español como base de la *hispanofonía* y su instalación definitiva como *lengua global*. En el proceso se presta atención especial –aunque no exclusiva– a las imágenes de la lengua que emergen de la comunidad discursiva desarrollada en torno a agencias españolas tales como la RAE y el Instituto Cervantes (el español como *lengua total, lengua de encuentro, activo estratégico, lengua mestiza* o *lengua global*). En algunos capítulos se afirma el valor analítico del concepto de ideología lingüística (Woolard –una de las principales proponentes del mismo–, del Valle y Fernández) y se ilustra su aplicabilidad al análisis de los debates públicos en torno a la lengua. En otros (Lara y López García) se adopta una actitud diferente hacia esta categoría e incluso –al desarrollar modelos distintos para el estudio de los temas generales aquí tratados– un gesto estimulantemente crítico hacia alguna de las premisas teóricas del libro en su conjunto.

El tema al que nos enfrentamos es vasto y complejo y por ello nuestra contribución es necesariamente limitada. Confiamos, sin embargo, en que estos estudios sirvan al menos para provocar el examen de asuntos que hayamos explorado de modo insuficiente o que nos hayamos visto obligados a dejar en los márgenes. ¿Qué tratamiento se le da, en los discursos aquí analizados, a las lenguas que en el mundo hispánico viven en contacto con el español? ¿Qué ideologías lingüísticas emergen en torno a estas lenguas? ¿Qué efectos políticos tienen las visiones del español aquí estudiadas en la legitimación de políticas en territorios plurilingües? ¿Qué juego dan para negociar el estatus del español y de España en la Unión Europea? ¿Qué arraigo pueden tener estas visiones institucionales del idioma más allá de las instituciones, entre "la gente"? ¿Qué relevancia adquieren estas ideologías en espacios concretos tales como Puerto Rico? ¿Qué políticas lingüísticas y qué ideologías se han desarrollado en otros países de habla hispana? ¿Qué impulso institucional han recibido? Nuestro grupo de colaboradores se forma desde diversos espacios geoacadémicos: español (Fernández y López García), estadounidense (del Valle, Villa, Woolard) y mexicano (Lara) –sin olvidar el eje Alemania-España que forma la editorial, Vervuert/Iberoamericana–. Me habría gustado, desde luego, que al menos una perspectiva suramericana estuviera representada (un par de colegas de cuyo apoyo y erudición me he beneficiado enormemente no pudieron participar en la última fase del proyecto). El caso es que aún hay mucha tela que cortar y confiamos en que surjan nuevas iniciativas que den cabida a otras y nuevas voces.

Hay un elemento más que distingue a este libro de la narración monológica que yo, como único autor, muy probablemente habría construido. El texto que sigue exhibe toda una serie de tensiones internas, toda una serie de cruces temáticos y argumentales que por momentos adquieren una visibilidad inusual en trabajos colectivos de este tipo. López García, por ejemplo, abre su ensayo situándose de modo explícito frente al concepto de ideología lingüística que yo abrazo y frente al "galimatías" conceptual que pudiera generar mi propuesta. Woolard, por su parte, desarrolla en el suyo, con precisión de experta cirujana, la disección fascinante que merece un también fascinante libro como es *El rumor de los desarraigados* (1985) que le valió precisamente a Ángel López García el premio Anagrama allá por los años ochenta.

¿Cómo leer entonces este volumen? ¿De adelante atrás, de arriba abajo y de izquierda a derecha? Sí, así se puede leer. Sin embargo, el propio texto contiene múltiples invitaciones –conscientes unas, inesperadas otras– a la transgresión de su orden aparente. Ojalá que, a la hora de la verdad, es decir, a la hora de la lectura, el libro tenga en el lector una suerte de efecto *rayuela* que lo anime a explorar otros caminos, a dar saltos sorpresivos y, a través de ellos, a leer a contrapelo el orden tranquilizador y las cómodas categorías que lo constituyen como texto.

Finalmente, pido al lector que haga justicia a mis colaboradores y me atribuya sólo a mí la responsabilidad de los errores y omisiones que el libro en su conjunto pueda contener.

# GLOTOPOLÍTICA, IDEOLOGÍA Y DISCURSO: CATEGORÍAS PARA EL ESTUDIO DEL ESTATUS SIMBÓLICO DEL ESPAÑOL

JOSÉ DEL VALLE

La lengua española se imagina de tantas maneras que para algunos ni español es, es castellano. Y lo es, en cada caso, por distintas razones. Se habla (y se habla de ella) en lugares distintos y de maneras varias, vive en comunidades muy dispares donde asume valores materiales y simbólicos propios y coexiste con otros idiomas en espacios plurilingües que, con frecuencia, los hablantes saben negociar con mucha más serenidad que los guardianes del lenguaje. Ante esta complejidad, no es de extrañar que en la historia lingüística de las comunidades hispánicas nos encontremos con muchos y muy variados discursos sobre el lenguaje, las lenguas y el habla cuyo análisis casi siempre (y me inclino a pensar que el "casi" sobra) revela continuidades con fenómenos que incuestionablemente pertenecen al ámbito de lo político. Los últimos treinta años no han sido excepcionales y es probable incluso que de haberlo sido su desvío haya ocurrido por exceso más que por defecto. En cualquier caso, es patente que, en décadas recientes, se ha manifestado con llamativa frecuencia una voluntad de intervenir el lenguaje (quizás no más intensa que en otros tiempos pero sí de mayor alcance) y una enérgica determinación de proteger, promover y, muy especialmente, controlar el poder simbólico de las lenguas (del catalán, del español, del gallego, del quechua, del rapanui...). Inevitablemente, esta viva conciencia de lo lingüístico (y los discursos a menudo contradictorios en los que se manifiesta) ha desembocado en una proliferación de acciones institucionales destinadas a vigilar y ordenar la vida lingüística del mundo hispanohablante y de las comunidades y zonas de contacto que lo constituyen, y con ellas, ideologías (algunas de las cuales se remontan a tiempos bien lejanos en la historia de la humanidad) a veces normalizadoras y a veces desestabilizadoras, en el contexto del tan delicado mercado de la opinión pública, de aquellas instituciones y del orden cultural, político o social que representan.

Este libro es, o al menos aspiramos a que sea, una modesta contribución al estudio de apenas un segmento de tan complejo panorama *glotopolítico*. Nótese que al usar este término –con el cual, he de advertirlo, no necesariamente se identifican mis colaboradores– pretendo encuadrar nuestros ensayos y los análisis que contienen en un espacio disciplinario definido por una concepción fundamentalmente *contextual* del lenguaje: es en este espacio donde se sitúan, por ejemplo, las distintas encarnaciones de la sociolingüística, que lo conciben como hecho social, y por donde transitan las preocupaciones de la antropología lingüística, que lo estudia en su dimensión de hecho o proceso cultural. La etiqueta que aquí adopto, *glotopolítica*[1], afirma, obviamente, un interés por las dimensiones del fenómeno (del lenguaje) que se manifiestan (y por lo tanto se han de interpretar) en el terreno de lo político. En una de las primeras definiciones programáticas del término, Guespin y Marcellesi lo justificaban así:

> Il désigne les diverses approches qu'une société a de l'action sur le langage, qu'elle en soit ou non consciente; [...] *Glottopolitique* est nécessaire pour englober tous les faits de langage où l'action de la société revêt la forme du politique (Guespin y Marcellesi 1986: 5).

Situar el lenguaje en un ámbito de acción colectiva como es el de la política tiene inevitablemente consecuencias para su estudio. Por ejemplo, el *poder*, la *autoridad* y la *legitimidad* pasan a ser, de inmediato, categorías centrales para el análisis de su funcionamiento, y el lenguaje mismo, en tanto que acción política, exige ser definido como *fenómeno ideológico-discursivo*, es decir, como entidad dinámica en constante relación dialógica con el contexto:

> Aussi, en opposition avec la tradition saussurienne, la langue ne saurait être, aujourd'hui, considérée autrement que comme une création continue, sans cesse réinventée. L'analyse française du discours, l'interactionnisme américain, et la réédition de Volochinov (1977), manifestent de manières diverses la necéssité d'une telle vision du langage: la langue non pas preéxistante, mais sans cesse se faisant dans l'acte d'énonciation (Guespin y Marcellesi 1986: 10)[2].

Concretamente, en este volumen, nuestra aportación a la glotopolítica se irá materializando en forma de una serie de descripciones y análisis de las ideologías lingüísticas –categoría sutilmente problematizada por alguno de mis colaboradores en gesto provocadoramente crítico hacia mi propuesta (véanse especialmente los capítulos de López García y Lara)– que en las discusiones públicas del español se

---

[1]   Véase Narvaja de Arnoux (2000).
[2]   La referencia a Voloshinov/Bajtín (1977) es a la edición francesa (publicada por Minuit) de *Marxismo y filosofía del lenguaje* de 1929.

han manifestado en las últimas décadas del siglo veinte y en lo que llevamos del veintiuno. Comenzaba el capítulo señalando, e insisto en hacerlo, la extraordinaria complejidad cultural, económica, política y social de esa comunidad imaginada que es el mundo hispanohablante –y que nadie se alarme, por favor, hasta leer, más adelante, en el capítulo 2, el sentido que aquí le doy al concepto andersoniano de *comunidad imaginada* (Anderson 1983)– y la consecuente diversidad de visiones del lenguaje y de las lenguas que en ella se producen. Por ello debemos acotar el objeto de análisis, proceso riguroso necesario si se aspira a hacer una contribución atendible a un campo o campos reconocidos del saber, y necesariamente ideológico, en tanto que uno (es decir, yo) ve y piensa desde una localización política, intelectual, y por supuesto, "geoacadémica" específica –y confío en que no se me descalifique de entrada y sin matices, no todavía al menos, con la socorrida pero básicamente insignificante etiqueta de relativista–.

Al iniciar las investigaciones que desembocaron en el presente proyecto (me refiero, claro está, a los primeros pasos dados por mí, en colaboración con Luis Gabriel-Stheeman, mientras se preparaba nuestro *The battle over Spanish* de 2002), mi interés se centró en los discursos que, desde finales de los ochenta, habían ido surgiendo en torno a las políticas de promoción de la lengua española en un contexto cambiante definido por la transformación política de España tras la entrada en vigor de la Constitución de 1978, el despegue económico del país a finales de los ochenta y la proyección internacional de empresas españolas que prestaban una atención especial a los cada vez más liberalizados mercados latinoamericanos (Bonet y de Gregorio 1999, Casilda Béjar 2001). Para un ojo que observa a través de las lentes de la glotopolítica –familiarizado por tanto con procesos, anteriores y contemporáneos, en los que se impulsaba la proyección internacional del inglés o del francés en condiciones políticas y económicas muy concretas[3]–, resultaba notable apreciar cómo, en aquel contexto y precisamente en virtud de aquellas condiciones, se iba produciendo en España una reconocible movilización de agencias culturales que –en colaboración frecuente con el mundo empresarial– ponían en marcha robustas políticas de autolegitimación y, por

---

[3]   Al hablar de difusión de lenguas me refiero al fenómeno que en inglés se designa con el sintagma "language spread". El libro de Cooper (1982) contiene estudios de difusión de diversas lenguas. Para la difusión del inglés véase, por ejemplo, Fishman, Cooper y Conrad (1977) o, más contemporáneo, Crystal (2003). Aproximaciones críticas a la difusión del inglés se encuentran en Pennycook (1994) y Phillipson (1992), quien critica incluso el término "language spread" por considerar que naturaliza la difusión al desenfatizar la presencia de agentes que la promueven. Tratamientos de la difusión del francés se encuentran en Calvet (1974) y (1987), en Varela (2006) y en Wright (2004), y de la del italiano en Totaro-Genevois (2005).

supuesto, acciones orientadas a la promoción de un determinado estatus para la
lengua española. Dicho de modo sucinto: mi hipótesis de trabajo era que con
aquellas políticas lingüísticas se aspiraba a tomar las riendas de la operativiza-
ción política y económica del área idiomática y de la organización de una industria en torno al español concebido como producto de mercado[4] (todo esto ocurría,
y es importante subrayarlo, al tiempo que, dentro de la propia España y a pesar
del desarrollo del Estado de las Autonomías, continuaban saltando disputas sobre
el estatus relativo –legal y simbólico– del catalán, español, gallego y vasco). El
diseño e implementación de estas nuevas políticas lingüísticas se iba realizando
en los ámbitos legal y económico –en la dotación, por ejemplo, de un estatus jurídico y de un sustento presupuestario a las diversas instituciones– pero también se
materializaba en forma *discursiva*, es decir, a través de una serie de *textos* producidos por los responsables de las agencias en cuestión (y por sus colaboradores)
en libros, revistas, congresos, conferencias y declaraciones a la prensa[5]. En el

---

[4]   Véase Varela y Otero (2006). El breve pero jugoso artículo contiene un componente histórico y otro programático.

[5]   En la actualidad, disponemos ya de un considerable archivo de textos producidos y publica-
dos bajo los auspicios de las agencias en cuestión. Pensamos, en primer lugar, en los informes anuales que desde 1998 publica el Instituto Cervantes –la institución creada por el
gobierno español en 1991 para liderar los esfuerzos de promoción internacional de la lengua– bajo el título general de *El español en el mundo* (disponibles en http://cvc.cervantes.
es/obref/anuario/). Vistos conjuntamente, los anuarios constituyen una importantísima
fuente de información sobre los intereses de la institución que los auspicia, y como tales los
hemos leído para la realización de este estudio. El Instituto Cervantes ha organizado además tres congresos internacionales de la lengua española (los CILE): el primero en 1997 en
Zacatecas, México (http://cvc.cervantes.es/obref/congresos/zacatecas/), en colaboración
con la Secretaría de Educación Pública de este país; el segundo en 2001 en Valladolid,
España (http://cvc.cervantes.es/obref/congresos/valladolid/default.htm), en colaboración
con la Real Academia Española; y el tercero en 2004 en Rosario, Argentina (http://www.
congresodelalengua3.ar/), con la Academia Argentina de Letras, con la Comisión Ejecutiva
representante del país anfitrión y de nuevo con la RAE. La RAE es, por supuesto, el otro
pilar central de las políticas de promoción del español. El corpus de textos producidos por
la Academia es también notable e incluye, desde principios de los noventa, la nueva edición
de la *Ortografía*, nuevas ediciones del *Diccionario*, nuevos diccionarios como el *Panhispánico de dudas* y otros documentos tales como el que describe la *Nueva Política Lingüística
Panhispánica* que se analizará en el capítulo 4. Con frecuencia, la presentación de estos
nuevos textos –así como los congresos de la lengua– ha recibido abundante cobertura
mediática y por ello la prensa, española y latinoamericana, nos ha ofrecido también una
plétora de artículos que contribuyen grandemente a ensanchar ese corpus en torno al cual
giran muchos de los análisis presentados en este libro. A la prensa y a estas agencias culturales habría que sumar otros organismos del Estado tales como SEACEX (Servicio Estatal
para la Acción Cultural Exterior, www.seacex.com), ICEX (Instituto de Comercio Exterior,
www.icex.es), y fundaciones creadas para la defensa y promoción del idioma tales como la
Fundación San Millán de la Cogolla (www.fsanmillan.org), Fundéu (www.fundeu.es) o la
Fundación Campus Comillas (www.campuscomillas.es).

mismo proceso de puesta en marcha de aquellas políticas y en la elaboración de ese archivo textual iba cristalizando una nueva *comunidad discursiva*[6] y se iba manifestando una serie de ideas/lemas/metáforas/ideologemas[7] que, como iremos viendo en los sucesivos capítulos, a su vez articulaban más complejos sistemas lingüístico-ideológicos. Este discurso no era en absoluto ajeno a las batallas del idioma presentes en la tradición hispánica que habíamos analizado en nuestro libro de 2002 (del Valle y Gabriel-Stheeman 2002, 2004 en su edición en español) en el eje diacrónico. Sin embargo, resultaba obvia la necesidad de analizar la nueva comunidad discursiva en el contexto histórico preciso de su emergencia en busca no sólo de continuidades con los debates del pasado sino también y muy especialmente de discontinuidades que revelaran la relación de las mismas con las condiciones del momento actual: entre otras, la persistencia del nacionalismo, la creciente concentración de poder en organismos y empresas transnacionales y el desarrollo de proyectos de integración regional.

Este panorama que acabo de dibujar a grandes rasgos es el que da origen al presente libro, que nace del interés glotopolítico que presenta la legitimación discursiva de las políticas articuladas en torno al español: ¿cuál es la naturaleza y el origen del poder que ostentan las instituciones estudiadas?, ¿en qué se funda su autoridad?, ¿cómo legitiman su gestión?, ¿cuál es el pleno significado de la normatividad policéntrica?, ¿son aplicables al caso que nos ocupa –son explicativas– categorías tales como imperialismo o neocolonialismo lingüístico? En los ensayos que aquí se presentan, la atención se dirige predominantemente a las políticas de promoción del español tal como se han diseñado e implementado en la España contemporánea y en un contexto geopolítico definido –al menos en parte– por la tensión entre el paradigma del Estado-nación y el de la globalización.

El ser yo el editor del libro y autor o coautor de la mitad de los capítulos hace que éste tenga un tono dominante creado por mí. Sin embargo, como advertía en el

---

[6]   Véase en Watts 1999 el concepto de *comunidad discursiva* y el uso que yo hago del mismo en el capítulo 4. En cierto sentido, en el capítulo 3, Mauro Fernández estudia también la formación de esta misma comunidad a través del análisis de lo que él llama la "convergencia discursiva" en torno a la idea de la *lengua del mestizaje*.

[7]   Cada uno de nosotros –de los que colaboramos en este proyecto– adoptamos términos distintos, lo cual, en algunos casos, refleja una simple preferencia terminológica y, en otros, sugiere una mayor conexión con ciertas tradiciones intelectuales y tiene por tanto incuestionables ramificaciones teóricas. Yo utilizo el término "ideologema" en el sentido en que lo define Elvira Narvaja de Arnoux (2005): "Término introducido por Marc Angenot (1982: 179-182) para referirse a un tipo de "lugares comunes" que integran los sistemas ideológicos. Son postulados o máximas que funcionan como presupuestos del discurso y que pueden realizarse o no en superficie".

prefacio, el lector ha de estar atento a los elementos –teóricos o descriptivos– donde pudieran manifestarse distanciamientos e incluso desafíos a mi propuesta por parte de mis colaboradores. Se podría afirmar incluso que cada capítulo contiene al menos una doble lectura: como texto autónomo y como componente del conjunto que construye el libro. En todo caso, como ya dije arriba, todos nuestros análisis atenderán principalmente a la manifestación discursiva de estas políticas utilizando como ancla teórica los conceptos de ideología e ideología lingüística.

## Las ideologías lingüísticas

Dada la centralidad de este concepto en el libro, me detendré brevemente en la presentación de su emergencia histórica en los estudios del lenguaje y su progresiva articulación como herramienta teórica –Kathryn Woolard, una de las principales proponentes del término desde la antropología lingüística, le dedica unas impecables páginas más adelante, en el capítulo 6–[8].

Si nos fijamos en las definiciones del lenguaje como objeto de estudio de la lingüística –entendida no sólo como área de conocimiento sino también como espacio académico-administrativo–, encontramos una división primaria en su estatus ontológico: se define como sistema verbal de comunicación e interacción cuya naturaleza y funcionamiento se explican principalmente, en un caso, por medio de propiedades estructurales y principios generales de carácter formal, y en el otro, por medio de un sistema de relaciones entre la sustancia verbal y el contexto comunicativo. Esta división se corresponde, respectivamente, con las aproximaciones formalistas al lenguaje (algunas radical y otras moderadamente descontextualizadoras en el continuo que describe el paradigma neogramático-estructuralista-generativista) y con las aproximaciones explícitamente contextualizadoras que se organizan en torno a disciplinas tales como la antropología lingüística, la sociolingüística y los estudios glotopolíticos. Fue la consolidación académica de estas últimas, al exponer las limitaciones descriptivas y explicativas de algunos de los binomios fundacionales de la lingüística moderna (Crowley 1996, Joseph y Taylor 1990a, Taylor 1997, Wolf 1992), lo que permitió orientar la mirada del lingüista hacia el hablante más que hacia la lengua y hacia el uso y el contexto más que hacia el sistema. La instalación académica de esta nueva mirada (y por supuesto la musculatura institucional que podían exhibir sus proponentes) legitimó el interés por el estudio de la conciencia lingüística de los hablantes (e inclu-

---

[8]   Distintas versiones de los estudios de ideologías lingüísticas se pueden encontrar en los siguientes libros: Joseph y Taylor (1990); Kroskrity (2000); Schieffelin, Woolard y Kroskrity (1998).

so de su subconsciente lingüístico) al conceptualizarla como producto y a la vez elemento determinante de la vida lingüística de un colectivo humano (como quiera que se lo delimite: como comunidad afirmada en elementos estables –predominantemente culturales, políticos o sociales– o como zona de contacto determinada por flujos y movimientos constantes[9]). Se fueron produciendo así una serie de convergencias entre las que acabo de llamar ramas contextuales de la lingüística y lo que ya convencionalmente se reconoce como el giro lingüístico de las ciencias sociales y de la filosofía[10] que crearon las condiciones necesarias para el desarrollo y reconocimiento de la categoría analítica que aquí nos ocupa: las *ideologías lingüísticas*.

Adoptar la ideología como herramienta teórica significa –como señalará Woolard más adelante– adentrarse en un terreno pantanoso que Jan Blommaert describe con gran elocuencia[11]:

> A pocos términos se les ha hecho tan poca justicia en el mundo académico como al de ideología. En cuanto uno se adentra en el terreno del estudio de la ideología, se encuentra con un pantano de definiciones contradictorias, aproximaciones considerablemente diferentes y enormes polémicas en torno a los términos, los fenómenos y los modos de análisis (Blommaert 2005: 158)[12].

Y algo parecido ocurre con *ideología lingüística*, concepto obviamente derivado del anterior y en cuyo uso coinciden investigadores procedentes de campos distintos con objetos de estudio sólo parcialmente coincidentes. Con todo, de la literatura que de unos años a esta parte ha ido apareciendo en torno a esta categoría empieza a concretarse un repertorio de referentes teóricos que le confieren una cierta unidad conceptual y por lo tanto una mayor eficacia analítica. A partir de ese consenso[13] y con el objeto de concretar en la medida de lo posible el horizonte teórico frente al cual propongo que se lea este libro, sugeriré una definición que nos sirva como punto de referencia: las ideologías lingüísticas son sistemas

---

[9]  Sobre la teorización de la comunidad de habla véase, por ejemplo, Gumperz (1972) o Silverstein (1998). Sobre el concepto de zona de contacto véase Pratt (1991) y la referencia que hace a ese artículo Woolard en el capítulo 6.

[10]  El giro lingüístico de la filosofía se suele asociar con Ludwig Wittgenstein. Aquí pienso más concretamente en la contribución sociológica al estudio del lenguaje de Pierre Bourdieu (1991) y las nociones de discurso que se presentan en la obra de Michel Foucault (1966, 1969).

[11]  Se pueden encontrar visiones panorámicas en Eagleton (1991, 1994), Hawkes (1996), Williams (1977: 55-74).

[12]  Todas las traducciones del capítulo son mías.

[13]  ¿Podríamos hablar aquí, quizás, de la emergencia de una comunidad discursiva en torno al concepto de ideología lingüística, a una serie de posiciones políticas concretas y a una instalación geoacadémica identificable?

de ideas que articulan nociones del lenguaje, las lenguas, el habla y/o la comunicación con formaciones culturales, políticas y/o sociales específicas. Aunque pertenecen al ámbito de las ideas y se pueden concebir como marcos cognitivos que ligan coherentemente el lenguaje con un orden extralingüístico, naturalizándolo y normalizándolo (van Dijk 1995), también hay que señalar que se producen y reproducen en el ámbito material de las prácticas lingüísticas y metalingüísticas, de entre las cuales presentan para nosotros interés especial las que exhiben un alto grado de institucionalización. El análisis de las ideologías lingüísticas, por lo tanto, debe plantearse como objetivo la identificación del contexto en que cobran pleno significado, contexto que, como nos muestra la literatura existente, dependiendo de si se define en términos predominantemente culturales, sociales o políticos, las construye como un objeto de estudio más propio de la antropología lingüística, la sociolingüística o la glotopolítica respectivamente (por supuesto, no niego sino que al contrario afirmo la necesidad de elaborar definiciones híbridas del contexto, ya sean de origen teórico o práctico, y consecuentemente de aproximaciones interdisciplinarias). En suma, a partir de esta definición, ¿qué hace que, en el contexto de un análisis glotopolítico, optemos por conceptualizar un sistema de ideas sobre el lenguaje como ideología lingüística? Fundamentalmente tres condiciones: primera, su *contextualidad*, es decir, su vinculación con un orden cultural, político y/o social; segunda, su *función naturalizadora*, es decir su efecto normalizador de un orden extralingüístico que queda apuntalado en el sentido común; y tercera, su *institucionalidad*, es decir, su producción y reproducción en prácticas institucionalmente organizadas en beneficio de formas concretas de poder y autoridad.

Las múltiples conceptualizaciones de la ideología se pueden clasificar, siguiendo a Blommaert (2005: 158-202), en dos grandes categorías. Una se caracteriza por la localización explícita tanto del conjunto de representaciones simbólicas que constituyen la ideología en cuestión como de sus funciones y de los agentes culturales, políticos o sociales que las adoptan y promueven. Vendrían a ser los "ismos": el socialismo, el neoliberalismo, el progresismo, el marxismo, el racismo, el antisemitismo (¿el panhispanismo?)[14]. La segunda categoría entendería la ideología como sistema cognitivo que normaliza y naturaliza una determinada interpretación de la experiencia. Para los autores que Blommaert incluye en este grupo, "la ideología es el sentido común, las percepciones normales que tenemos

---

[14]  Esta visión de la ideología como "ismo" coincide básicamente con la que adopta Ángel López García en el capítulo 7 tomando como punto de referencia la definición del término que nos proporciona el *Diccionario de la Real Academia Española*. En el 8, Lara se aproxima también a la noción de ideología como posición caracterizada por su parcialidad política.

del mundo como sistema, las actividades naturalizadas que sirven de soporte a las relaciones sociales y estructuras y patrones de poder que refuerzan ese sentido común" (159). La ideología así entendida se caracteriza por su ubicuidad, por su aparente deslocalización, por un anonimato (véase la elaboración del concepto que hace Woolard en el capítulo 6) que elide su conexión con un orden de cosas a través del cual se ejerce el poder y se establece la autoridad.

La noción de ideología lingüística que se usa en este libro oscila por el continuo conceptual que une (y separa) estas dos categorías. Partimos de la voluntad de examinar la medida en que son ideológicas las visiones del español que pueblan los discursos de promoción de su estatus simbólico (como patria común sobre la que descansa la *hispanofonía* y como activo estratégico en torno al que gira un proyecto lingüístico-mercantil), es decir, en qué medida y de qué manera estas imágenes del idioma, estas ideas en torno al español, están ligadas a un orden externo y a unas prácticas institucionales en los que se afirma una forma concreta de autoridad y una determinada estructura de poder. Pero nos interesa también desvelar la medida en que, en la producción de estos sistemas de ideas ancladas en un contexto concreto –de estas ideologías lingüísticas–, se identifica de modo explícito su localización política o, por el contrario, se despliegan estrategias de naturalización y normalización de la visión de la lengua con interés totalizador.

Completaré la caracterización del concepto reproduciendo cuatro rasgos que señala Paul V. Kroskrity (2000a):

> las ideologías lingüísticas representan una percepción del lenguaje y el discurso como producto de los intereses de un grupo cultural o social específico (8); es beneficioso concebir las ideologías lingüísticas como múltiples debido a la multiplicidad, en el seno de grupos socioculturales, de divisiones sociales relevantes (clase, género, clan, elites, generaciones y demás) que tienen el potencial de producir perspectivas divergentes expresadas como índices de pertenencia al grupo (12); los miembros de un grupo pueden exhibir diferentes grados de conciencia sobre las ideologías lingüísticas locales (18); las ideologías lingüísticas [...] funcionan como mediadores entre las estructuras sociales y los usos del lenguaje (21).

La primera de estas cuatro características me permite introducir una importante matización sobre el sentido que a la ideología se le da en la tradición de la que tomo el término. En el texto original en inglés Kroskrity dice que la percepción del lenguaje y el discurso están "constructed in the interest of a specific social or cultural group". Nótese que mi traducción de "constructed in the interest of" no es transparente y resulta reveladora de mi (interesada) elaboración del concepto. Pudiera ser, claro está, que al evitar el verbo "construir" quiera también evitar ser identificado con las versiones más radicales del constructivismo social. Puede ser; sin embargo, soy más consciente de mi deseo de prevenir la posible (y de hecho frecuente) interpretación de las ideologías lingüísticas como fabricaciones, como manipulaciones conscientes que distorsionan una determinada realidad lingüística con fines interesados y partidistas. El que de hecho exista una larga tradición en la que ideología se asocia con conciencia falsa, con representaciones distorsionadas que se contraponen a la verdad[15] reforzaría esta interpretación, contraria al uso que aquí hago del concepto. El sentido que ha adquirido en la tradición crítica en la que me apoyo (Althusser 1971, Bourdieu 1990, Foucault 1969, 1975) ancla la ideología no sólo en su relación "objetiva" con lo "real" sino, y lo reitero, en su asociación con prácticas e ideas naturalizadoras y normalizadoras de un orden extralingüístico, con la legitimación de un tipo determinado de saber que sirve de soporte al ejercicio del poder y la autoridad. Por ejemplo, ante la *idea* de que "el español es un recurso económico" (constante en los discursos que aquí analizamos, como se verá) estoy dispuesto a aceptar (no sin sentir crujir alguna de mis bisagras epistemológicas) su veracidad básica. Sin embargo, mi interés glotopolítico no quedará satisfecho tras constatar que se trata de una expresión que refleja objetivamente una realidad, sino que me estimulará a observar el uso de esta idea en contextos discursivos concretos y a analizar las adherencias subjetivas que, en su tránsito por múltiples textos, la vayan convirtiendo en *ideologema* (véase la nota 6). En mi análisis podré apreciar quizás que la idea de que el español es un recurso económico asume una visión acrítica de la lengua como entidad bien definida y claramente delimitada, podré reparar en que se figura además como variedad deslocalizada e inscrita en el ámbito semiótico de "lo global", podré observar la ausencia de toda reflexión sobre la posible distribución desigual de ese recurso, podré vislumbrar la sugerencia de que se dé un trato político prioritario a las lenguas que se cotizan al alza en mercados lingüísticos internacionales. Podré en definitiva identificar el uso imaginario y simbólico de "el español es un recurso económico" y, lejos ya de aquel original núcleo de objetividad, discernir el modo en que se integra en un más amplio sistema *lingüístico-ideológico*[16].

En consecuencia, en un análisis como el que aquí emprendemos, la determinación de la veracidad de las ideas que lo constituyen –si es que es posible y debiendo atender, incluso si lo es, a la localización de la naturaleza, función y origen de los criterios de objetividad– será en efecto un valioso componente. Pero, desde luego, no el único, especialmente en un proyecto que aspira a examinar la dimen-

---

[15]  Según relata Woolard (1998: 5), se remonta al interés político de Napoleón por desacreditar a Destutt de Tracy y los ideólogos.
[16]  Nótese que Ángel López García y Luis Fernando Lara (en los capítulos 7 y 8 respectivamente) elaboran de modo diferente la relación entre idea e ideología.

sión simbólica de esas ideas y su imbricación con acciones que se despliegan en el ámbito de la política lingüística, la cual –y no hay que perderlo de vista a pesar de su obviedad– *es* política.

## Política y planificación lingüística (PPL) y la dimensión ideológica

Partamos presentando una definición canónica de la planificación y política lingüística (PPL)[17]:

> La planificación lingüística incluye un conjunto de ideas, leyes y reglamentos (política lingüística), reglas de cambio, creencias y prácticas que tienen como objeto implementar un cambio previamente planeado (o impedir que un posible cambio se produzca) en el uso del lenguaje en una o más comunidades (Kaplan y Baldauf 1997:3).

Esta definición nos remite a una disciplina práctica, a una suerte de ingeniería social con sus ramas teóricas y aplicadas. Kaplan y Baldauf son aquí, efectivamente, fieles al espíritu de innumerables proyectos llevados a cabo desde finales de los años cincuenta y probablemente reflejan la imagen profesional que tienen de sí mismos un número mayoritario de lingüistas ubicados conscientemente dentro de las fronteras disciplinarias de la PPL[18]. Esta definición vendría a ser representativa de lo que Ricento (2000) ha llamado la fase inicial de la PPL. Esta fase se caracterizaría por su dependencia epistemológica del estructuralismo y el positivismo, por su orientación pragmática (actividad dirigida a la solución de problemas lingüísticos) y por responder a las condiciones de un contexto histórico concreto: los procesos poscoloniales de construcción nacional y las teorías del desarrollo (Ricento 2000: 197-200).

Einar Haugen, uno de los padres fundadores del campo (y aún una de sus más lúcidas voces aunque ya no está entre nosotros), nos ofrecía la siguiente definición –más apropiada en realidad, desde nuestra perspectiva actual, para describir una de las actividades que, sin ser ni mucho menos la única, constituye el objeto de la PPL, la *estandarización*–

> Por planificación lingüística entiendo la actividad de preparar una ortografía, gramática y diccionario normativos para guía de escritores y hablantes en una comunidad de habla no homogénea. En esta aplicación práctica del conocimiento lingüístico vamos

---

[17]  Esta etiqueta que unifica ambas actividades se ha extendido ya en la literatura en el mundo anglosajón y suele aparecer abreviada como LPP de "language policy and planning" (véase Hornberger 2006).

[18]  Véanse también los estudios panorámicos presentados en Pennycook 1994 y Tollefson 1991.

más allá de la lingüística descriptiva para adentrarnos en un área donde el juicio de valor se manifiesta en la toma de decisiones sobre formas lingüísticas alternativas disponibles (Haugen 1959: 8, cit. en Hornberger 2006: 26).

Nótese que Haugen subrayaba ya el carácter político de la estandarización y señalaba la fuerte impronta que la subjetividad deja en la actividad del planificador. Esta doble condición del proceso, política y subjetiva, dio lugar, por supuesto, a que con el paso del tiempo surgieran contribuciones al campo desde lo que Ricento (2000: 200-203) ha llamado la sociolingüística crítica, aportaciones en las cuales la estandarización se concibe ya no sólo como la solución técnica a un problema práctico sino como un proceso fundamentalmente ideológico[19].

Las visiones más tradicionales de la estandarización –las desarrolladas en la primera fase– la concebían en términos prácticos: un saber técnico al servicio del desarrollo nacional. Se conceptualizaba como un proceso de gestión de un recurso que se realizaba en varias fases: en un primer nivel se encontraban la planificación del *corpus* y la planificación del *estatus*[20]. La primera a su vez estaría formada por la *codificación* –establecimiento de un sistema de escritura, una gramática y un léxico– y la *elaboración* –creación de mecanismos que mantengan la lengua siempre a punto, siempre al día, velando, por ejemplo, por su modernización léxica–. La segunda, la planificación del estatus, por su parte constaría de dos proyectos: la *selección* de la variedad, variedades o elementos que han de servir como base para la norma y la *implementación* de la misma, es decir, el diseño y puesta en práctica de medidas que lleven a su uso generalizado en los contextos deseados. Kaplan y Baldauf ofrecen la siguiente definición de este proceso:

> La implementación de un plan lingüístico se centra en la adopción y difusión de una variedad lingüística que ya ha sido seleccionada y codificada. Esto se hace con frecuencia a través del sistema educativo y de otras leyes y normativas legales que incentivan y/o exigen el uso del estándar y quizás desincentivan el uso de otras lenguas o dialectos (1997: 36).

Como se desprende de esta definición, la implementación consiste en la proyección del plan lingüístico en cuestión sobre la comunidad afectada, es decir, incluye las múltiples estrategias que los agentes de la política lingüística deben diseñar

---

[19] Buenos ejemplos de este nuevo paradigma son Bex y Watts (1999), Joseph (1987) y Milroy y Milroy (1999).

[20] Esta es una clasificación convencional propuesta ya por los pioneros de la disciplina: Heinz Kloss (1969) y Einar Haugen (1972). Para una visión más contemporánea del asunto y de las variaciones y elaboraciones que se han hecho más allá del breve esquema que yo reproduzco léase a Hornberger (2006) o a Kaplan y Baldauf (1997: 28-58).

para persuadir a la población de la bondad y conveniencia del plan. Una vez seleccionada la lengua o dialecto (o lenguas y dialectos) que ha de servir como base para el desarrollo de la norma, una vez completada la codificación y una vez dispuestos los mecanismos de elaboración, es imprescindible conseguir que los hablantes acepten la visión de la comunidad lingüística que se les propone y por supuesto la legitimidad de las instituciones a las cuales se encomienda formular la política lingüística. Estaríamos aquí ante un proceso que podríamos llamar de *planificación del estatus simbólico de la lengua*. Cierto es que, como señalan Kaplan y Baldauf, el sistema educativo suele jugar un papel central como instrumento al servicio de la implementación. Ahora bien, no hay que olvidar la relevancia de otros campos discursivos –y de las instituciones del aparato ideológico del Estado (Althusser 1971) que los producen– en la difusión de ideas y prácticas que, una vez arraigadas en la opinión pública y convertidas en sentido común, faciliten la realización de proyectos políticos y legitimen arreglos socioeconómicos concretos. Esta dimensión persuasiva de la PPL, en la que se pretende condicionar las ideas y prácticas lingüísticas de los hablantes, no sólo está poblada de ideologías lingüísticas sino que se realiza de manera fundamentalmente discursiva.

**Discurso y política lingüística**

El término *discurso*, que ya he utilizado en varias ocasiones, pertenece al mismo universo teórico del que surgió el concepto de *ideología*, al menos en las acepciones del mismo más próximas al sentido que le quiero dar aquí. Se trata de nuevo de un término cuya significación es oscilante y depende con frecuencia de su asociación con una tradición intelectual o paradigma disciplinario concreto y en ocasiones del sentido que adquiere en un texto particular.

De hecho, los volúmenes dedicados a la elaboración o presentación del término como herramienta teórica (de la lingüística o de las ciencias sociales en general) suelen comenzar señalando su condición polisémica y repasando algunas de las definiciones que del mismo se han propuesto (Jaworski y Coupland 1999, Mills 1997, Schiffrin, Tannen y Hamilton 2001). En todos estos casos, como cabría esperar, se detecta una voluntad de síntesis por parte de los autores. Jaworski y Coupland, por ejemplo, tras presentar una serie de definiciones concluyen:

> Las citas anteriores enfatizan de modo consistente el "uso del lenguaje". Pero hay un conjunto de opiniones [...] que ponen el acento sobre lo que el discurso es *más allá* del uso del lenguaje. El discurso es el uso del lenguaje en relación con formaciones culturales, políticas y sociales: es lenguaje que refleja un orden social pero también lenguaje que da forma al orden social y a la interacción entre el individuo y la sociedad (Jaworski y Coupland 1999: 3).

Me interesa subrayar dos aspectos de la teorización del lenguaje como discurso: su vinculación con el uso ("interacción") y el contexto ("orden social"). Al definir el lenguaje como (inter)acción insistimos en su carácter no sólo constativo (como reflejo objetivo de una realidad externa que posibilita la transparencia de la comunicación) sino también en su naturaleza performativa, es decir, en su condición de herramienta que interviene la realidad que (re)presenta (inevitable aquí el paréntesis posmoderno pues afirmo la posibilidad de que la definición perfile al objeto definido) y que opera sobre el contexto en que se usa (pensemos en el hecho pragmático elemental de los efectos que el lenguaje tiene o se espera que tenga sobre las acciones de los interlocutores).

Este libro contiene, como ya he ido adelantando, una serie de análisis de un corpus de textos vinculados a debates lingüísticos contemporáneos –especialmente al modo en que se han planteado en España– y a las políticas lingüísticas orientadas a la gestión del estatus simbólico del español como base de la comunidad hispanohablante y como recurso económico –especialmente, de nuevo, a las que se han diseñado e implementado en España–[21]. Este corpus estaría representado (véase la nota 5) por las actas de los CILE, por los anuarios del Instituto Cervantes, por las publicaciones de la RAE, por la cobertura mediática de estas publicaciones (o de actos públicos en los que se presentan) y por otros textos, algunos institucionalmente relacionados con los anteriores (de Humberto López Morales (2006), por ejemplo, Secretario de la Asociación de Academias de la Lengua Española) y otros cuya conexión institucional es menos visible pero cuya continuidad temática con aquellos es notable (pienso aquí en obras tales como *Babel airada* de Ángel López García (2004) o la llamada trilogía de la lengua de Juan Ramón Lodares (2000, 2001, 2002)). Esta unidad temática (la reproducción recurrente y sistemática de una serie de ideologemas que van constituyendo los sistemas lingüístico-ideológicos que iremos presentando en los siguientes capítulos) así como el origen institucional común del corpus utilizado (desde órganos del Estado como la Corona, hasta empresas multinacionales como Telefónica y agencias culturales como la RAE y el Instituto Cervantes) le confiere una coherencia que sirve de base para su configuración, en el contexto de nuestros análisis, como *discurso*. En tanto que tal, y a partir de lo dicho arriba sobre este término, me interesa no sólo en su dimensión descriptiva –qué dicen los textos y cómo están

---

[21]  Los capítulos 7 y 8 (de López García y Lara respectivamente) ofrecen un valioso contrapunto. Por un lado, como ya dije antes, adoptan una visión del concepto de ideología distinta de la que yo propongo; y por otro, se aproximan diacrónicamente al estudio del estatus simbólico del español. Ambos llegan, por supuesto, a los debates contemporáneos en torno a su estatus y al papel que juegan las agencias españolas. Sus conclusiones son, claro está, diferentes (determinar la naturaleza de esa "diferencia" es labor que dejo para el lector).

construidos para decir lo que dicen– sino también, y muy especialmente, en su dimensión performativa –es decir, en el efecto que se espera que tengan sobre el público al que están destinados–. Dicho de otro modo, este corpus de textos me interesa tanto por la información que contiene sobre las políticas de promoción del español como por constituir un conjunto de actos de política lingüística en sí mismos, por ser un elemento constitutivo central del universo glotopolítico que es objeto de este estudio. En suma, lo que caracteriza el uso que aquí propongo de discurso es, primero, su carácter performativo, es decir, su relación dinámica con el contexto, y segundo, su condición ideológica en el triple sentido que le he asignado aquí al término: contextual, naturalizador e institucional[22].

Los análisis de los discursos generados en torno al español revelan, como se verá en varios de los capítulos del libro, su vinculación múltiple con los campos de la actividad económica y política de España y América Latina (si bien cada uno de nosotros interpreta y elabora esa relación de manera distinta). Veremos, por ejemplo, cómo, a través de ideologemas tales como *español total*, *lengua policéntrica*, *patria común*, *lengua de encuentro* o *lengua mestiza*, se manifiesta y se realiza un sistema lingüístico-ideológico que concibe al idioma como base de legitimación de una entidad política y económicamente operativa (a la que me refiero en el capítulo 2 como *hispanofonía*). Veremos también cómo por medio de la elaboración discursiva de estos y otros ideologemas –que describen el español como *lengua global*, *nuestro petróleo*, *recurso económico* o *activo estratégico*– se produce una imagen de la lengua como mercancía y se configura un mercado lingüístico de características muy concretas (la *ideología lingüística mercantil* que trataremos en el capítulo 5). En definitiva, presento este libro como un análisis, desde una perspectiva glotopolítica, de los constituyentes ideológicos de los discursos que elaboran el estatus simbólico del español, sus raíces institucionales, el sistema de relaciones de poder (económico y cultural) en que adquieren sentido pleno y las formas de autoridad sobre las que se asientan y que en ellos se legitiman.

## Contexto: nacionalismo y globalización

En este libro nos ocupamos apenas de una fracción de ese vasto y complejo espacio glotopolítico que describía al inicio del capítulo. Y lo hacemos además desde

---

[22] El lector habrá identificado ya la tradición en la que me instalo. Es notoria la impronta foucaultiana (especialmente Foucault 1969) y la influencia de Pêcheux (1982) en esta fundamentalmente utilitaria definición que aquí propongo. Véase también Macdonnell (1986) y su síntesis de los usos de *discurso* en autores tales como Louis Althusser, Valentin Voloshinov o Mijail Bajtín.

una perspectiva delimitada –y limitada– por mi propuesta, por el interés concreto que a mí, al concebir este proyecto, me impulsó a analizar las políticas lingüísticas de promoción del español tal como éstas se diseñan e implementan en España y en condiciones históricas muy concretas –las del período posterior a 1978 ya expuestas en la primera sección[23]–. En la adopción de esta perspectiva juega un papel principal la centralidad que le atribuyo a un asunto que no sólo se ha convertido en tema principal para las ciencias sociales sino en telón de fondo frente al cual se hace inevitable analizar la vida del lenguaje y las dinámicas de interacción verbal: me refiero a las tensiones que caracterizan la coexistencia del nacionalismo y la globalización[24].

Monica Heller (1999a), a raíz de su trabajo de investigación en instituciones educativas y en las comunidades francófonas de Ontario, en Canadá, señalaba que las escuelas, creadas y concebidas bajo condiciones propias de la modernidad, se enfrentan en su realidad cotidiana a condiciones más representativas de lo que ella llama, siguiendo a Anthony Giddens, la alta modernidad –período histórico en el que, según el sociólogo británico, se producen transformaciones económicas que favorecen al sector servicios y al de las tecnologías de la información–. En un contexto tal, observa Heller, aunque persisten las ideologías lingüísticas asociadas con el Estado-nación, conviven necesariamente con nuevas formas de valorar el lenguaje –como estrategia de negociación de identidades complejas, como signo de distinción y autenticidad local (véase Woolard, capítulo 6), como llave que da acceso a las rutas de peregrinación global, como producto de mercado cuya calidad debe estar institucionalmente garantizada–.

Menciono de pasada el interesante estudio de Heller porque –a pesar de las distancias temáticas y metodológicas que presenta con respecto al nuestro– nos revela un panorama análogo al que nosotros examinamos: discursos metalingüísticos donde se asoman y se esconden complejos sistemas lingüístico-ideológicos; unos, reflejo aún de las operaciones y los intereses del Estado-nación; otros, expresión de unas nuevas realidades creadas por la globalización que no excluyen ni la reivindicación del interés local ni complejos procesos de integración regional[25].

---

[23]  Aunque recuérdese que López García y Lara, en sus respectivos capítulos, revisan diacrónicamente el desarrollo de las ideas en torno al español.

[24]  El tema ha dado lugar ya a la aparición de varios volúmenes: además de Heller (1999 a y b), Block y Cameron (2002), Gardt y Hüppauf (2004), Mar-Molinero y Stewart (2006), Maurais y Morris (2003), Wright (2004).

[25]  A pesar de lo útil y extendido de estos conceptos, no quiero dejar descansar sin más nuestros análisis sobre el cómodo binomio nacionalismo/globalización: ¿será que se trata no de paradigmas sucesivos sino de categorías que, aunque sugieren modos de organización eco-

En suma, con mayor o menor énfasis en la dimensión ideológica (y con visiones sólo parcialmente coincidentes del significado de la ideología), a lo largo de los próximos capítulos nos iremos enfrentando al estudio de los discursos por medio de los cuales en la actualidad se va elaborando una imagen pública del español. Como dejé claro desde el inicio del capítulo, estos discursos son muchos y muy complejos, y, por lo tanto, concentraremos aquí nuestra atención principalmente en el análisis de los vinculados a los proyectos político-lingüísticos diseñados en la España contemporánea.

---

nómica y política distintos, estén separadas por barreras conceptuales porosas?, ¿será que las ideologías que llamamos propiamente nacionalistas son susceptibles de experimentar mutaciones que las vuelven propiamente globales? (véase el capítulo 2).

# LA LENGUA, PATRIA COMÚN:
## LA *HISPANOFONÍA* Y EL NACIONALISMO PANHISPÁNICO

JOSÉ DEL VALLE

## Introducción

Como apuntaba en el capítulo 1, la nueva realidad glotopolítica española –que situamos en el período que se inaugura con la Constitución de 1978– ha dado nueva vida, en unos casos, a visiones de antaño sobre el papel del español en España y en el resto del mundo, y ha producido, en otros, visiones del lenguaje propias de las condiciones específicamente contemporáneas de las sociedades en las que el español cumple una función comunicativa, económica y política importante. En este capítulo, tras presentar esquemáticamente esta nueva realidad y las políticas lingüísticas asociadas con ella, propondré un análisis de los discursos que emergen de los espacios institucionales en los que se diseña e implementa la promoción del español. Me centraré principalmente en los procesos de elaboración de una imagen específica de la lengua –lo que en el capítulo anterior llamé la planificación del estatus simbólico de la lengua–, de un sistema lingüístico-ideológico que produce y reproduce un orden de relaciones culturales y económicas claramente dependiente, por un lado, de la vieja unión colonial entre España y la América hispanohablante, y por otro, de la dinámica de los mercados nacionales e internacionales en el contexto de la globalización. Una de las conclusiones de mi análisis de los discursos institucionales en torno al español apuntará precisamente a la existencia de una tensión entre, por un lado, el rechazo explícito de la ideología del nacionalismo lingüístico, y por otro, la adopción implícita de los esquemas conceptuales de esa misma ideología.

## La articulación de España y la política lingüística doméstica

La aprobación de la Constitución Española de 1978 marcó un hito en la historia reciente del país. De entre los múltiples objetivos que se planteaban los padres de la carta magna, adquiría relevancia especial el intento de resolver el histórico contencioso sobre la problemática definición de España como Estado-nación y, consecuentemente, de adoptar un modelo apropiado para la organización administrativa del Estado. Así, y como respuesta a aquellos desafíos, nacía, en 1978, el Estado de las Autonomías, un marco legal y político que aspiraba a acomodar, por un lado, las reivindicaciones sobre la unidad cultural y política de España, y por otro, las demandas de los nacionalismos catalán, gallego y vasco[1].

Por supuesto, tan ambicioso y complicado proyecto de modernización y construcción nacional habría de tener que enfrentarse a también complejos problemas lingüísticos: desde el establecimiento del español o castellano[2] como *la* lengua de España hasta el reconocimiento oficial del carácter plurilingüe del país. A pesar de la instauración de la Constitución (que en su artículo 3 trata de proponer un marco adecuado para los retos lingüísticos del momento)[3], de la puesta en vigor de los Estatutos de Autonomía[4] y de la aprobación de las respectivas leyes de normalización lingüística en las comunidades autónomas que las consideraron necesarias, aquellas disputas de los años setenta y ochenta sobre quién ha de hablar qué, cuándo, dónde y por qué aún persisten: todavía se oyen de vez en cuando expresiones de alarma ante el hecho de que la sustitución del catalán, gallego o vasco por el español sigue su curso; aún surgen a veces acusaciones de discriminación contra hablantes de una u otra lengua; saltan todavía a las noticias discusiones sobre el tiempo que en las escuelas se dedica o se ha de dedicar a la enseñanza del castellano; estallan aún polémicas sobre el uso público de tal o cual lengua en tal o cual comunidad e incluso sobre el papel que los juguetes –las

[1]  La bibliografía sobre estos temas es extensísima. En lugar de intentar en vano crear una lista "representativa" me limitaré a dar tres referencias que están entre mis lecturas más recientes y que por ello habrán influido más (en la dirección que sea) en mi actual percepción de estos asuntos. En relación con la elaboración de la Constitución, véase De Esteban (1987). Sobre el nacionalismo español, especialmente en el siglo diecinueve, el estudio de Álvarez Junco (2001). El nacionalismo español y su relación con el hispanoamericanismo lo estudia Sepúlveda (2005). Para una visión más contemporánea y polémica de los nacionalismos vasco y español, el libro de Edurne Uriarte (2003).
[2]  Para saber más (aunque no necesariamente mejor) sobre el embrollo de la nomenclatura, véase el libro de Gregorio Salvador (1987). Y por supuesto, el clásico de Amado Alonso (1938) o el más reciente y completo de Mondéjar Cumpián (2002).
[3]  El artículo 3 dice así: "1. El castellano es la lengua española oficial del Estado. Todos los españoles tienen el deber de conocerla y el derecho a usarla. 2. Las demás lenguas españolas serán también oficiales en las respectivas Comunidades Autónomas de acuerdo con sus Estatutos. 3. La riqueza de las distintas modalidades lingüísticas de España es un patrimonio cultural que será objeto de especial respeto y protección".
[4]  Sistema que, lejos de haber alcanzado la estabilidad esperada, se encuentra en pleno proceso de reforma cuando se elabora el presente libro.

muñecas habladoras, por supuesto, muy especialmente– juegan o dejan de jugar en la normalización lingüística. Es incuestionable la actualidad y relevancia política de estos y otros temas –sí, incluso el de las prácticas lingüísticas de las muñecas habladoras[5]– aún en 2007 y de ahí que hayan recibido una atención especial de los investigadores de la vida social del lenguaje y que hayan sido analizados críticamente y con frecuencia debatidos tanto en foros científicos y universitarios como en espacios de mayor impacto en la formación de la opinión pública como puede ser la prensa[6].

En efecto la mayoría de los estudios de política lingüística desarrollados en España y sobre España se han centrado en las múltiples dimensiones de los llamados procesos de normativización y normalización llevados a cabo en las comunidades autónomas bilingües principalmente desde los años setenta. Se partía entonces de un escenario en el cual, según sostenían los planificadores, la lengua de la comunidad estaba siendo sustituida por el español. El objetivo de aquellas políticas lingüísticas iba a ser frenar este proceso e incluso invertirlo, es decir, condicionar las prácticas lingüísticas de modo tal que aumentara el uso de la lengua que los textos legales habían etiquetado como "propia". Los procesos que se pusieron en marcha para llevar a cabo tal transformación se proponían, por un lado, fijar la norma lingüística y que ésta fuera aceptada por la población (sería la llamada normativización, que se correspondería aproximadamente con la llamada planificación del corpus que se describió en el capítulo 1), y por otro, garantizar su presencia en todas las esferas de la vida pública y privada de la comunidad (la llamada normalización, asociada ésta a la planificación del estatus)[7]. Insisto

---

[5] A principios de 2007, *La Voz de Galicia* informaba de que el portavoz de lengua del Bloque Nacionalista Galego le planteaba una pregunta al respecto a la Secretaria General de Política Lingüística quejándose de que "Sólo hablan español y reproducen un esquema lingüístico impuesto" (5/1/2007).

[6] Entre las visiones panorámicas se encuentran Bossong y Báez de Aguilar González 2000, Castillo Lluch y Kabatek 2006, Etxebarria 2002, Mar-Molinero 2000, Ridruejo 2004, Siguan 1992, Söhrman 1993, Turell 2001. Se puede señalar además, como muestra del carácter polémico de estos temas, los trabajos y críticas de estas políticas realizados por ejemplo por Gregorio Salvador (1987, 1992), miembro y Secretario de la RAE, por Juan Ramón Lodares (2000, 2001, 2002) o por Ángel López García (1985, 2004).

[7] Aunque tenga sólo una relevancia tangencial para el propósito de este ensayo, merece la pena apuntar algunas de las trampas que pueda encerrar el concepto de normalización. ¿Es la normalidad una noción estadística o ética? ¿Qué es la normalidad en materia lingüística? ¿En qué sentido serían "anormales", por ejemplo, las comunidades criollas? ¿Es verdaderamente anormal, en el sentido estadístico, el carácter cambiante de la personalidad lingüística de un grupo humano? ¿En qué sentido es anormal la coexistencia en un territorio de distintas lenguas o normas de conducta lingüística distribuidas desigualmente por los dominios de uso? Me conformaré, por ahora, con plantear estas preguntas retóricas; pero en relación con este asunto aún hay mucha tela que cortar.

en señalar la profusión de estudios y debates en torno a estos programas de planificación lingüística orientados a frenar procesos de sustitución en Comunidades tales como Cataluña, El País Vasco y Galicia (véase la nota 6).

## Nuevas políticas lingüísticas para una España globalizada

Contrariamente, ha recibido poca atención crítica la también intensa, pero quizás menos estridente, política lingüística orientada hacia la planificación del corpus y estatus del español. Por lo que a la planificación del corpus se refiere, el trabajo de las agencias lingüísticas pertinentes ha sido intenso, y desde principios de los noventa han proliferado proyectos de codificación y elaboración de entre los cuales se destacan los diccionarios, gramáticas y ortografías académicos (es notable la actividad de la Real Academia Española y la Asociación de Academias de la Lengua Española, pero no hay que olvidar la importante intervención de la prensa escrita por medio de sus libros de estilo y de los corsarios de la estandarización con sus manuales de urbanidad y buena conducta lingüística[8]). Si los esfuerzos de planificación de corpus han sido abundantes, no lo ha sido hasta la fecha el análisis de la naturaleza y significado de los mismos; como tampoco lo ha sido el estudio de las estrategias de planificación del estatus del español, especialmente el interés manifiesto en el mismo período por dotar al idioma de una determinada imagen pública y por promocionar su estatus tanto dentro de la propia España como más allá de sus fronteras. En términos concretos estas estrategias se canalizaron a través de la creación del Instituto Cervantes en 1991, con el objeto de promover el español internacionalmente, y de la renovación y modernización de la Academia, que, distanciándose del viejo lema "limpia, fija y da esplendor", se comprometía ahora a impulsar la Asociación de Academias de la Lengua Española y asumía como objetivo prioritario el de salvaguardar la unidad de un idioma que se habla en tantos y tan distantes países[9]. La Academia adopta ahora como lema "Unidad en la diversidad"[10].

---

[8]   Se podría hablar aquí de Álex Grijelmo y sus apasionadas defensas del idioma español (1998) o de la Fundéu: "fundación sin ánimo de lucro que tiene como principal objetivo colaborar con el buen uso del idioma español, especialmente en los medios de comunicación, cuya influencia en el desarrollo de nuestra lengua es cada vez mayor" (www.fundeu.es). Fue creada en 2005 como resultado de un acuerdo entre la Agencia EFE y el Banco Bilbao Vizcaya Argentaria (BBVA). Sin embargo, el que verdaderamente merece ser mencionado es Fernando Lázaro Carreter, quien, con sus dardos en la palabra jugó hasta su fallecimiento un papel central en la difusión de un tipo de cultura lingüística que fomenta esa paranoia del mal hablar que tan bien sirve a los guardianes de la corrección lingüística.

[9]   Además de la Academia y del Cervantes, entre los agentes de la política lingüística exterior española se podrían incluir instituciones tales como el Instituto de Comercio Exterior (ICEX), la Sociedad Española para la Acción Cultural Exterior (SEACEX) o la Fundación

Llama la atención el observar que las causas y posibles consecuencias de esta reorientación hayan despertado escaso interés entre los investigadores, y no digamos entre la población general, que parece incluso inconsciente de la existencia de una política lingüística española fuera del ámbito que les corresponde a los gobiernos de las Comunidades Autónomas con lengua propia. Un aspecto estratégicamente central de la política lingüística a la que me voy a referir en este capítulo es precisamente su invisibilidad. No pretendo sugerir, por supuesto, que la implementación de la misma tenga lugar a espaldas de la población. Muy al contrario, un gran número de actos públicos asociados con la puesta en práctica de esta política se caracteriza precisamente por su espectacularidad y por su amplia proyección mediática. No son, por lo tanto, los conceptos y prácticas culturales y lingüísticas en sí lo que es objeto de una suerte de ocultamiento[11], sino el carácter político y económico de las mismas, es decir, su estrecha conexión, tanto en lo que se refiere a su formulación como a sus consecuencias, con intereses y proyectos que nacen en ámbitos más "prosaicos" de la vida nacional. Me refería, al abrir esta sección a la menor estridencia de la planificación del corpus y el estatus del español, es decir, a la escasa aparición de crispadas disputas sobre el asunto en foros de amplia difusión tales como la prensa. Esto pudiera ser precisamente producto del éxito con que se ha llevado a cabo el ocultamiento de la dimensión política de la promoción de la lengua española desde las instituciones ya mencionadas. La visibilización de esta dimensión es justamente uno de los objetivos que los estudios de glotopolítica deben plantearse. Porque si es cierto que los proyectos de planificación catalanes, gallegos y vascos son parte de la acción de los gobiernos autonómicos y han de ser entendidos y evaluados en el contexto de la dinámica política de cada Comunidad, también lo es que al profundizar en el análisis de la política lingüística de España en relación con el español nos encontramos con instituciones y acciones que no se circunscriben al terreno de lo asépticamente cultural sino que se inscriben en el más amplio contexto de las relaciones y transacciones que caracterizan el ejercicio del poder político y económico.

---

Siglo de la Junta de Castilla y León, así como grupos mediáticos y corporaciones (Telefónica, por ejemplo) que, al menos en parte, financian y apoyan la implementación de la política en cuestión.

[10]  El IV Congreso Internacional de la Lengua Española, que tuvo lugar en Cartagena de Indias en 2007, adoptó precisamente este lema como título: "Presente y futuro de la lengua española: unidad en la diversidad".

[11]  Al hablar aquí de *ocultamiento* me refiero al concepto de "erasure" propuesto por Judith T. Irvine y Susan Gal (y al cual, en otras partes del libro, nos referimos como *elisión ideológica*): "Proceso en el cual la ideología, al simplificar el campo sociolingüístico, hace que o bien personas o bien actividades (o fenómenos sociolingüísticos) resulten invisibles. Los hechos que no son consistentes con el esquema ideológico o bien no son percibidos o bien reciben una explicación naturalizadora" (2000: 38).

En el análisis de esta dimensión política, conviene señalar el giro dado por la acción lingüística y cultural del ámbito de lo doméstico al de los asuntos exteriores, un giro sin duda conectado con otro de los importantes desafíos a los que hubieron de enfrentarse los agentes de la reforma política de los años setenta una vez superada la transición legal e institucional. El telón de fondo frente al cual se deben interpretar las nuevas estrategias de planificación es la creciente participación española en los principales foros de la política internacional (muy especialmente su intervención en las políticas de área y en proyectos de integración regional) y en la pugna por los tesoros del mercado económico global. A principios de los ochenta, el Partido Socialista (PSOE) se enfrentó al reto de conducir el país hacia las autopistas de la modernidad. A lo largo de aquella década, España pasó a formar parte de la OTAN y la organización que hoy es la Unión Europea, pasos que acercaron al país a los centros de decisión del mundo occidental. En 1992, los Juegos Olímpicos de Barcelona[12] y la Exposición Universal de Sevilla sirvieron como plataformas de exhibición de la preparación y capacidad organizativa de España. También en los noventa, se asistió al despegue de empresas transnacionales con importante capital español, muchas de las cuales aterrizaron en Latinoamérica, y, en 1991, a la celebración de la primera Cumbre Iberoamericana de Naciones en Guadalajara, México, que daba "articulación jurídico-política de carácter internacional a la Comunidad Iberoamericana de Naciones (CIN)" (Valera y Otero 2006: 17). Estos y otros procesos parecían probar de una vez por todas la superación de la excepcionalidad de España y su ascenso al rango de oficial en los ejércitos de la globalización.

Cambios tan radicales en el sistema político, vida cultural, actividad económica y prestigio internacional del país no podían tener lugar sin dejar su impronta en la vida lingüística: a medida que el Estado de las Autonomías pugnaba por asentarse en un incómodo espacio nacional, a medida que España se modernizaba y a medida que gobierno y empresas jugaban o anhelaban jugar un papel mayor en la vida internacional, desde las instancias del poder se forjaban nuevas ideologías lingüísticas. Como ya hemos dicho, los nacionalismos catalán, gallego y vasco, en el espacio de poder que les correspondía, pretendían naturalizar la condición nacional de sus comunidades y legitimar así su reivindicación de autogobierno a través de la lengua: de su instalación en la administración, en el sistema educativo, en los medios de comunicación y en todos los espacios de la vida pública; de su consolidación como símbolo nacional; y sobre todo, de la difusión de prácticas y creencias lingüísticas que distinguieran la verdadera y legítima ciudadanía

---

[12]   Hay que matizar que la propiedad, catalana o española, de los Juegos fue intensamente debatida en su momento. Véase DiGiacomo 1999.

(catalana, gallega o vasca, según el caso) tal como estos movimientos políticos la concebían. Asimismo, desde el gobierno de Madrid y desde las instituciones investidas de poder lingüístico se iba sintiendo la necesidad de proyectar una imagen del español –de su relación con la propia España, con los países hispánicos, con la CIN y con el resto del mundo– que complementara no sólo los planes de modernización, crecimiento económico y ampliación de la presencia política y económica del país en el mercado global sino también los esfuerzos para la construcción nacional de España.

## La *hispanofonía*

Los esfuerzos realizados desde España por desarrollar una conciencia comunitaria compartida con las antiguas colonias, especialmente con las americanas, se remontan al siglo diecinueve y se pueden identificar con el movimiento cultural que algunos historiógrafos han denominado *hispanismo* o *hispanoamericanismo*[13]. Se trata de un movimiento

> cuyo explícito propósito era la conformación y promoción de una comunidad cultural entre España y las repúblicas americanas, en la creencia de que las fuerzas unidas no son la suma de todas las fuerzas por separado, sino la proyección sinérgica del conjunto hasta alcanzar una potencialidad muy superior (Sepúlveda 2005: 11).

El hispanoamericanismo se fundaba sobre la idea de que una cultura española común materializada en la lengua española existía a ambos lados del Atlántico y constituía la base de una entidad política y económicamente operativa, es decir, una verdadera *hispanofonía*. Nótese que, en el uso que yo hago de este término, la *hispanofonía* no es un hecho objetivo: un grupo de naciones concretas o una red de interacción tejida por un código comunicativo compartido. Es más bien una comunidad imaginada –en el sentido andersoniano (Anderson 1983)– sobre la base de una lengua común –imaginada también–; una lengua común que une, formando un vínculo afectivo, a todos aquellos que se sienten en posesión de la misma y que comparten un sentimiento de lealtad hacia ella. La *hispanofonía* es, por lo tanto, una ideología lingüística –consistente con las definiciones propuestas en el capítulo 1 o en Gal y Woolard (2001)– un sistema de ideas, o mejor, de ideologemas, en torno al español históricamente localizado que concibe el idio-

---

13   Sobre el contenido y emergencia histórica del movimiento hispanoamericanista y sobre la relación entre la intelectualidad española y latinoamericana véanse los siguientes estudios: Del Valle y Gabriel-Stheeman (2002 o 2004), Fogelquist (1968), Pike (1971), Rama (1982), Sepúlveda (2005) o algunos de los ensayos incluidos en Pérez de Mendiola (1996).

ma como la materialización de un orden colectivo en el cual España desempeña un papel central[14].

Ante la frecuencia con que en las ciencias sociales aparece el concepto andersoniano de *comunidad imaginada* y ante las muchas (y en muchos casos muy justificadas) críticas que este (en cualquier caso importante) trabajo ha recibido, conviene introducir un inciso para aclarar el sentido en que yo lo interpreto y el uso que de él hago en este análisis. En su ya clásico tratamiento del asunto, Anderson describía la nación como

> una comunidad política imaginada –imaginada como una entidad inherentemente delimitada y soberana–. Es imaginada porque sus miembros, incluso los de la nación más pequeña, nunca llegarán a conocer a sus conciudadanos, verlos o siquiera tener noticia de ellos; y sin embargo, en la mente de todos, vive la imagen de su comunión (1983: 6)[15].

No se debe olvidar que la condición de imaginada no se la atribuía Anderson sólo a la nación: "todas las comunidades mayores que la aldea primordial donde el contacto es cara a cara (y quizás incluso en estos casos) son imaginadas. Las comunidades no se distinguen por su falsedad o autenticidad, sino por la forma en que se imaginan" (6). La imaginación, por lo tanto, en el sentido en que la instrumentaliza Anderson, dista mucho de remitirnos a invenciones o fabricaciones artificiales; la imaginación es la capacidad de concebir la comunidad más allá de la inmediata experiencia sensorial. Por lo tanto, y en consonancia con esta visión, lo que me interesará como historiador de la vida del lenguaje no es afirmar o negar el carácter imaginado de la comunidad lingüística (por ejemplo, la comunidad de personas que "hablan español", que se reconocen a sí mismas como "hablantes de español") sino entender las condiciones que posibilitan o impulsan el que esa comunidad se imagine de una determinada manera y no de otra (por ejemplo, con el perfil concreto que a la comunidad de hispanohablantes le están dando las instituciones a cargo de la política lingüística española y al cual me refiero en este trabajo como *hispanofonía*).

La defensa explícita del valor de la unidad que define el hispanoamericanismo y que se encuentra en el mismo centro conceptual de la *hispanofonía* surgió en parte como respuesta a una serie de fuerzas centrífugas que, a lo largo del dieci-

---

[14] Al señalar la centralidad de España coincido de nuevo con Sepúlveda: "Se utiliza aquí la denominación hispanoamericanismo; no por ser un movimiento interesado en 'Hispanoamérica' –que lo era–, sino por constituir la mitad española de un movimiento más amplio, junto al unionismo americano, de promoción de una comunidad cultural en cuya consolidación España obtendría considerables beneficios" (2005: 97).
[15] De nuevo, las traducciones a lo largo del capítulo son mías.

nueve, desafiaban el propio proyecto de construcción nacional español: por un lado, la amenaza que para la integridad de España representaban los aún embrionarios movimientos nacionalistas en Cataluña, El País Vasco y Galicia; por otro, la pérdida de prestigio e influencia que había sufrido España tras la pérdida de las colonias, las cuales se enfrentaban ahora a sus propios proyectos de construcción nacional, gestionando la especificidad cultural, lingüística y social de su territorio y enfrentándose al coloso norteamericano y a sus obvias ambiciones imperiales. En este contexto, para España, la *hispanofonía* ofrecía, primero, la orgullosa afirmación y el abrazo entusiasmado de las señas de identidad nacional que ciertas partes del país se mostraban reacias a aceptar como propias; y segundo, un campo (mercado) cultural unificado que posibilitaría la preservación poscolonial de al menos algunos de los privilegios coloniales.

Resulta obvio que, a lo largo de la mayor parte de los siglos diecinueve y veinte, la capacidad de España para satisfacer sus deseos de preeminencia fue limitada: por un lado, las proclamaciones igualitarias del hispanoamericanismo, con frecuencia expresadas con lógica y retórica esencialmente colonialistas, eran recibidas con profundo escepticismo (tema tratado en del Valle y Gabriel-Stheeman 2002 y 2004); por otro, las circunstancias materiales de la vida política y del desarrollo económico de España limitaban la intensidad de estos esfuerzos y su capacidad para comprometer los recursos que tal misión requeriría. Sin embargo, a finales de los ochenta del siglo veinte el perfil de España cambió drásticamente al darse nuevas condiciones culturales y económicas entre las cuales se cuentan, como ya se ha dicho, la consolidación de la democracia, la incorporación a la OTAN y la UE, el crecimiento económico, la extensión por América Latina de corporaciones con capital español y el desarrollo de la CIN.

Sería bajo estas nuevas condiciones que los sucesivos gobiernos españoles –en colaboración con una parte del sector empresarial (por ejemplo, Telefónica, PRISA, Iberdrola, Banco de Santander, Repsol) y, desde luego, con la complicidad de ciertos sectores culturales, empresariales y gubernamentales de las sociedades latinoamericanas– habrían de movilizar instituciones lingüísticas y culturales (la Real Academia Española, la Asociación de Academias de la Lengua Española y el Instituto Cervantes, por ejemplo) con el fin de promover la *hispanofonía*, una conceptualización de la comunidad hispanohablante que la consolidara como mercado donde la presencia del capital español fuera percibida como *natural* y *legítima*.

Este esfuerzo exigía, por supuesto, librar a España de la imagen y de las incómodas asociaciones que pudieran derivarse de su pasado imperial. Curiosamente, a finales del siglo veinte, el espectro del imperio aún tenía encantada la casa conceptual de la comunidad hispanohablante. En 1991, por ejemplo, Manuel Alvar, distinguido filólogo y dialectólogo español y director de la RAE entre 1988 y 1991, repetía todavía la visión del colonialismo como *mission civilisatrice*:

> México sabía mejor que nadie el valor de tener una lengua que unifique y que libere de la miseria y del atraso a las comunidades indígenas [...] Salvar al indio, redimir al indio, incorporación del indio, como entonces gritaban, no es otra cosa que desindianizar al indio. Incorporarlo a la idea de un estado moderno, para su utilización en unas empresas de solidaridad nacional y para que reciba los beneficios de esa misma sociedad [...] El camino hacia la libertad transita por la hispanización (Alvar 1991: 17-18).

Más recientemente, de la boca de Ramón Casilda Béjar, economista invitado al II Congreso Internacional de la Lengua Española celebrado en Valladolid, surgían emocionadas narraciones del nuevo papel y de las nuevas empresas comerciales de España en América Latina. Nótese cómo estas narraciones aparecen igualmente coloreadas por el imaginario colonial:

> Un siglo después del repliegue definitivo de España al perder Cuba, se vuelve a un continente que de ninguna manera a nadie nos es ajeno: Iberoamérica. Ahora con otras ideas, perspectivas e ilusiones que nos confieren las nuevas armas: las empresas españolas, que se han expandido con los nuevos vientos de la globalización (Casilda Béjar 2001).

Con todo, las cosas han cambiado. Ahora incluso los mismos agentes económicos que dan voz al discurso neocolonial son conscientes de sus peligros. El propio Casilda Béjar afirmaba en el mismo foro que: "[l]a transferencia de la propiedad de empresas importantes de manos nacionales a manos extranjeras puede verse como un hecho que socava la soberanía nacional y que es equiparable a una 'recolonización'" (2001). Pero esta preocupación, continuaba Casilda Béjar, podría ser aliviada: "adviértase que la extraordinaria posición alcanzada [por España] en este continente, ha sido posible gracias a nuestro extraordinario aliado: el idioma, causa y efecto de nuestra afinidad cultural, psicológica y afectiva" (2001).

Esta afinidad cultural, sicológica y afectiva basada en la lengua común no es ni más ni menos que esa ideología lingüística a la que yo me refiero como *hispanofonía*. Pero se trata, como señala Casilda Béjar, de una comunidad asentada sobre una falla (no geológica sino ideológica) y que, en consecuencia, necesita ser constantemente reforzada. Es en este contexto, ante la fragilidad inherente a la *hispanofonía*, en el que los gobiernos españoles y los líderes empresariales movilizan estratégicamente las instituciones lingüísticas y culturales para asegurarse de que la presencia de los agentes económicos españoles en América Latina sea percibida no como la versión posmoderna de la vieja relación colonial sino como "natural" y "legítima":

Iberoamérica es un área de expansión *natural* para las entidades y empresas españolas, porque las raíces culturales y el idioma común facilitan el acceso a los mercados y la clientela (Casilda Béjar 2001, el énfasis es mío).

En el quinto lugar del «ranking» del sector de las editoriales en todo el mundo, después de Estados Unidos, Reino Unido, Alemania y China, las españolas, terceras en Europa por delante de Francia, son líderes en casi todos los países de *Iberoamérica, su vía natural de expansión*, por lo que, según los expertos, apremia salir a la conquista de nuevos mercados (*ABC* 31/12/2006, el énfasis es mío).

Iberoamérica es un objetivo político, económico y empresarial *legítimo* para los españoles [...] Estamos mucho menos lejos de América Latina de lo que nadie puede pensar (Jesús de Polanco, presidente de PRISA, cit. en *El País* 24/7/1995, el énfasis es mío).

## La nueva imagen del español: concordia, universalismo y rentabilidad

Como ya queda dicho, desde las agencias a cargo de la política lingüística española se ha ido mucho más allá de la simple elaboración de la norma culta del español. La preservación de la unidad del idioma, es decir, la garantía de la lealtad de los hispanohablantes a la norma culta y a sus guardianes, y la promoción internacional del español, es decir, el estímulo y explotación de un interés por la lengua española en el mundo, han sido declarados objetivos prioritarios por la Academia y el Cervantes respectivamente. Se ha desarrollado, en suma, una visión del español y de su relación con España, con la comunidad hispánica y con el mundo –una *hispanofonía*–; y se han puesto en marcha medidas para alcanzar su aceptación y difusión. En otras palabras, se ha producido una ideología lingüística, un sistema de ideas formado por nociones lingüísticas y visiones de la identidad colectiva (española o hispánica) cuyo funcionamiento ha de ser entendido en el contexto del desarrollo político y económico de la España contemporánea.

Como ya se ha señalado en trabajos anteriores (del Valle y Gabriel-Stheeman 2002 y 2004), al analizar la imagen del español desarrollada por las mencionadas instituciones, nos encontramos, en primer lugar, con que aparece insistentemente caracterizado como *lengua de encuentro*, como instrumento de comunicación que posibilita un diálogo y una convivencia armónica propios, aparentemente, de una patria común. Este principio lo formulaba así, de forma concisa pero extraordinariamente elocuente, Víctor García de la Concha, profesor de la Universidad de Salamanca y actual director de la Academia:

> Es realmente emocionante cómo la lengua está sirviendo de lugar de encuentro y no sólo como canal de comunicación. La lengua nos hace patria común en una concordia superior (cit. en *El País* 9/7/2000).

La idea del español como lugar de encuentro es, como explicaré más adelante, un elemento nuclear de la ideología de la *hispanofonía*. No en vano el director de la Española y muchos otros agentes de las políticas lingüísticas con ella asociadas insisten en señalar que el mayor peso del español se encuentra en América, y que la Academia, siguiendo las recomendaciones del Rey de España, no da un paso sin consultar con las otras Academias de la Lengua Española. El ideologema del encuentro hizo su más sonada aparición en un muy controvertido discurso pronunciado justamente por el Rey de España Juan Carlos I (tema al que volveré en el capítulo 4):

> Nunca fue la nuestra lengua de imposición, sino de encuentro; a nadie se le obligó nunca a hablar en castellano: fueron los pueblos más diversos quienes hicieron suyo por voluntad libérrima, el idioma de Cervantes (Juan Carlos I, ceremonia de entrega del Premio Cervantes, 23 de abril de 2001)[16].

La segunda idea que perfila la imagen del español en la política lingüística a la que aquí me refiero afirma el carácter *global* de la lengua. Esta proyección global del idioma se deriva no sólo de su presencia en los países que constituyen el mundo hispánico sino, y muy especialmente, de su capacidad de expansión, una capacidad de expansión que, se nos dice, queda demostrada por su presencia en países de la importancia de Brasil o Estados Unidos y por su constante crecimiento como lengua extranjera en el sistema educativo de más y más países. La prensa española ha insistido en esta propiedad y los siguientes titulares resultan reveladores de la euforia que acompaña la promoción internacional de la lengua: "Los expertos llaman a los hispanohablantes a conquistar el ciberespacio" (*El País* 11/4/1997); "El español conquista Brasil" (*El País* 8/5/2000); "El Instituto Cervantes a la conquista de América" (*El Mundo* 12/10/2000). A pesar del marcado tono militarista que las opciones léxicas de la prensa dan al asunto, hay que señalar que la expansión del idioma se suele justificar más bien invocando los valores universales –el español, *lengua universal*, es de hecho otra versión de este mismo ideologema– que se le atribuyen, tanto político-culturales, como hemos visto en el párrafo anterior, como económicos, como veremos en el que sigue.

Las virtudes conquistadoras de la lengua son buenas compañeras de la tercera y muy valiosa propiedad que se le asigna: su condición de *recurso económico*. Aunque el tema será tratado en detalle en el capítulo 5, adelantamos aquí alguno de los foros donde se ha ido articulando este componente de la imagen del espa-

---

[16]  El Discurso del Rey se puede encontrar en http://www.casareal.es/casareal/home -Discursos y Mensajes: 23/4/01.

ñol y las políticas con él asociadas. En octubre de 2001, por ejemplo, en el II
Congreso Internacional de la Lengua Española celebrado en Valladolid, una de
las secciones recibió el título "El activo del español". La conferencia plenaria, de
Enrique V. Iglesias, entonces presidente del Banco Interamericano de Desarrollo
en Washington D. C. y en la actualidad Secretario General para Iberoamérica, fue
"El potencial económico del español"[17]. Los Anuarios del Cervantes revelan
igualmente el enorme interés que existe por analizar y enfatizar la dimensión
económica de la lengua. Unos títulos ilustrativos del espíritu del *Anuario* 2001
son los siguientes: "Econometría de la lengua española" (Martín Municio), "El
libro y la imagen de marca de la lengua española" (Ávila Álvarez), "Una década
de inversiones españolas en Iberoamérica (1990-2000)" (Casilda Béjar), "El mercado de las lenguas: la demanda del español como lengua extranjera en Francia y
Alemania" (Lamo de Espinosa y J. Noya)[18]. Aunque no faltan en estos ensayos
concesiones retóricas a la lengua como depósito de un legado histórico y cultural
y a su condición de lazo unificador de la comunidad hispánica (expresiones, por
supuesto, de la visión del español como lengua de encuentro y manifestaciones
de la ideología hispanofónica), su objetivo primario es la identificación y ordena-
miento de los factores que inciden sobre el potencial productivo del español:
como producto anhelado por extranjeros ansiosos de aprenderlo y con ello incrementar su capital cultural; como instrumento publicitario, como imagen de marca
que hace un producto más apetecible; y como basamento de la *hispanofonía* que
naturaliza y legitima las inversiones e intervenciones españolas en las Américas.

## El español, lengua de encuentro en EE.UU.

Para entender cabalmente las visiones del español como lugar de encuentro entre
hispanohablantes y como valioso recurso económico merece la pena detenerse un
poco en la discusión de la presencia de la lengua en Estados Unidos (del Valle
2006). En líneas generales, el tratamiento del asunto que en los discursos analizados encontramos parte de tres hechos: el creciente número y porcentaje de hispanos que forman parte de la población del país norteamericano, el creciente número y porcentaje de estudiantes de español a todos los niveles de enseñanza y la
moda de "lo latino".

---

[17]  La subsección titulada "La industria del español como lengua extranjera" incluyó comunicaciones tales como las siguientes: "El español como recurso económico: anatomía de un
nuevo sector" de Óscar Berdugo, "El español como recurso económico en Francia (una
aproximación desde el marketing)" de José María Davó Cabra. Se puede acceder a las
ponencias a través de http://cvc.cervantes.es/obref /congresos/valladolid/.

[18]  El Anuario se puede consultar en http://cvc.cervantes.es/obref/anuario/anuario_01/.

El tono es revelador de un enorme entusiasmo –no muy distinto del que caracteriza las discusiones del español en Brasil, como veremos en el capítulo 5–. Cuando
en el año 2003 la Oficina del Censo Estadounidense hizo públicos datos que con-
firmaban que los hispanos ya eran la minoría con más peso demográfico en el
país, la prensa española procedió en seguida a examinar e incluso celebrar el
fenómeno. En un extenso artículo titulado *"President* López?*"*, *El País* se refería
al asunto en los siguientes términos:

> Los hispanos, además de estar ya por encima de la minoría negra, son más jóvenes,
> tienen más hijos y empiezan a salir del pozo de la pobreza para atisbar su propia mane-
> ra de realizar el sueño americano. Aún no son una clase media poderosa, pero sus posi-
> bilidades de crecimiento resultan cada vez más atractivas para los mercados y para los
> cazadores de votos (*El País* 20/7/2003).

Además del creciente valor estratégico de los latinos, la extensión del español a
nuevos dominios y el interés por su estudio como lengua extranjera sedujo también, como vemos a continuación, a los medios de comunicación españoles:

> 40 millones de hispanos forzarán a EE. UU. a apoyar la educación bilingüe (*El País*
> 12/2/1997).

> El castellano entra en política. Por primera vez en la historia dos candidatos a gober-
> nadores en EE. UU. debaten en español (*El País* 2/3/2002).

> Los congresistas de EE. UU. estudian español en cursos intensivos de verano (*ABC*
> 22/8/2003).

Quizás las afirmaciones más reveladoras del interés español en EE. UU. y en su
población latina fueran las que hizo el por aquel entonces Presidente del Gobierno
José María Aznar López durante la visita que realizó al país norteamericano en
2003. Los siguientes titulares de prensa nos ayudarán a entender los términos en los
que se planteaba la relación entre España, Estados Unidos y su población latina.

> Aznar trata de afianzar en Estados Unidos un liderazgo entre la población hispana (*El
> País* 8/7/2003).

> Aznar anima a los hispanos para que acerquen EE. UU. a Iberoamérica y Europa (*El
> País* 14/7/2003, el énfasis es mío).

> La pujanza económica y demográfica configura estas comunidades como un *mercado*
> en alza y una fuerza social en auge (*El País* 8/7/2003, el énfasis es mío).

El acercamiento que pedía Aznar nos recuerda mucho al encuentro que propicia
el español y, desde luego, la pujanza que configura a los latinos como mercado
mucho tiene que ver con la visión del español como activo económico. El periódico neoyorquino *The Wall Street Journal* (más sensible en general, hay que

decirlo, a los devaneos intervencionistas de otros países que a los del propio) en un artículo en el que cubría la visita de Aznar, lo expresaba aún más claramente. El titular decía: "Su período en el gobierno va llegando a su fin, y Aznar insiste en los vínculos entre España y las Américas" (16/9/2003). En el mismo artículo se citaba al ex-presidente expresando lo siguiente: "Quiero que los hispanos de Estados Unidos sepan que tienen raíces europeas comunes y una herencia que puede ser tan sólida como la anglosajona". Y a renglón seguido, los periodistas que redactaban la noticia comentaban: "Con razón. En apenas una década las compañías españolas han invertido más de 90 millones de dólares en América Latina y han hablado más y más de usar México como plataforma para penetrar en el mercado estadounidense".

Esta línea de pensamiento de la que se hacía eco Aznar no era nueva. En 2001, durante el II Congreso Internacional de la Lengua Española, Enrique V. Iglesias, había afirmado en la ya citada conferencia plenaria la importancia estratégica de los hispanos estadounidenses:

> La población hispana de los Estados Unidos constituye la tercera entidad económica del mundo latino; [...] el español tiene una importante y creciente impronta en la cultura, las comunicaciones y en el volumen del consumo de los Estados Unidos (Iglesias 2001).

El elemento clave para el análisis que aquí nos ocupa es la importancia dada a la lengua, al español, en la configuración de ese mercado. Óscar Berdugo, presidente de la Asociación para el Progreso del Español como Recurso Económico –y hoy presidente de su sucesora Eduespaña–, afirmó lo siguiente durante su exposición en el mismo congreso:

> Si España se consigue colocar como referente de identidad o como proveedor de señas de identidad culturales con respecto a la comunidad hispanohablante de Estados Unidos, estaremos en una inmejorable situación para mejorar nuestras posiciones en aquel país (Berdugo 2001).

Tenemos aquí la síntesis perfecta de dos ideologías lingüísticas: la hispanofonía y la ideología lingüística mercantil. Las políticas lingüísticas a seguir en Estados Unidos, en concreto aquellas que tienen como objeto alcanzar a su población latina, deben aspirar a persuadirla no sólo de que el español es una lengua valiosa sino el pilar central de una *hispanofonía* a la cual ellos pertenecen y en la cual España es un benévolo *primus inter pares* (véase del Valle 2006)[19].

---

[19]  Se ha de notar que la presencia del español en los Estados Unidos (la existencia de un número considerable de hispanohablantes, el deseo de los políticos de aprender español y el interés de su población escolar por adoptarlo como primera lengua extranjera) podría contribuir efectivamente a promover la imagen de esta lengua como verdadera lengua global y a

## La ideología del nacionalismo lingüístico

Hemos repasado hasta ahora tres de las propiedades que, desde las instituciones investidas con poder lingüístico, se le atribuyen al español: concordia (*el español como lengua de encuentro*), universalismo (*el español como lengua global*) y rentabilidad (*el español como recurso económico*). Se trata de propiedades que se le atribuyen para que, operando conjuntamente, contribuyan a articular su significado, determinar su valor y servir de fundamento y de base de legitimidad para la implementación de determinadas políticas en varios frentes: España (frente a la pujanza de otras lenguas que se defienden explícitamente en base a su función cultural e identificadora), la comunidad hispánica (como elemento constitutivo de la *hispanofonía*) y los mercados lingüísticos internacionales (frente a lenguas tales como el francés y el alemán)[20]. En lo que resta de este capítulo, quiero señalar la existencia de un cuarto elemento en la ideología que sirve de apoyo a la implementación de la política lingüística española: me refiero a la construcción de una imagen del español basada en el rechazo, explícito en muchos casos, de las premisas del nacionalismo lingüístico[21].

Los modos de concebir la relación entre lengua e identidad colectiva son ciertamente complejos y probablemente por eso han recibido –y aún reciben– gran aten-

---

incrementar consecuentemente su valor de cambio en los mercados lingüísticos internacionales. La presencia del español en este contexto, el estadounidense, al ser lengua *extranjera*, lengua que resulta de la convergencia de hablantes de distintas variedades dialectales, lengua creada por los medios de comunicación de masas para llegar a una clientela más amplia (López Morales 2006), se presta además a la elaboración discursiva de la codiciada lengua estándar deslocalizada y anónima (véase cómo lo describe Woolard en el cápítulo 6).

[20] Si bien con frecuencia se justifica la promoción del español desde la necesidad de contrarrestar el monopolio internacional del inglés, hay evidencia que sugiere que las agencias españolas a cargo de estas políticas aceptan la preeminencia del inglés (considerando incluso los intereses de los promotores de esta lengua coincidentes con los propios) y se plantean la difusión del español por terrenos previamente o actualmente ocupados por otras lenguas tales como el francés o el alemán. Una curiosa alianza estratégica parece estar emergiendo entre inglés y español (mejor dicho entre sus promotores). El actual director del Cervantes decía así recientemente en un artículo de opinión publicado por el diario madrileño *ABC*: "donde más crece [el español] es en los países de lengua inglesa o de fuerte influencia anglosajona, lo que quiere decir que el inglés es ahora mismo uno de los grandes aliados del español" (19/12/2006). Véase también la nota anterior.

[21] Igual que ocurre con el nacionalismo en general, la literatura sobre el nacionalismo lingüístico es inabarcable. Mencionaré aquí, siguiendo el mismo criterio que seguí arriba, una serie de libros y artículos que constituyen mis lecturas más recientes sobre el tema y que por consiguiente deben de estar más presentes en las ideas y en la armazón argumental de este ensayo: Barbour y Carmichael 2000, Blommaert 2006, Blommaert y Verschueren 1998, Coulmas 1988, Edwards 1985:23-46, Errington 1999, Fishman 1972, Haugen 1972:237-54, Joseph 2004, Judt y Lacorne 2005, McCall Millar 2005, Oakes 2001, Wright 2004.

ción de parte de antropólogos, historiadores, lingüistas, sociólogos, etc. El nacionalismo lingüístico es precisamente uno de los discursos que articulan lengua e identidad grupal, y si nos fijamos en la ideología que yace bajo la mayoría de los proyectos de planificación lingüística, quizás el que más haya influido las políticas del lenguaje tanto gubernamentales como no gubernamentales en los últimos dos siglos. Los movimientos políticos nacionalistas se definen a partir de la afirmación de la existencia de una entidad nacional y de la reivindicación para la misma del derecho a ejercer el nivel de autogobierno que sus miembros deseen. En otras palabras, asumen como pieza central de su ideario el principio o doctrina de las nacionalidades, de acuerdo con el cual, en palabras de Álvarez Junco, "cada pueblo o nación tiene el derecho a ejercer el poder soberano sobre el territorio en que habita" (2001:12). El modo concreto de definir la nación (en base a criterios predominantemente políticos o predominantemente étnicos, por ejemplo) y las funciones que su defensa desempeñe (separatismo, expansionismo, reforma política) son parámetros que permiten distinguir unos movimientos nacionalistas de otros.

Al examinar la fijación del primero de estos parámetros en diversos discursos nacionalistas encontramos que algunos tienden a señalar el carácter subjetivo de la nación, como un contrato social de convivencia diariamente renovado en un metafórico plebiscito que confirma la lealtad de la ciudadanía al proyecto político común (se oirán aquí los ecos de la doctrina de Jean-Jacques Rousseau y de la idea de la nación como plebiscito cotidiano que planteó Ernest Renan (1987) en su famoso discurso de 1882). Otros movimientos nacionalistas han preferido en cambio afirmar la sustancia cultural de la nación, colectivo humano que una serie de circunstancias históricas cualesquiera ha dotado de una cultura propia y uniforme, entendida ésta como modo de racionalizar la experiencia vital en el cual se realiza el individuo (se oirá aquí quizás resonar el pensamiento de Johann G. Herder o Johann G. Fichte)[22]. Si bien esta clasificación dicotómica presenta ventajas analíticas, advierte A. D. Smith (2000) que elementos propios de las concepciones cívicas de la nación se cuelan frecuentemente en discursos etnicistas y que, del mismo modo, rasgos de éstos aparecen en diseños predominantemente políticos de la nación.

> Cada nacionalismo y cada concepto de nación está compuesto de diferentes elementos y dimensiones que nosotros optamos por etiquetar voluntarista y orgánico, cívico y étnico, primordial e instrumental. No hay nación o nacionalismo que pueda ser identificado exclusivamente como el uno o el otro; ni siquiera si en determinados momentos algunos de estos elementos predomina dentro del conjunto de componentes de la identidad nacional (Smith 2000: 25).

---

[22]  Véase, por ejemplo, Álvarez Junco (2001: 31-62), De Blas Guerrero (1994:38-46).

Teniendo en cuenta esta importante matización, podemos afirmar que las naciones se definen discursivamente a partir de una lista de elementos potencialmente constitutivos de la misma, un menú de propiedades nacionales (lengua, religión, tradiciones folclóricas, tradiciones sociales, narraciones históricas, instituciones políticas, sistemas de leyes, etc.) del cual cada movimiento nacionalista seleccionará los que le convengan según las necesidades específicas del contexto político concreto en que se desenvuelva. Si una colectividad humana percibe que para la consecución de unos objetivos (culturales, económicos o políticos) ha de definirse como una nación, utilizará con tal fin los elementos que mejor sirvan al cumplimiento de aquellos objetivos. Finalmente, añadamos un último elemento que no falta en los discursos nacionalistas, ya tiendan éstos hacia el lado cívico o hacia el lado étnico del espectro: la *territorialidad*, "el principal requisito –y el control del territorio, el principal objetivo– de las naciones" (Álvarez Junco 2001:13).

Sean cuales sean los elementos que se seleccionan para la construcción discursiva de la nación, todo movimiento político que se define como nacionalista afirma la existencia de una identidad grupal (más o menos primordial) que legitima el ejercicio de la soberanía y las instituciones que la ejercen. Lo que distingue a los nacionalismos lingüísticos (frente a otros de carácter religioso o político, por ejemplo) es el situar la lengua en el mismo centro de la identidad. De nuevo, encontraremos diferencias al observar el papel que distintos movimientos nacionalistas asignan a la lengua, el modo en que la integran en el proyecto de construcción identitaria. En versiones predominantemente étnicas/culturales/primordialistas de la nación, se tiende a asumir un determinismo lingüístico que implica la identificación de lengua y cultura y sugiere la existencia de un isomorfismo entre la estructura gramatical de la lengua en cuestión y la percepción de la experiencia en forma de categorías que constituye la cultura. Para este tipo de nacionalismo lingüístico, la pérdida de la lengua, supone la desaparición de una forma de ver el mundo, un peligroso e irreparable trastorno de la ecología cultural de la Tierra. Por ejemplo, el 10 de mayo de 2001 se celebraba en Galicia el "CorreLingua 2001" carrera pedestre popular organizada (como acto simbólico en defensa de la lengua) por departamentos de gallego y equipos de normalización lingüística de los institutos de la Comunidad. Al final de la misma se leyó un manifiesto a los jóvenes participantes que decía lo siguiente:

> Somos a voz dos sen-voz, a vangarda dos que rexeitan usar falas prestadas para non ficaren orfos de pensamentos[...] Nós somos o futuro de Galiza. Somos galegas e galegos e falamos galego. Porque só falando galego somos galegas, somos galegos[23].

---

[23]   Yo he tratado el asunto en del Valle (2003). El texto del manifiesto se puede consultar en http://iespaz-andradecomeni.tripod.com/correlingua2001.htm.

No podría quedar expresada con mayor claridad que en estas palabras la conexión que se supone entre pensamiento, lengua e identidad grupal.

En cambio, en versiones predominantemente cívicas/políticas/voluntaristas, la lengua tiende a ser concebida como instrumento de comunicación propio de la comunidad, instrumento que posibilita la vida en común y la articulación de la vida económica y social del colectivo. Con todo, y aun cuando se acepte el carácter relativamente arbitrario de la relación entre gramática y cultura, la lengua suele verse investida de un carácter simbólico que la convierte en elemento representativo de la nación. En un contexto histórico y geográfico en que la vida cotidiana de los miembros de dos naciones distintas no presente mayores diferencias salvo las lingüísticas, serán justamente éstas las que legitimen la existencia de las entidades nacionales diferenciadas (al margen, por supuesto, de la existencia de hecho de estructuras administrativas y políticas separadas) y sería precisamente a éstas a las que se recurriría para aunar al pueblo si se diera, pongamos por caso, un conflicto con la nación vecina. En estas situaciones, la desaparición de la lengua supone la eliminación de la marca diferenciadora y con ella de la frontera étnica que constituye la base de la soberanía nacional.

A modo de síntesis, la estructura conceptual básica del nacionalismo lingüístico está formada por tres elementos: (a) una identidad grupal, o *cultura* (cívica o étnica) compartida, (b) posibilitada o determinada por una *lengua* común, (c) y circunscrita a un *territorio*.

### La lengua y el nacionalismo panhispánico

Pues bien, los portavoces de la nueva política lingüística española así como los autores de discursos ideológicamente afines han rechazado de plano el nacionalismo lingüístico y con él la que ha tendido a ser su premisa fundamental: la visión de la lengua como encarnación de la cultura de un pueblo, como singularísimo modo de interpretar la experiencia vital humana. En este sentido, en 2001, Francisco Marcos Marín, por aquel entonces director académico del Instituto Cervantes, afirmaba en el suplemento cultural del diario madrileño *ABC* la separación conceptual entre lengua y cultura: "Frente a toda idea de mente colectiva o de propiedad de la comunidad de hablantes, la lengua debe estudiarse como propiedad individual [...] la identidad lingüística no implica identidad cultural" (*ABC Cultural* junio 2001). Una vez disociada del concepto de cultura, la lengua queda neutralizada como elemento potencialmente constitutivo de la nación, al menos en las formulaciones románticas de ésta. Sin embargo, aún se podría afirmar, desde nacionalismos más cívicos, el valor de la lengua como marca, como símbolo arbitrario de la nación. Pero esta posibilidad ha sido también rechazada. Ya en 1995, Gregorio Salvador, distinguido miembro de la Academia, hacía la siguiente afirmación:

> El español no es seña de identidad ni emblema ni bandera [...] La vieja lengua de mil años y miles de caminos no es vernácula ya en ninguna parte, ni siquiera en la vieja Castilla donde nació [...] [ha] devenido en pura esencia lingüística, es decir, en un valiosísimo instrumento de comunicación entre pueblos y gentes, en un idioma plurinacional y multiétnico (cit. en *El País* 7/11/1995).

En el mismo sentido, y en términos más firmes aún, rechaza Juan Ramón Lodares la visión nacionalista de la relación entre lengua y cultura:

> El integrismo lingüístico se presenta como un eficaz elemento nacionalizador, basándose en la idea –falsa, por lo demás– de que la comunidad de lenguas es trasunto de la comunidad racial y de la comunidad de ideas, creencias, sentimientos, así como un bastión de fidelidad a los valores patrióticos (2002: 21)[24].

Vemos pues que estos filólogos y lingüistas, directamente vinculados o cercanos a las instituciones de implementación de la política lingüística exterior de España –miembros desde luego de la misma comunidad discursiva–, abrazan una concepción de la lengua que parece situarlos en el polo opuesto del nacionalismo lingüístico clásico que utilizaba aquélla como pieza central de la construcción nacional, ya fuera por la vía estructural-semántica-cultural (como materialización del espíritu del pueblo) o por la vía simbólica-arbitraria (como tótem en torno al cual se agrupan los miembros de la nación). Frente a esta visión, se promueve en España una ideología lingüística que libera al español de sus ataduras culturales y nacionales para que se convierta en lengua panhispánica, para que salga de las fronteras físicas que delimitan un territorio nacional específico y para que asuma un carácter expansivo e internacional.

Volvamos brevemente a la imagen del español dibujada por el director de la Academia: "Es realmente *emocionante* cómo la lengua está sirviendo de lugar de *encuentro* y no sólo como canal de *comunicación*. La lengua nos hace *patria*

---

[24] La intervención de Juan Ramón Lodares en la confección de una ideología de apoyo a la implementación de la política lingüística española fue notable y merece un estudio detenido. A través de su "trilogía de la lengua", publicada en Taurus y reseñada en los principales periódicos españoles, Lodares desarrolló, con un admirable e impresionante despliegue de erudición, accesibilidad estilística y gracejo, varios de los pilares que sustentan la ideología lingüística dominante: la crítica al nacionalismo lingüístico, la inevitabilidad de la sustitución de unas lenguas por otras y la superioridad de aquellas cuyo conocimiento y uso puede más fácilmente traducirse en dinero (la trilogía aparece en la lista de referencias, Lodares 2000, 2001, 2002).

*común* en una *concordia* superior" (García de la Concha cit. en *El País* 9/7/2000, el énfasis es mío). En el fondo de esta imagen, se sitúa el rasgo básico que caracteriza a cualquier lengua: su poder comunicativo. Se asume, por supuesto, que el español, al ser una lengua altamente codificada y elaborada, está dotado de una especial transparencia significativa. Pero más sobresaliente aún es el hecho de que al referirse a la lengua el director de la Academia no se limita a señalar su utilidad: el español es más –debe ser más– que un simple instrumento al servicio del diálogo eficiente. Como canal de comunicación que es, produce el "encuentro" de todos aquellos que lo hablan y el establecimiento de una comunidad caracterizada por la "concordia". Por medio de estas figuras del lenguaje, García de la Concha asocia el español con un valor superior, ya no sólo limitado a la utilidad administrativa o a la rentabilidad económica, sino estrechamente vinculado a un orden moral y cívico[25]. Fernando Lázaro Carreter, antiguo director de la RAE y uno de los principales impulsores de su renovación, daba un paso más y, en una entrevista celebrada con motivo de la publicación de su *El nuevo dardo en la palabra* (2003), asociaba la lengua con uno de los valores supremos de la sociedad moderna: "La lengua es un instrumento esencial de la democracia" (cit. en *El País* 21/1/2003). Este tipo de retrato del español, realizado en foros de gran visibilidad (los cursos de verano de El Escorial, con la amplia cobertura mediática que reciben, o las páginas del diario *El País*) y por figuras de extraordinaria relevancia cultural (como el profesor de Salamanca y director de la RAE Víctor García de la Concha o el popularísimo Lázaro), es herramienta fundamental en el proceso de implementación de la política lingüística española por medio de la difusión de la ideología lingüística en que esta política se basa. La difusión de esta ideología, por supuesto, es sólo posible si los miembros de la comunidad a quien va dirigida –la hispánica en este caso– la aceptan como *propia*. Ya el relativo fracaso del nacionalismo liberal decimonónico puso de manifiesto el hecho de que la superioridad práctica de una lengua no basta para vencer el poder de lealtades lingüísticas establecidas de un modo, digamos, más primordial[26]. De ahí que en la actualidad se insista no sólo en la utilidad del español sino también en su asociación con

---

[25] Al igual que ocurre con la idea de lengua-encuentro, como ya hemos señalado Gabriel-Stheeman y yo (2002, capítulo 9), el español como instrumento de la concordia aparece también en otros autores: "No puede haber mayor concordia que el diálogo, el entendimiento, la comprensión para el respeto y la paz, y el instrumento fundamental, esencial, es la lengua, y las entidades que representan la lengua desde una perspectiva digamos oficial son las academias" (Ignacio Chávez cit. en *El País* 7/9/2000).

[26] Véase la presentación que hace E J. Hobsbawm de la irrupción del nuevo nacionalismo de base étnica a partir de 1870 (especialmente en el capítulo 4 de la segunda edición de su libro de 1992), o la discusión del tema en el capítulo 1 de del Valle y Gabriel-Stheeman (2002 o 2004).

valores universales superiores, tales como la concordia y la democracia, que estimulen la formación de vínculos más "emocionantes" entre la lengua y los individuos que integran o que se aspira a que integren la comunidad[27].

Por supuesto, como ha quedado claro, los agentes de la política lingüística española han superado la concepción de la lengua como depósito de una cultura asociada a un territorio, como valor superior en tanto que garante de la existencia de un pueblo, de una forma de ver el mundo. Parecería, por lo tanto, que ante la comunidad hispanohablante, española y latinoamericana, no se puede apelar explícitamente a una hermandad de tipo nacional. ¿O sí? A fin de cuentas la lengua "nos hace patria común", dice García de la Concha recurriendo al tópico de Camus ("Oui, j'ai une patrie, la langue française"). Efectivamente, en el elogio del español desnacionalizado se produce un distanciamiento retórico del nacionalismo lingüístico, pero no se abandona completamente el esquema conceptual en que éste se asienta. En la imagen que nos traza el director de la RAE, se expande el ámbito de significación del concepto "lengua", que pasa ahora, en el triángulo en que se aloja la ideología del nacionalismo lingüístico (lengua, cultura y territorio), a ocupar los espacios vacíos desalojados por el descarte de las nociones de cultura y territorio. El código, el instrumento de comunicación, se desdobla convirtiéndose en lugar de armonioso encuentro. Queda así espacializado, e investido con el valor de la "concordia superior" que naturaliza y posibilita la coexistencia de todos los que la hablan. El propio español sustituye al territorio (lugar de encuentro) y a la cultura nacional (concordia superior) convirtiéndose en la "patria común", en la imaginada comunidad panhispánica posnacional, a la cual, por razón de sus virtudes (concordia, internacionalismo y rentabilidad), entregaremos nuestra lealtad[28].

## Conclusión

Por un lado, la coexistencia del español con otras lenguas en España se ha vivido, en el período que aquí nos ocupa, en términos conflictivos. Ya se señaló antes que las políticas lingüísticas de las Comunidades con lengua propia fueron diseñadas

---

[27]   Esto separa, al menos a nivel retórico, el discurso del director de la RAE de visiones más puramente prácticas de la superioridad del español, tales como la ultraeconomicista de Lodares.

[28]   Un bonito ejemplo de la territorialización discursiva de la lengua nos lo ofrece Antonio Muñoz Molina –escritor, miembro de la RAE y director de la sede neoyorquina del Instituto Cervantes entre 2004 y 2006– quien con frecuencia afirma, en gesto de clara impronta hispanoamericanista e "hispanofónica", que España es sólo "una provincia de la lengua española".

a partir de la idea de la preocupante sustitución de ésta por el español, el cual tiende a ser percibido como una lengua de fuera, "prestada" (aun cuando la mayoría de los miembros de la comunidad la hablen y la hayan hablado a lo largo de muchas generaciones) que amenaza la supervivencia de la "propia" y con ella de la singularidad cultural de la comunidad. Pero en el ámbito español, en círculos próximos a la política lingüística del español, también se ha visto el actual bilingüismo como fuente de conflicto, del cual se hace responsables a las agresivas políticas regionales de inversión de la mencionada sustitución. En la nota de advertencia que abre su libro *La lengua española y sus problemas*[29], Juan M. Lope Blanch afirma: "No me referiré aquí a los problemas con que tropieza actualmente la lengua española en su solar originario, debido al acoso de otros idiomas peninsulares, como el catalán, el vascuence, el gallego y aun el bable" (1997:5). Como respuesta, en parte, a las políticas de las comunidades autónomas han de entenderse también los trabajos ya citados de Gregorio Salvador y Juan Ramón Lodares. El discurso de oposición a aquéllas, por lo tanto, existe, pero rara vez se genera en las instituciones que de un modo más explícito se encargan de la promoción del estatus del español. En este sentido, la política parece ser más bien de hechos consumados. En el terreno económico de los mercados lingüísticos, catalán, gallego y euskera tienen poco que hacer ante el español[30]. En el terreno político, frente a la instrumentalización de aquellas lenguas por parte de los nacionalismos para cuestionar la entidad nacional de España, se presenta el español como símbolo de la concordia, de la democracia, del progreso económico, como instrumento al servicio de una posnación, de una comunidad internacional panhispánica que deja reducidas al atavismo y al particularismo reaccionario al catalán, gallego y euskera[31].

---

[29] Curiosamente, a pesar del título *La lengua española y sus problemas*, la conclusión que uno saca de la lectura del trabajo del profesor Lope Blanch es que el español no tiene problemas.

[30] El 19 de agosto de 2003 se publicaban en *ABC* unas declaraciones de Jon Juaristi, en ese momento director del Cervantes, en las cuales indicaba el poco interés en el mundo por el estudio del gallego y el vasco (al catalán le va un poco mejor): "[...] se están dando bastantes clases de catalán [...] Ahora bien, la demanda disminuye [...] En el Instituto hemos sido extraordinariamente generosos en la estimación de la demanda. Hemos llegado a dar clases de euskera con dos alumnos. La rentabilidad económica no se sostiene". El día 22 de agosto, quizás algo herida en su orgullo e imbuida de la misma ideología que pretende valorar una lengua en términos rigurosamente cuantitativos, el diario coruñés *La Voz de Galicia* publicaba, en un ejercicio de enternecedora ingenuidad, un artículo con el siguiente titular: "Arredor de 6000 personas [sic] aprenderon galego no estranxeiro no curso pasado".

[31] En este contexto encaja un titular con que *El País* introducía una noticia sobre un viaje del ex-Presidente del Gobierno Jose María Aznar a Estados Unidos: "Aznar pone a los hispanos de EE. UU. como ejemplo frente al nacionalismo" (12/6/2003).

Por otro lado, la relación con América Latina ha sido y es uno de los frentes que definen la política exterior de España. A lo largo de los años noventa, crecieron las inversiones españolas en aquel continente, y con ellas, los programas y esfuerzos puntuales de cooperación cultural (Varela y Otero 2006). La nueva presencia española en las antiguas colonias ha dado lugar a una suerte de reedición del movimiento hispanoamericanista, al rescate del concepto de una comunidad hispánica de intereses basada en la existencia de una afinidad cultural y en la elaboración discursiva de la misma como *hispanofonía*. Por supuesto, el rescate de este concepto no es fácil, sobre todo porque la comunidad hispánica, por muy armónica y coherente que se quiera que sea, por muy unida que se quiera que esté, ha de enfrentarse al hecho de que esa voluntad de unidad carga con el peso de la conquista y colonización que se encuentran en su mismo origen[32]. Este lastre es, para algunos, irrelevante en el presente, especialmente ante lo que perciben como el prometedor futuro de la comunidad panhispánica. Otros, en cambio, ven en el rescate de ese desgraciado pasado compartido una condición fundamental para la construcción verdaderamente democrática y justa de proyectos culturales, económicos y políticos igualmente beneficiosos para españoles y latinoamericanos.

El hecho es que en los últimos años se han producido situaciones que han perturbado el armonioso encuentro entre España y sus antiguas colonias. Ya se mencionó arriba el discurso en el que el Rey Juan Carlos I afirmaba que el español no fue nunca "lengua de imposición sino de encuentro" y la consecuente controversia que la metáfora del encuentro provocó al ser interpretada como un intento de esquivar la políticamente incorrecta simbología del *descubrimiento* y por ocultar la incómoda historia de conquista y colonización[33]. Pero ese componente de la historia común sigue vivo en el recuerdo de muchos y retorna como instrumento de lectura de hechos presentes. ¿Cómo si no interpretar el título del libro *Los nuevos conquistadores* de los periodistas argentinos Daniel Cecchini y Jorge Zicolillo sobre la inmoral (si no ilegal) penetración en su país de algunas de las multinacionales españolas? ¿Cómo interpretar si no la codificación en términos neocoloniales de conflictos laborales que han enfrentado a trabajadores latinoamericanos con empresas españolas? Así se expresaba, por ejemplo, el presidente del sindicato de

---

[32]   Véase el desliz de Juan Luis Cebrián en el congreso de Rosario que lee brillantemente Mauro Fernández en la última sección del capítulo 3. Tratando de elogiar la condición mestiza del español, Cebrian dice: "El destino de las lenguas, de todas las lenguas, es ser violadas, penetradas" (Cebrián 2004), revelando con sus singulares opciones lingüísticas la brutalidad ineludible de los orígenes de ese mestizaje.

[33]   Esta estrategia nos remite a las pugnas simbólicas que tuvieron lugar durante las celebraciones en 1992 del Quinto Centenario. Véase en el capítulo 4 el análisis que hago del discurso y especialmente de la polémica que provocó.

trabajadores de la banca en Chile: "Cada vez que prendo la luz, llamo por teléfono, hago efectivo un cheque o tomo un vaso de agua, estoy poniendo dinero en los bolsillos de alguien en Madrid .. Es como si fuéramos una colonia de nuevo, pagando impuestos a la Corona española" (cit. en *The Washington Post* 14/2/2000). Y de un modo similar, con una "ola de antiespañolismo" (*El País* 21/6/2001), reaccionaban los trabajadores argentinos en junio de 2001 ante la posición del gobierno español en relación con la crisis de Aerolíneas Argentinas.

Por todo ello no cabe sino reconocer que la configuración actual de la comunidad hispánica es un proceso disputado en una dinámica que enfrenta visiones discrepantes sobre la naturaleza de la relación, pasada, presente y futura, entre las distintas naciones del mundo hispánico. Y en esta dialéctica ha intervenido con gran presencia y apoyo institucional la política lingüística española orientada hacia la promoción del estatus del español como pilar central que sostiene a la comunidad panhispánica, una comunidad basada en la "pura esencia lingüística" de la que hablaba Gregorio Salvador, y que, según el análisis que he venido proponiendo en este ensayo, viene a cumplir una función análoga a la desempeñada por la ya clásica nación.

En realidad, las discusiones sobre la legitimidad de las reivindicaciones nacionalistas esconden pugnas sobre las fuentes legítimas de autoridad, es decir, sobre la supuesta naturalidad de los grupos poblacionales que, al ser aceptados como sujetos activos del derecho a la soberanía, autorizan la ostentación y el ejercicio del poder, ya sea éste cultural, económico o político. La nación es una unidad de acción política, un mercado, una esfera legítima de influencia y de sentir colectivo. Es el garante de la lealtad a los poderes establecidos. ¿Podría ser que el nacionalismo panhispánico de base lingüística sea también –al menos en parte– una cuestión de poder y lealtad? Ya recordábamos Gabriel-Stheeman y yo, en nuestro mencionado estudio, que en 1995, Jesús de Polanco, presidente del conglomerado mediático PRISA, afirmaba: "Iberoamérica es un objetivo político, económico y empresarial legítimo para los españoles [...] Estamos mucho menos lejos de América Latina de lo que nadie puede pensar" (cit. en *El País* 24/7/1995). Pocos años más tarde, Carlos Gasco, funcionario de alto nivel en el Ministerio de Economía español declaraba a un reportero del *The Washington Post*: "España entiende a Latinoamérica como ningún otro país fuera de Latinoamérica podría hacerlo [...] Hemos usado esto a nuestro favor para construir lo que percibimos como una conexión económica a largo plazo que seguirá acercándonos más y más a Latinoamérica" (*The Washington Post* 14/2/2000).

Permítanme enfatizarlo: "España *entiende* a Latinoamérica". ¿Qué hace ese entendimiento posible si no el instrumento de comunicación que es la lengua?

¿Cómo se establece esa proximidad entre España y Latinoamérica a la que se refería Polanco si no en el lugar de encuentro que ofrece el español? ¿Qué legitima la proyección política, económica y empresarial de España –por usar los mismos términos que Polanco– sobre las naciones americanas si no la patria común del idioma? ¿Qué mejor garantía de esa legitimidad que la emocionada lealtad de todos los hispanos a la posnación lingüística? ¿Quién podrá, en definitiva, resistir el atractivo de la patria/lengua que es la *hispanofonía*, conciliadora, universal y rentable?

# DE LA LENGUA DEL MESTIZAJE AL MESTIZAJE DE LA LENGUA: REFLEXIONES SOBRE LOS LÍMITES DE UNA NUEVA ESTRATEGIA DISCURSIVA

MAURO FERNÁNDEZ

1. En octubre de 2004 tuvo lugar en la ciudad argentina de Rosario el III Congreso Internacional de la Lengua Española (CILE), convocado bajo el lema *Identidad lingüística y globalización*[1]. Según los periodistas que cubrían el acontecimiento, al atardecer de la penúltima jornada el director de la Real Academia Española parecía sentirse complacido. Ya sólo faltaban unas horas para clausurar con gran éxito mediático el evento que había congregado a orillas del Paraná a un nutrido grupo multinacional de escritores, intelectuales, investigadores y profesores, acompañados nada menos que por ochocientos reporteros. La satisfacción del director de la Academia no se debía sólo a haberse contagiado del entusiasmo de los participantes en el congreso y del ambiente festivo que reinaba en la ciudad. Lo que le alegraba el ánimo al director en esa víspera de la clausura, según sus propias palabras tal como nos las transmite el cronista de *La Vanguardia*, era lo siguiente:

> Yo creo –dijo– que se está produciendo una convergencia en unas ideas madres. En la idea del mestizaje, en la idea de que la identidad es una suma de identidades. Esto es muy sorprendente, nadie había programado ese mensaje de entrada para este congreso. Curiosamente, desde el discurso del Rey, todos los discursos van en esa misma línea.

---

[1] Como se indicó en el capítulo 1, organizan estos congresos la Real Academia Española, el Instituto Cervantes (a cargo de la Secretaría) y la Asociación de Academias de la Lengua Española, en colaboración con los gobiernos del país en el que se celebran y las asociaciones locales pertinentes (en el caso del de Rosario, la Academia Argentina de Letras). Esta serie de congresos se inició con el celebrado en Zacatecas en abril de 1997. El segundo tuvo lugar en Valladolid en octubre de 2001, bajo el lema *El idioma español en la sociedad de la información*. El cuarto se celebrará en Cartagena de Indias en 2007, bajo el lema *Presente y futuro de la lengua española: Unidad en la diversidad*.

Esto significa un grado de maduración, un grado de reflexión sobre la lengua y la relación lengua e identidad que me parecen enormemente positivas". Y añade, visiblemente satisfecho: "Vamos todos en la misma línea de actuación" (*La Vanguardia* 20/11/2005).

Y continuó luego, sin el menor asomo de pesar o de nostalgia: "es ya un camino sin retorno. El eje no está en Madrid", suministrando así un titular al diario barcelonés que, con una modificación de apariencia inocente en la frase, iba a anunciar al día siguiente con indisimulado alborozo: "Madrid ya no es el eje del español".

¿Qué había dicho el Rey Juan Carlos tan trascendente como para que sus palabras pudiesen ser presentadas por el director de la RAE como el pistoletazo de salida de una nueva generación de discursos sobre el español? Las primeras frases de su discurso inaugural habían sido las siguientes:

> Todas las lenguas son, en mayor o menor grado, mestizas, y el castellano, que lo fue desde su configuración inicial, se hizo español ensanchando precisamente su mestizaje. Primero en la Península y más tarde, y de modo decisivo, al desarrollarse en América[2].

Bajo esta apertura de apariencia tan sencilla subyace un importante postulado de la sociolingüística que sostiene que las lenguas no pueden expandirse sin transformarse. La expansión del español se presenta en este discurso como un ensanchamiento progresivo que resulta del mestizaje con otros romances y con otras lenguas, y ya no como un imparable avance derivado de unas supuestas virtudes intrínsecas de la lengua (o de sus hablantes), tal como habían apuntado en alguna ocasión otros ilustres directores de la Academia, entre ellos Menéndez Pidal, Dámaso Alonso y Rafael Lapesa.

No captaron del todo mal lo novedoso de este discurso de apertura los titulares de la prensa, que al día siguiente decían: "El rey de España destaca el mestizaje del español"[3] con diversas variantes en el verbo: elogia, resalta, subraya, ensalza e incluso defiende[4]. Una excepción interesante la suministró una periodista local

---

2  Disponible en http://cvc.cervantes.es/obref/congresos/rosario/inauguracion/rey.htm.
3  "La variedad del español se destaca en Rosario. El Rey destaca el mestizaje del idioma al abrir el congreso, al que Kirchner llegó hora y media tarde" (*El País* 18/11/2004).
4  "El Rey elogia el mestizaje del español al abrir el Congreso de la Lengua" (*El Correo* (Bilbao) 18/11/2004, crónica de Marcela Valente); "Resalta el Rey de España mestizaje del idioma español" (Página web de Televisa: www.esmas.com/ noticierostelevisa/internacionales/406787.html); "El Rey subraya en Rosario que 'el castellano se hizo español ensanchando su mestizaje'" (*ABC*, 18/11/2004); información preparada por el gabinete de prensa de la Casa Real: "Don Juan Carlos pronunció unas palabras en las que ensalzó el mestizaje del español" ( www.casareal.es/ casareal/argen21.html.); información preparada por el gabinete de prensa de la Casa Presidencial: "El Rey defiende el mestizaje del español" (www.la-moncloa.es).

que informó así a sus lectores: "En un acto de reconocimiento tardío, el Rey aceptó en el español una lengua mestiza"[5].

Lo que los periodistas sí pasaron por alto, en cambio, fueron las primerísimas palabras del Rey: "todas las lenguas son en mayor o menor grado mestizas", pues no encaja en las exigencias del oficio reporteril resaltar que el español es como todas las demás lenguas. La impresión que queda tras la lectura de esas crónicas es la de que hay algo de excepcional en el mestizaje del español.

También recogieron los cronistas el papel predominante que tuvo esta idea en el resto de las intervenciones, al destacar que "mestizaje" y "mezcla" fueron algunas de las palabras que más se oyeron durante esos días[6].

2. Los CILE son vistos por sus promotores como "el foro insustituible para analizar todos juntos el presente y los retos del idioma"[7]. Pero son también, más que cualquier otra cosa, acontecimientos mediáticos a través de los que se crea y recrea una imagen pública de la lengua. En Rosario el número de periodistas quintuplicaba con creces al de congresistas (ochocientos de los primeros, frente a ciento sesenta de los segundos, más unos tres mil asistentes, a los que hay que sumar a quienes siguieron el evento a través de las transmisiones en directo de dos cadenas de televisión). Su carácter mediático y la índole institucional de los

---

5    Romero, Ivana: "La lengua en movimiento y las palabras como valor primario", en *El Ciuda-dano & la Región*, 18/11/2004. Esta variante resulta de interés, sobre todo, porque muestra cómo la asunción de lo mestizo en cuanto rasgo caracterizador no se ha dado tan sólo en la América propiamente mestiza, es decir, en aquella en la que ha habido una profusa mezcla de genes entre los conquistadores y las poblaciones nativas, sino también en la América menos mestiza de todas, cuyo paradigma bien podría ser Argentina. Cierto que la frase reticente sobre lo tardío del reconocimiento no se nos da en titulares, y que otra cronista del mismo diario sirve de contrapeso al mostrarse más ambigua: en la entradilla se dice que el rey "acep-tó" el carácter mestizo del idioma, pero en el texto se nos dice que lo "reivindicó" (Fernanda Blasco: "Palabras de peso a sala llena", en *El Ciudadano & la Región*, 18/11/2004). También resulta de interés el titular elegido por *El País* para encabezar la reproducción íntegra del dis-curso, que fue el siguiente: "Una lengua de mestizaje" (*El País* 18/11/2004).

6    En una ingeniosa crónica Juan Cruz nos dice en *El País* que "la palabra más dicha es len-gua, seguida por mezcla y mestiza" ("La lengua propiamente dicha", en *El País*, 18/11/2004). En *El Mundo* (20/11/2004) se nos informa de que "el de Rosario ha sido un congreso en el que palabras como mestizaje, diversidad y unidad de acción han estado pre-sentes en muchas de las disertaciones". La misma idea destaca *La Vanguardia* (20/11/2004) en subtitulares, citando palabras del director de la Academia: "Las palabras más repetidas son diversidad, mestizaje, multilingüismo". Radio Exterior de España dijo que "El Tercer Congreso Internacional de la Lengua Española legitimó el reconocimiento del mestizaje [de la lengua]" (http://www.rtve.es/rne/ree/docu55.htm).

7    Son palabras del director del Instituto Cervantes en la reunión anual del Patronato en 2005 (http://www.cervantes.es/seg_nivel/institucion/memoria_ic_04_05/pdf_web/mem_04_05_presentacion.pdf ).

promotores –la Real Academia Española, la Asociación de Academias de la Lengua, el Instituto Cervantes, esto es: los agentes centrales de la política lingüística del español, pero también los creadores y difusores por antonomasia de la ideología lingüística predominante– hacen que los lemas y los discursos institucionales de estos congresos constituyan un observatorio privilegiado para asistir al despliegue de las ideologías de la lengua.

La ideología del mestizaje difundida en Rosario es una notable novedad (aunque no absoluta, como veremos) en el discurso oficial sobre la lengua. No hace todavía cien años que Antonio Maura (1853-1925), que habría de ser también –entre tantas otras cosas– director de la RAE, alardeaba en el salón de actos de la institución acerca de la pureza del castellano, que no había sido descastado ni corrompido por el mestizaje con otras lenguas:

> Detengamos un instante nuestra consideración sobre lo que Castilla era delante de tan anchos mundos, para medir la contingencia en que estuvo de quedar desfigurada y anonadada. Sin embargo, notadlo bien, la décimasexta centuria marca para el habla castellana el apogeo de su castizo esplendor, no tan sólo en los monumentos literarios, también en el uso vulgar del pueblo.
>
> Aquellos españoles, en vez de descastar y corromper el idioma hereditario, repudiándole innoblemente por causa de pobreza; en vez de trocarle por una lengua mestiza con el maridaje de las usadas por tantas naciones como eran las sojuzgadas por sus armas o venidas a su intimidad, se mantuvieron fidelísimos al habla de Castilla y la enriquecieron y acicalaron, legándola espléndida y con todo su originario carácter a la pléyade que durante el siglo décimoséptimo había de completar la gloria de nuestra literatura. No fué herencia reservada a los doctos; la pureza y la hermosura del Castellano generalizadas quedaron en campos, suburbios y ciudades, donde luego hicieron rico acopio los novelistas, dramaturgos y eclesiásticos de nuestra edad de oro (Maura y Montaner 1918: 56).

Por ello es, sin duda, digno de mención el hecho de que el Rey haya destacado el carácter mestizo de la lengua en un congreso cuya finalidad básica es exhibirla y acentuar su carácter emblemático. Y si además fuese cierto, según nos dice el director de la Academia, que nadie había programado de antemano ese mensaje de apertura, nos hallaríamos ante un notable episodio de convergencias discursivas, puesto que los demás participantes –que insistieron en la idea de mestizaje–, desconocían, lógicamente, el contenido del mensaje del Rey así como el del resto de las intervenciones. La idea del español como lengua mestiza parece flotar en el ambiente, si bien –como veremos– con contornos borrosos y con contenidos que no siempre son equivalentes. Más que ante una idea bien perfilada, parece que nos hallamos ante un nuevo lema que suscita imaginarios diversos según quién lo invoque, dónde, cuándo y ante quién.

3. La evocación más obvia que sugiere este lema se inserta en el discurso de la globalización. En el contexto de la circulación mundial de capitales, mercancías y símbolos, hablar de criollización cultural y de mestizaje cultural está de moda, y por ello se aplican estas metáforas, tal vez de forma abusiva, a cualquier incorporación en una cultura dada de no importa qué elemento procedente de otra. Por lo general, la retórica del mestizaje no suele tomar en cuenta que los resultados culturales y lingüísticos que surgieron de las invasiones y conquistas a lo largo de los siglos se sustentaban en unas condiciones socio-históricas muy diferentes de las que propician en la actualidad hechos como, por ejemplo, la aceptación del *sushi* por paladares que hasta ahora lo desconocían. Pasando por alto estas profundas diferencias, las etiquetas "mestizaje", "cultura mestiza" y otras similares se aplican con poca precaución. Una compañía de tarjetas de crédito me envió hace poco un folleto promocional de un hotel, que contenía párrafos como el que sigue:

> te gusta el mestizaje, la morena de ojos rasgados, la cocina con un guiño ajeno, el inglés con otro acento. Y decides nuestro hotel, que es en definitiva un culto al mestizaje hotelero, para sentirse como en casa en los detalles que más aprecias.

Con un espectro de significaciones tan amplio, no debe extrañarnos que lo mestizo venda bien, tanto entre las ideologías más conservadoras como entre las más progresistas.

Un ejemplo de cómo la idea de mestizaje se pone al servicio de una ideología conservadora nos la ofrece el discurso en torno a un evento que formó parte de la revisión histórica emprendida por los gobiernos del Partido Popular (1996–2004). Me refiero a la exposición *Ibero América mestiza*, organizada por SEACEX[8]. El vídeo de la exposición comienza remontándose al origen del *homo sapiens sapiens*, continúa con una prolija presentación de los diversos pueblos que se asentaron en la Península Ibérica, con frecuentes alusiones a la mezcla de estos pueblos entre sí (como si todos ellos hubieran sido contemporáneos). La idea básica, bien asentada en la historiografía, es presentar a los españoles como un pueblo que ya era mestizo, un laberinto de razas y culturas, antes de la conquista de América (la palabra "conquista" se evita). Pero la conclusión ya no tiene tanto fundamento historiográfico: el vídeo termina exaltando a unos hombres y mujeres "arrastrados por la pasión atlántica", "orgullosos de sus raíces mestizas, que cruzaron el Atlántico en 1492 para crear una nueva realidad social y cultural,

---

[8]   *Sociedad Estatal de Acción Cultural en el Exterior*. Esta entidad es el resultado de la transformación de otra anterior que se había creado para organizar los actos conmemorativos de los centenarios de Felipe II y Carlos V.

igualmente mestiza". La rectificación de la historia, como podemos apreciar, es bastante radical. Además de desaparecer cualquier referencia a la violencia del contacto, desaparece también por completo la España que había expulsado a los árabes y judíos, desaparece la obsesión por la limpieza de sangre que, entre otras muchas aberraciones, llevó a la prohibición de que viajasen a América quienes tuviesen antecedentes moros o judíos (incluidos los descendientes de conversos). Incluso se manipula la escasez de mujeres en las expediciones, carencia que está en la base misma del mestizaje iberoamericano. Todo ello es reemplazado por unos hombres y mujeres arrastrados por la pasión atlántica, tan orgullosos de su mestizaje que no les queda otro camino que producir nuevas realidades mestizas.

Si contrastamos el texto anterior con las palabras de presentación del comisario mexicano de la exposición, Miguel León Portilla, encontraremos ideas que, a primera vista, resultan parecidas a las anteriores. El texto de León Portilla rescata los aspectos más valiosos del mestizaje y la lección que de ellos se desprende para el futuro, además de presentar también como mestizas –y no como primigenias, en estado puro, inmaculadas– las culturas precolombinas, lo que no es poco mérito en un contexto en el que el indigenismo enarbola la dimensión más fundamentalista de su discurso identitario. Pero, a diferencia del texto anterior, León Portilla no oculta la violencia del contacto, la desigualdad social, o la manipulación del concepto de mestizaje en contra de las poblaciones originarias, y por ello, pese a la apariencia de semejanza inicial, la resonancia ideológica que se desprende es muy diferente de la que emana del texto anterior. Estas resonancias tan dispares muestran la necesidad de prestar atención a los horizontes discursivos e ideológicos en los que se inserta el nuevo lema de la lengua mestiza.

4. La Real Academia Española no es ajena a esta fascinación general por lo mestizo. El discurso de ingreso de uno de sus miembros más recientes (Sánchez Ron 2003) llevaba por título "Elogio del mestizaje: historia, lenguaje y ciencia". De lo que en realidad trató el discurso fue de lo provechosos que resultan los enfoques interdisciplinarios en la ciencia. Pero la moda del mestizaje transformó la interdisciplinariedad en "ciencia mestiza", y el valor del mestizaje intelectual se ejemplificó con figuras de esclarecidos "mestizos" intelectuales, tales como Aristóteles, Galileo, Pasteur, etc.

Sin negar, pues, que fuese genuina la sorpresa que mostró ante los periodistas el director de la Academia, motivada por la convergencia de tantas intervenciones en la idea del mestizaje durante el congreso de Rosario, convendría añadir que esa tendencia en cierto modo había sido fomentada por los organizadores, es decir, por la propia Academia. Uno de los paneles programados para dicho congreso llevaba el siguiente título: "Una lengua mestiza en un mundo plurilingüe:

contactos de lenguas, bilingüismo y plurilingüismo". Así lo anunció el portal informativo sobre la lengua española *Unidad en la Diversidad,* en su edición del 4 de febrero de 2004, nueve meses antes de la celebración del congreso; y así lo anunciaron también, el mismo día en que esa sesión debería celebrarse, varios diarios locales y el *Servicio Regional de Información* de la comarca de Rosario. Pero esa sesión no llegó a celebrarse. En fecha que ignoro, la sesión que proclamaba el mestizaje de la lengua fue sustituida por estas otras dos: "Tradición cultural e identidad lingüística" y "El castellano y las otras lenguas de España".

Nadie dio, que yo sepa, explicaciones sobre este cambio[9]. Es posible que tenga alguna relación con la sustitución del director del Instituto Cervantes a raíz del cambio de gobierno en España, tras las elecciones de marzo de 2004. Una de las consecuencias de ese cambio es el ensayo de una nueva retórica institucional acerca de las lenguas que coexisten con el español, en especial las de la propia España. Era, pues, muy conveniente que éstas últimas tuviesen un lugar bien visible en el congreso, que no podía ser el de la lengua mestiza en un mundo plurilingüe, como veremos más adelante. Es también muy probable que la metáfora misma del mestizaje suscite controversia en el seno de la propia Academia, o al menos en el de la Asociación de Academias de la Lengua Española: una de las ponencias de Rosario, a cargo precisamente del director de la Academia Costarricense de la Lengua Española, niega de forma contundente que el español y la cultura de Costa Rica deban ser considerados como producto del mestizaje (Constenla Umaña 2004). Y entre los argumentos utilizados, figuran algunos procedentes de trabajos de Humberto López Morales, secretario de la Asociación de Academias.

Pero sea como fuere, habiendo sido anunciada durante meses una sesión sobre "Una lengua mestiza en un mundo plurilingüe", no resulta tan extraño que un buen número de participaciones recogieran la idea que los organizadores mismos habían fomentado.

El propio director de la Academia viene utilizando esta idea desde hace algunos años. En una exploración superficial he podido documentar que al menos en doce ocasiones recientes (probablemente en muchas más) el director ha presentado a la lengua española como mestiza. Voy a servirme de algunas de estas intervencio-

---

9   No fue éste el único cambio, pues todavía más llamativo resulta el que se produjo en torno al título general del Congreso. En Valladolid, al terminar el II Congreso, el Presidente argentino Fernando de la Rúa anunció que el próximo se celebraría en Rosario con el lema "El idioma español, las tecnologías y la nueva integración"; pero el lema con el que se celebró fue, como ya hemos dicho, bien diferente: "Identidad lingüística y globalización".

nes para analizar someramente qué se evoca en cada una y cuáles son los límites de estas evocaciones, esto es, con qué otros imaginarios se entabla competencia.

5. En algunos casos la idea del mestizaje se refiere tan sólo al período de los orígenes de la lengua. En estos casos el destinatario suele ser un público español, por lo que el tema de "las otras lenguas" de España subyace siempre, aunque no se las mencione explícitamente. Veamos una muestra. Para conmemorar los veinticinco años de la Monarquía, la Academia de la Historia le encargó una conferencia al director de la "Española". Según el diario *ABC*, el eje vertebrador de la conferencia pronunciada por García de la Concha fue "la lengua española ayer, hoy, mañana". El director

> quiso resaltar [...] el hecho de que el castellano nació como una lengua mestiza, de entendimiento, [como] una lengua para entenderse en las relaciones comerciales, en la convivencia cotidiana, en el amor [...] era [...] una Koiné[10].

Se perciben aquí los ecos (y algo más) de las ideas expuestas por Ángel López García en un ensayo tan admirable como polémico titulado *El rumor de los desarraigados* (López García 1985), cuyo telón de fondo es el problema de los nacionalismos en España y su relación con las lenguas (véase el análisis que del mismo hace Kathryn Woolard en este mismo volumen). *Lengua mestiza* se hace coincidir aquí, en la noticia de *ABC*, con entendimiento, negocios, convivencia, e incluso con el amor. Con la presentación de la lengua española como mestiza en sus orígenes se intenta contrarrestar los discursos alternativos que prosperan en Cataluña, El País Vasco y Galicia, que la presentan como castellana, foránea, impuesta a los pueblos de España que hablaban otras lenguas.

Toda reflexión se ubica necesariamente en unas coordenadas socio-históricas e ideológicas concretas. La mía surge desde Galicia, en un momento caracterizado por la exaltación de la "lengua propia" (entiéndase el gallego, lengua afín al portugués y no muy diferente del español, mayoritaria en el conjunto de una población envejecida, pero claramente minoritaria en los espacios urbanos y entre los jóvenes, en los que el predominio del español resulta abrumador, sin que ello implique un abandono total del gallego; véase Fernández Rodríguez y Rodríguez Neira 1994, 1995, 1996). Pues bien, desde ese contexto, y para evitar ambigüedades innecesarias, declararé abiertamente que comparto con mis paisanos gallegos el aprecio por la lengua común[11] –tanto si es mestiza como si no lo es– , no menor

---

[10]   Fue en febrero de 2001. No dispongo de la fecha exacta ni del texto de la conferencia, pero el texto de la noticia de *ABC* se encuentra en http://www.pionet.org/Boletines/Boletin_28_ febrero_ 2001.htm.

[11]   Los datos del *Mapa Sociolingüístico de Galicia* son contundentes a este respecto. Véase Fernández Rodríguez y Rodríguez Neira 1996.

que el que sentimos por la llamada lengua propia. Me diferencio en esto de mis colegas, los "sociolingüistas gallegos" (denominación de referente incierto[12]), que suelen hacer gala –al igual que los sociolingüistas catalanes o vascos– de un sentimiento de hostilidad hacia el español. Pero desde esta posición personal, insólita y políticamente incorrecta en un "sociolingüista gallego", no le auguro un resultado brillante a esta variante del discurso sobre el español que pone el énfasis en la comunicación y en el entendimiento, ni siquiera interpretados como mestizaje, pues los discursos alternativos no se sitúan en el mismo horizonte discursivo. Frente al elogio del entendimiento y la comunicación a través de la lengua se alzan los discursos que proclaman la afirmación de la identidad y la obtención de grados de reconocimiento simbólico cada vez mayores. Frente a la disolución de las esencias que proclama el discurso del mestizaje se alzan las "necesidades" políticas (y también el oportunismo) que se esfuerzan en erigir ámbitos espacio-culturales coherentes y homogéneos presididos por la noción de "lengua propia", concebida por los agentes políticos como "el componente fundamental de nuestra cultura, el ADN de nuestra identidad"[13]. Inmunes a los resultados de las observaciones etnográficas y a las mudanzas teóricas que nos llevan a ver por doquier mundos culturales fragmentados y contingentes que se entrecruzan de mil maneras distintas, los discursos sobre las "otras" lenguas de España insisten en construir un todo coherente y homogéneo. Frente a la retórica de la lengua mestiza se alza la de la lengua deturpada, la lengua ajena, la lengua intrusa. En vez de ante discursos enfrentados, nos hallamos más bien ante discursos divergentes, ante una extraña batalla en la que los contendientes no se tocan. Pero precisamente por no tocarse, los discursos del uno difícilmente harán mella en los del otro. La síntesis de estos discursos divergentes tendría que comenzar por enfrentarlos realmente entre sí y con la realidad. Tal vez ello llevaría a admitir que el español no sólo es lengua común, sino que también despierta resonancias identitarias en muchos gallegos, catalanes y vascos. Quienes en Galicia usamos

---

[12] En Galicia y en los demás territorios con lengua propia, cualquier interesado en la promoción de las respectivas lenguas tiende a considerarse a sí mismo como un sociolingüista, especialmente si ha estudiado Filología. He participado en alguna reunión de "sociolingüistas gallegos" que se asemejaba más a una asamblea de catequistas que a una reunión científica.

[13] Así lo expresó ante el Comité de las Regiones de la Unión Europea el Presidente del Gobierno Autónomo de Galicia, Emilio Pérez Touriño, el 15 de noviembre de 2005, con ocasión de la utilización por primera vez de las lenguas cooficiales de España en una de las instituciones de la Unión Europea. Como bien puede percibir cualquier gallego que lo oiga en directo, el Presidente ha adquirido sólo recientemente ese "ADN de nuestra identidad", tras una larga trayectoria vital en español. Esto es habitual en los políticos de nuestra tierra, pero también ocurre con relativa frecuencia en otros sectores, como el de los profesores de universidad cuando se transforman en decanos, rectores, etc.

habitualmente el español no lo hacemos para fomentar el entendimiento y la comunicación; lo hacemos porque es nuestra lengua, tan "propia" como la legal y políticamente definida como tal, que también usamos.

Por todo lo anterior nos parece un error estratégico de bulto que el discurso sobre el español no acepte la batalla y renuncie a presentarlo como lengua propia –aunque no en exclusiva– de millones de gallegos, catalanes y vascos, que lo usan no porque sea una lengua mestiza, una lengua de todos y de nadie, o una lengua internacional, sino que lo usan porque es la suya, por las resonancias cotidianas que en ellos despierta.

El énfasis en el mestizaje no va a surtir por estas tierras los efectos que procura. Ni tampoco la insistencia en la capacidad de comunicación y en el entendimiento, pues forma parte de nuestra experiencia cotidiana la comprobación de que comunicación y entendimiento no tienen como única solución posible la de la lengua común: ficción ideológica occidental íntimamente ligada a cómo se produjo en Europa el desarrollo de los Estados-nación. Nuestra capacidad de entendimiento no requiere la homogeneidad que promueven los forjadores de unidades político-lingüísticas[14].

6.  Otra dimensión que aparece en las intervenciones del director de la RAE que destacan el carácter mestizo de la lengua española suele desplegarse ante un público hispanoamericano. Tomaré como ejemplo unas palabras pronunciadas ante el entonces presidente de México, Vicente Fox, con ocasión de una visita de éste a la sede de la Real Academia, en el año 2001, para conmemorar el cincuenta aniversario de la fundación de la Asociación de Academias de la Lengua. El director terminó así su discurso de bienvenida:

> Cuando hoy los académicos de la Española y de las academias americanas consultamos a nuestro corazón en estas bodas de oro de la asociación, oímos en ésta, su casa solar, el latido que en esa lengua mestiza y rebelde dice: Gracias, México (64.233.183. 104/search?q=cache:r2uflgsQ8wYJ:www.academiaperiodismo.org.ar/publicaciones/

---

[14]   Esto es especialmente cierto en el caso del catalán y el gallego en relación con el español. Cualquier español de cultura media debería ser capaz de seguir el hilo de un discurso parlamentario en esas lenguas; por ello resulta inadmisible que no se puedan usar todavía en el Parlamento español. Han empezado a utilizarse en el Senado, pero no se han integrado como formas habituales de intercomunicación, sino que se acude a costosos procedimientos de traducción simultánea, para traducir lo que todos entienden (o deberían entender); pero el juego de roles exige fingir que no se entiende o que no se es entendido: ¿qué sería de la "lengua propia" sin intérpretes, traductores y tarifas que equiparen la traducción entre "lingüemas" (término propuesto por Alinei 1996) románicos peninsulares perfectamente intercomprensibles a la que se requiere entre lenguas realmente dispares?

indice11f.asp+%22en+esa+lengua+mestiza+y+rebelde%22&hl=es&gl=es&ct=
clnk&cd=1 ).

Estas palabras cerraron una alocución cargada de referencias al mestizaje pobla-
cional, ilustrado con hermosas citas de Martín Luis Guzmán y Carlos Fuentes,
tales como su conocida evocación de la Malinche como la madre del mestizaje[15].

La intención comunicativa de la expresión "lengua mestiza" en este caso no parece apuntar de frente al mestizaje en sí de la lengua, sino a la formación y predominio de un grupo humano biológicamente mestizo que habla en español. Nos
hallamos ante el discurso de la Iberoamérica mestiza que se expresa en español.
Se le llama al español lengua mestiza porque es la lengua que hablan unos pueblos cuya esencia se concibe como mestiza. Y por ello pudo el director de la RAE
servirse de una cita de Carlos Fuentes para resaltar esta idea, pues es uno de los
motivos recurrentes en las reflexiones del escritor mexicano sobre España y sobre
el español. Tal como la expuso en Valladolid durante el II CILE:

> De la catástrofe de la conquista nacimos todos nosotros, los indo-ibero-americanos.
> Fuimos, inmediatamente, mestizos, hombres y mujeres de sangres indígena, españo-
> la, y poco más tarde africana. Fuimos católicos, pero nuestro cristianismo fue el refu-
> gio sincrético de las culturas indígenas y africanas. Y hablamos castellano, pero inme-
> diatamente le dimos una inflexión americana, peruana, mexicana, a la lengua
> (Fuentes 2001).

Pero hay algo más en Carlos Fuentes que hace que sus conferencias en los CILE
tengan un sabor peculiar, y es la presencia simultánea de al menos dos discursos
que se entrecruzan y confluyen en la misma metáfora de la lengua mestiza. Uno
de estos discursos se refiere a lo mestizo indo-hispano, que nos sitúa en el ámbito
del español como *lengua del mestizaje* (con un desplazamiento más o menos
acentuado según las ocasiones hacia el español como lengua mestiza, es decir,
hacia el *mestizaje de la lengua*). El otro discurso nos sitúa en un ámbito de diversidad creciente, de mezcla constante, en la que lo indo-hispano no es necesariamente el ingrediente principal. En esta segunda línea discursiva, "lengua mestiza" quiere decir, más que cualquier otra cosa, lengua diversa, pero no con una
diversidad tasada y definitivamente establecida, sino como una diversidad continuamente productiva.

---

[15]  "la madre del hijo del conquistador, simbólicamente el primer mestizo. Madre del primer
    mexicano, del primer niño de sangre española e indígena. Y la Malinche parió hablando
    esta nueva lengua que aprendió de Cortés, la lengua española, lengua de la rebelión y la
    esperanza, de la vida y de la muerte, que habría de convertirse en la liga más fuerte entre los
    descendientes de indios, europeos y negros en el hemisferio americano" (Fuentes
    1997[1992]: 161).

Son bien conocidos los orígenes del primero de estos dos discursos. La noción de cultura mestiza jugó un papel esencial como argamasa ideológica con la que se buscaba dar cohesión a las nacientes culturas *nacionales* en Latinoamérica. Presentar a México y a otros países de la zona como mestizos en su esencia ha sido una idea promovida por ideólogos y gobernantes que no siempre eran mestizos ellos mismos, pues los criollos también hicieron suyo este discurso: la necesidad de definirse como "americanos" llevó a los criollos a imaginar como suyo un pasado prehispánico, un pasado indígena. Así, la idea de lo mestizo desplaza a la de lo novohispano.

El mexicano Molina Enríquez (1909) nos aporta la que es tal vez la expresión más perfilada de la doctrina del mestizaje; y mestiza es también en su esencia la raza cósmica que teorizaba José Vasconcelos, esto es: "la raza definitiva, la raza síntesis o raza integral, hecha con el genio y con la sangre de todos los pueblos y, por lo mismo, más capaz de verdadera fraternidad y de visión realmente universal" (1925). En honor de esta raza cósmica mestiza se instituyó, como es bien sabido en el mundo hispano, la festividad de *El Día de la Raza* el 12 de octubre.

Conviene precisar que este discurso no arraigó con la misma fuerza en toda Hispanoamérica. Argentina, por ejemplo, representa un caso extremo de negación de lo indígena hasta hace bien poco. Mientras que la instauración de la fiesta de *El Día de la Raza* en México responde plenamente a la concepción promovida por Vasconcelos, en la Argentina responde a una pura exaltación de lo español. El Decreto del presidente Yrigoyen por el que se establece esta fiesta, promulgado en 1917, decía:

> España descubridora y conquistadora volcó sobre el continente enigmático el magnífi-
> co valor de sus guerreros, el ardor de sus exploradores, la fe de sus sacerdotes, el pre-
> ceptismo de sus sabios, la labor de sus menestrales, y derramó sus virtudes sobre la
> inmensa heredad que integra la nación americana (Decreto de 4 de octubre de 1917).

La fiesta se instituyó, pues, como "homenaje a España, progenitora de las naciones a las cuales ha dado con la levadura de su sangre y la armonía de su lengua una herencia inmortal" (*ibíd.*)[16].

---

[16]  En España se instituyó como fiesta nacional por un decreto de Alfonso XIII, en 1918 (aunque el propósito había sido manifestado ya en 1892, por la Regente María Cristina, durante
la conmemoración del IV Centenario). Franco cambia oficialmente la denominación en un
decreto del 9 de enero de 1958, por el que pasa a llamarse *Día de la Hispanidad* (aunque
oficiosamente ya venía llamándose así desde el final de la Guerra Civil). La propuesta de
cambio de denominación había sido planteada ya por Ramiro de Maeztu, en la revista
*Acción Española* del 15 de diciembre de 1931, aunque ya lo había propuesto antes, en 1926
y en Buenos Aires, el sacerdote español Zacarías de Vizcarra.

Pero allí donde prosperó este tipo de discurso sobre la raza, las variedades nacionales cultas de la lengua pasarían a ser consideradas como el vehículo esencial de esa cultura mestiza. Ahí es donde se inicia el desplazamiento semántico desde la lengua del mestizaje hacia el mestizaje de la lengua: el mestizaje racial encontraría su paralelo en el mestizaje lingüístico, en la imagen de la lengua nacional como mestiza. Paradójicamente, las variedades realmente mestizadas quedaron fuera de foco hasta tal punto que sólo en estos últimos años hemos empezado a saber en qué consiste realmente el español de contacto con las lenguas amerindias. De modo que cuando en estos discursos se habla de español mestizo se evoca más en ellos a Sor Juana Inés de la Cruz que a Guamán Poma de Ayala, cuyo español sí es realmente mestizado, o que la "pelea verdaderamente infernal con la lengua" de José María Arguedas para recrear mediante el español la sintaxis del quechua y el mundo emocional andino.

Pero a este discurso promovido por mestizos y por criollos le están reventando las costuras, pues las poblaciones originarias no se reconocen en él. Desde la perspectiva de éstas, el mestizo fue visto tradicionalmente como una simple variante de lo criollo, ladinos ambos, considerados a veces incluso peores que los propios españoles, como prueban ciertos capítulos de la crónica de Guamán Poma. Compárense, por ejemplo las ilustraciones de los capítulos correspondientes a los españoles en *El primer nueva corónica y buen gobierno* de Guamán Poma de Ayala: el "soberbioso criollo o mestizo o mulato deste rreyno" y la "soberbiosa criolla o mestiza o mulata deste rreyno", ambos representados como bárbaros castigadores de indios, en contraste con la nobleza y piedad que nos sugiere la estampa del "español de Castilla cristiano". Lo que las ilustraciones de las portadillas sugieren se acrecienta en el texto, pues

> los dichos criollos que se crían con la leche de las yndias o los dichos mestizos y mulatos son brabos y soberbioso, haraganes, mentirosos, jugadores, auarientos, de poco caridad, miserable, tranposos, enemigo de los pobres yndios y de españoles (539).

Las criollas, por su parte, son

> peores que mestizas y mulatas, negras, haraganes, mentirosas, enbusteras, bachilleras, golozas y no dizen la uerdad, enemigo de los pobres yndios y no tiene caridad ni buena obra con los pobres. Y las dichas mestizas son mucho más peores para las dichas yndias, sus tías y tíos y de sus madres, ama, que son contra los prógimos, pobres yndios. Destas dichas aprenden todas las dichas yndias de ser uellacas y enubedentas. No temen a Dios ni a la justicia. Como uen todo los dichos uellaquerías, son peores yndias putas en este rreyno y no ay rremedio (541).

Los españoles nacidos en Castilla, en cambio,

> son de mucha honrra y bien dotrinados. Tienen todo entero fe de cristiano y tienen esperansa y caridad, amor de prógimo y tiene justicia y letra de Dios. Y con ello guar-

da los dies mandamientos de Dios y de la santa madre yglecia y todas las buenas obras de misericordia. Y oyen el santo euangelio amorosos, caritatibos, umildes. Más quieren ser pobres que rricos y grandes trauajadores, amigo de todos (543).

Forzoso es reconocer que Doña Marina La Malinche, Felipillo y otros precursores de los nativos asimilados funcionan en el imaginario indígena como símbolos de la traición. Millones de indígenas en la zona andina reavivan cada 15 de mayo la sentencia que condenó a muerte a Tupac Amaru. De modo que cabe preguntarse hasta qué punto son viables nociones como Ecuador mestizo, Perú mestizo, etc.

Por otra parte, las estrategias tradicionales que habían permitido la supervivencia precaria de las comunidades indígenas en los márgenes de la racionalidad del Estado se están volviendo inservibles, por lo que se desarrollan otras nuevas. Entre ellas tiene un protagonismo especial la emergencia de una resistencia activa, organizada según pautas contemporáneas, dirigida a cambiar la esencia de unos modelos institucionales que son percibidos como los principales responsables de la marginación. Las reivindicaciones indígenas promueven modelos institucionales como el del "Estado plurinacional y multicultural" y fomentan "la resistencia política, cultural y epistémica", en palabras de Luis Macas (2005), presidente de la Confederación de Nacionalidades Indígenas de Ecuador y rector de la Universidad Intercultural de las Nacionalidades y Pueblos Indígenas *Amautai Wasi Yachakuy Ñan*. Como apunta Antonio Elorza, comentando los procesos recientes que atraviesan de norte a sur las comunidades indígenas de América, "en cualquier caso, se ha puesto en marcha un proceso orientado a cambiar irreversiblemente el final de la danza de la conquista"[17].

Es evidente que en esta línea discursiva carece de atractivo la noción del español como una lengua que expresa la esencia mestiza de, por ejemplo, la nación ecuatoriana, toda vez que esa esencia se cuestiona y se propugna en su lugar la diversidad de naciones. La reivindicación de las lenguas indígenas, naturalmente, ocupa un papel destacado en estos discursos, reforzado por los ecos del nacionalismo lingüístico europeo y por las narrativas de la extinción de las lenguas (Fernández Rodríguez 2006). A duras penas se librará el español, mestizo o no, de ser considerado en estos discursos alternativos como una lengua extranjera. Así lo vemos ya en el "Proyecto Académico Curricular" de la Facultad Intercultural de Filosofía, Lenguas y Ciencias de la Educación de la Universidad Intercultural de Ecuador, en el que podemos leer:

> Las lenguas indígenas requieren ser desarrolladas y consolidadas. De esto se responsabiliza la Facultad con la formación de lingüistas y académicos de cada nacionalidad.

---

[17]  "La danza de la conquista" (*El País* 24/1/2006).

También atenderá a los requerimientos de aprendizaje de lenguas extranjeras, incluido el español (http://icci.nativeweb.org/boletin/33/intercultural.html).

Otro ejemplo interesante nos lo suministra *www.tlachinollan.org*, de donde procede el siguiente texto que muestra de forma clara la contraposición entre lo indígena y lo mestizo:

> Anomalía sumada a las anteriores, es la poca disposición del Agente Investigador a designar perito traductor cuando se requiere, a pesar de que la Ley Adjetiva lo establece en su capítulo de formalidades, artículo 12 como necesario. Este problema en la región es de mayúsculas dimensiones por el alto índice de población indígena que no puede expresarse en lengua mestiza.

Un proceso similar, si bien no idéntico, se puede observar en México y en otros países. Refiriéndose a México, Zúñiga refleja con una frase certera las dificultades de atender, incluso de comprender, los novedosos discursos reivindicativos de los indígenas en un contexto ocupado casi en su totalidad por categorías, metáforas, claves semánticas e interpretativas y cánones políticos heredados de la historia de México, y forjados por consiguiente en el seno de los grupos de criollos y mestizos: "una Torre de Babel en donde conviven múltiples modos de hablar y numerosos estilos de sordera" (Zúñiga González 1998:133).

Por su parte, el discurso del mestizaje aspira a trascender la dimensión nacional que tenía en sus orígenes, al igual que lo ha hecho el discurso de la hispanidad, y en general el de la lengua común como patria. Un buen ejemplo de este tipo de discursos nos lo suministra Jon Juaristi en su discurso institucional (como director del Instituto Cervantes) en el congreso de Valladolid:

> Más allá de todos los desmanes e injusticias de la conquista y el orden colonial, la lengua española sentó los cimientos de una civilización en la que los desarraigados y oprimidos lucharían por el reconocimiento de su dignidad humana contra el rígido sistema de castas, valiéndose de la vieja lengua de Castilla, lengua que remozaron con los acentos y vocablos de las lenguas amerindias; lengua que bruñeron, limpiándola del óxido castizo de sus orígenes cántabros y vascones; lengua que arrancaron de su placenta peninsular para convertirla en lengua de una comunidad que se extiende hoy por cuatro continentes. Lengua de argentinos, lengua de uruguayos, de paraguayos, de bolivianos, de chilenos, de peruanos, de colombianos, de venezolanos, de panameños, de salvadoreños, de costarricenses, de guatemaltecos, de hondureños, de mexicanos, de dominicanos, de filipinos y de españoles, y discúlpese lo exhaustivo de la enumeración, pero hay que pronunciar todas estas palabras para decir el nombre de nuestro pueblo: de los que debemos afrontar juntos los riesgos y las esperanzas de los tiempos nuevos, porque como pueblo no tendremos otro destino que el de nuestra lengua común (Juaristi 2001).

Pero ante el rechazo por parte de la población indígena de los presupuestos fácticos e ideológicos sobre los que se asientan las diversas variantes del discurso del mestizaje y de la raza cósmica, no deberíamos esperar grandes éxitos de una estrategia que pretende que el español, por ser mestizo, es también la lengua de la indianidad. Carlos Fuentes dijo en el congreso de Valladolid que un guaraní de Paraguay se reconocerá con un maya del Yucatán en la lengua común, el castellano, "la lengua franca de la indianidad americana" (Fuentes 2001). Y volvió sobre esta idea en Rosario, a cargo ahora de un purépecha de Michoacán comunicándose, a través de su lengua franca española, con un pehuencha de Chile (Fuentes 2004). Pero como señaló oportunamente Enrique Hamel en el mismo congreso, "que ambos se reconozcan en la Castilla es una afirmación de la fábula literaria; los estudios científicos de la comunicación real demuestran otra cosa" (Hamel 2004). Y ¿por qué habrían de querer comunicarse un pehuencha y un purépecha? Ese mundo en el que los guaraníes hablan con los tarahumaras, los rumis con los zapotecas, etc. simplemente no existe. Resultan, desde luego, bastante más fáciles de imaginar las circunstancias que podrían incitar a un purépecha a equiparse con los lectos translingüísticos necesarios para vivir en un barrio de Los Ángeles que con los que le facilitarían la comunicación con un pehuencha chileno (véase al respecto Martínez 1996).

Este discurso de la unidad lingüística y racial panamericana tiene un límite obvio en la necesidad que siguen teniendo los imaginarios nacionales dominantes (blancos y mestizos) de la nación como producto del mestizaje: *la nación* digo, y no Hispanoamérica, no la raza de bronce pancontinental, la raza cósmica que proclamaba Vasconcelos. Una de las claves semánticas que ponen de manifiesto los discursos de los no indígenas sobre los indígenas está anclada en la concepción de los derechos como propios de los individuos y no de las colectividades. Por consiguiente, se reclama que cualquier tipo de reivindicación se sitúe necesariamente en el marco jurídico que funda el Estado-nación, y no en posiciones panamericanas (ni mucho menos en fundamentalismos indigenistas).

7.  El segundo tipo de discurso de Carlos Fuentes, entreverado con el que presentamos en el apartado anterior, se centra en la diversidad del español considerada como una fuerza productiva permanente, característica de todas las lenguas que alcanzan gran difusión. La fuerza del español, como la del inglés, está en su enorme capacidad para absorber otras, mestizándose y aumentando el grado de su diversidad. Por eso Fuentes inició su conferencia de Valladolid no con la tradicional lista de aportaciones léxicas de las lenguas americanas al acervo común del español (*canoa, chocolate, maíz, patata,* etc.), sino con un espectacular "*Quiobas manís, ¿qué jais de la baraña?*", seguido de otros diecinueve turnos conversacionales en la "parla totacha" de la ciudad de México. Su larga secuencia consiste en una acumulación artificiosa de elementos jergales que nada tienen que ver con las lenguas indígenas. A la misma estrategia acudió en su conferencia inaugural en el

congreso de Rosario, con un no menos espectacular lunfardo, de efecto magnificado por el hecho de referirse la cita al cocoliche:

> el cocoliche no es una macana ni un jabón, es un tarro que encubre matufias, nos hace más cancheros de la lengua, más hinchas de las letras, jamar mejor las escrituras, jotrabar chorede el alfabeto, y viva quien me proteja, sobre todo si es un Cortázar que arma su propio lunfardo *en Rayuela* (Fuentes 2004).

En vez de presentarse como producto, el mestizaje se presenta aquí como proceso. En sus propias palabras durante la conferencia inaugural de Rosario:

> el contagio, asimilación y consiguiente vivificación de las lenguas del mundo, es inevitable y es parte del proceso de globalización. [...] El español ofrece al mundo globalizado el espejo de hospitalidades lingüísticas creativas, jamás excluyentes, abarcantes, nunca desdeñosas. Lengua española igual a lengua receptiva, habla hospitalaria (*ibíd.*).

Las mismas ideas encontramos en una entrevista publicada en *Prensa Alternativa: Diario Mar de Ajó,* realizada por Ángel Berlanga el día de inicio del congreso de Rosario:

> P. Los cruces de frontera a los que aludía también son significativos de un fenómeno creciente: las interrelaciones entre inglés y castellano. ¿Imagina, a futuro, una nueva lengua?
>
> R. Es cierto que hay una mutua invasión, lo que llaman spanglish: yo lo llamo angloñol. Las lenguas se han formado a base de contaminación, de mestizaje, con otras lenguas: si no estaríamos hablando usted y yo en latín antiguo. ¿Es una traición que estemos hablando en castellano? No, verdad. Yo creo que son muy buenos los contactos, las fecundaciones: una lengua pura, aislada, puede morirse fácilmente. El francés, por ejemplo, que llegó a ser una lengua universal, hoy es muy rígido y lo habla muy poca gente. En cambio el español y el inglés están en expansión, son las dos grandes lenguas de Occidente, en gran medida debido a su capacidad de absorción de otras. Las dos derivan, en un sesenta por ciento, de otras. No hay que temerles a esos procesos.
>
> P. ¿Qué expectativas tiene para el Congreso de la Lengua?
>
> R. Muy grandes. Siempre he sostenido que aunque la lengua castellana es una gran unidad, una gran esponja que absorbe muchas cosas y forma un conjunto, lo que yo llamo "El territorio de la mancha": una lengua mestiza, manchada, manchega, que cruza el océano, pertenece al Atlántico"[18].

Este tipo de discurso resulta muy oportuno, imprescindible podríamos decir, para digerir la evolución que pueda tener el español en los Estados Unidos, o el rumbo sincrético que podría tomar en algunos países de Mercosur. Este discurso podría

---

[18]   Disponible en http://www.diariomardeajo.com.ar/carlos_fuentesellosnonoshacencaso.htm.

ayudar, por ejemplo, a que no se convierta en un fetiche la certificación del español como lengua extranjera y a que no se prive de legitimidad a las soluciones de encuentro aportadas por los propios hablantes. Pero ¿pueden avanzar por esta vía discursiva las instituciones que se ocupan de la política lingüística española?

Aparentemente no les resulta del todo incómodo este camino. Pero los discursos institucionales que transitan por él parecen destinados más a crear una impresión en el público que a servir de fundamento serio a una política lingüística.

El Instituto Cervantes está dando señales de una renovación en su discurso. En la reunión anual de su Patronato en 2004, dos de las intervenciones contenían referencias al español como una lengua mestiza. Una de ellas, contundente, fue la del nuevo director de la institución, que afirmó: "el español es también y ha sido siempre un idioma mestizo y multicultural". Y respaldó su afirmación con una cita de Unamuno de dudosa pertinencia, pues lo que éste destaca es la diversidad de los usuarios de la lengua, los mestizos entre ellos, sin la menor alusión al mestizaje de la lengua en sí:

> [un lenguaje] de blancos y de indios, y de negros, y de mestizos, y de mulatos, lenguaje de cristianos católicos y no católicos, y de no cristianos, y de ateos, lenguaje de hombres que viven bajo los más diversos regímenes políticos[19].

Como mucho, la cita de Unamuno podría servir para transmitirnos la idea de multiculturalidad, entendida ésta como un mosaico, en el que los blancos hablan con los blancos, los indios con los indios, etc. Si sacamos de este texto la conclusión de que el español es una lengua mestiza, podríamos también decir que es una lengua negra, o católica cristiana, o atea, etc. Sirviéndose del propio Unamuno, podría haber acudido el director a citas más ajustadas a su propósito, como por ejemplo el prólogo al Lexicón bilbaíno de Emiliano de Arriaga, en el que apoya la promoción del peculiar español de la ciudad vizcaína, claramente mestizado; o aquella frase tan de su estilo que sostenía que "las lenguas, como las religiones, viven de las herejías" (*Revista Nueva* 1, 1899, 8).

La otra irrupción del mestizaje en esa reunión del Patronato tuvo como protagonista al Presidente del Gobierno, José Luis Rodríguez Zapatero, que dijo lo siguiente:

---

[19]  El discurso en cuestión ya no está disponible en la web del Instituto Cervantes, pero parece ser que la cita era compañera fiel del director en esa época, pues también hizo uso de ella, que yo sepa, en su artículo "Nuestra lengua, nuestras lenguas" (*El País* 21/10/2004), en el discurso de clausura del congreso de Rosario, y en sus comparecencias ante el Senado, el 15/02/2005, y ante el Congreso de los Diputados, el 16/03/2005.

> Los centros Cervantes forman una red [...] Una red que echamos al mar para recogerla cargada de peces de oro, porque la comunidad que acoge nuestra lengua, en un maravilloso efecto boomerang, nos la devuelve con un valor añadido: el albanés que aprende a decir "amigo" "paz" o "buenos días" está contribuyendo al fantástico mestizaje de la nuestra (Reproducido en la revista *Cervantes* 1, 5 (enero-febrero 2005).).

Reconozco que me resulta enigmática la última frase. Eso de que la comunidad albanesa esté acogiendo nuestra lengua y nos la devuelva fantásticamente mestizada por haber aprendido a decir "buenos días" supera todas mis expectativas. Convengamos en que se trata de un exceso del redactor del discurso. Pero en cualquier caso, es notable que se presente el mestizaje como un proceso no concluido.

Desde luego, no faltan (¿o no faltaban?) en el Instituto Cervantes personas concretas con una visión abierta de la diversidad y que reconocen en sus justos términos toda la que existe. Uno de sus miembros presentó en Rosario una ponencia en la que nos invita precisamente a ensanchar los márgenes del español, dando cabida en él al extinto cocoliche, al portuñol, al spanglish, a la media lengua de Ecuador, al chabacano de Filipinas e incluso al chamorro: "la identidad de las medias lenguas también es hispánica", dijo en Rosario Francisco Moreno, por aquel entonces director del centro del Instituto en Chicago. Pero habrá que esperar para ver si la institución en su conjunto se muestra capaz de avanzar por ese camino o si ha llegado ya a su máximo histórico con su concepción del español como una lengua "policéntrica piramidal", en palabras de Enrique Hamel también en Rosario: el Instituto ha asumido la representación de la Hispanofonía "en sus múltiples culturas y facetas como una gran unidad, bajo el liderazgo de España y basado en una política de diversidad piramidal, como lengua policéntrica pero donde un núcleo tiene más peso que los otros" (2004). Desde este pluricentrismo piramidal, cabe preguntarse si fue tan sólo casual la ausencia en Rosario de uno de los más notables filólogos mexicanos, Luis Fernando Lara, quien viene reclamando "una visión excéntrica del español" (Lara 2002).

8. En cuanto a la RAE, ya hemos visto dos vertientes de su discurso en torno al mestizaje de la lengua, una dirigida al público peninsular y la otra dirigida al público hispanoamericano, ambas con una función tal vez similar: deslocalizar el español para contrarrestar los discursos de quienes lo construyen como lengua foránea de imposición. Pero hay una tercera dimensión, que es la más frecuente en el discurso del director de la Academia. En ella "mestizaje" simplemente equivale a la incorporación de elementos de vocabulario procedentes de otras lenguas, a la simple adopción de préstamos lingüísticos. Los mensajes basados en esta idea del mestizaje suelen formar parte de una estrategia defensiva, y es en torno a ellos cuando más oportuno resulta recordar que todas las lenguas son en

cierto modo mestizas. Véase este ejemplo: "El español no debe temer al *espanglish*, porque ella misma es una lengua mestiza". Así recogió el representante de *La Prensa* de Nicaragua las palabras del director de la Academia, en un encuentro de directores y delegados de periódicos hispanoamericanos y españoles celebrado en San Millán de la Cogolla en noviembre de 2000. Ese mismo representante tituló su crónica del encuentro del modo siguiente: "Una lengua mestiza, rica y poderosa".

Sin más contexto, este mensaje podría interpretarse como una invitación al mestizaje, al cultivo del *espanglish* haciendo honor a "la milenaria tradición de mestizaje", como dijo con solemnidad, también en Rosario, el mexicano Enrique Krauze (2004). ¡Qué menos para una institución encargada de velar por una lengua con "vocación para el mestizaje"! (de nuevo, Krauze 2004). Pero puesto el mensaje anterior en su contexto y conectado con otros de la misma índole, tal interpretación no parece bien encaminada. Lo que en realidad quiere decir el director de la RAE es que el español no debe temer a los nuevos mestizajes porque logrará salir indemne de ellos, como ocurrió con los anteriores. Justo el mismo día que daban comienzo los festejos de la lengua en Rosario, minutos antes de que el Rey resaltase el mestizaje del español, el director de la Academia declaraba ante una periodista local que si bien todas las lenguas son mestizas, "necesitan una referencia de cauce". Y preguntado cómo se podía aplicar tal referencia de cauce cuando la gente vive mezclando continuamente culturas, respondió:

> Hay menos mestizajes de los que usted imagina y yo creía. Cuando comenzamos el diccionario panhispánico de dudas había quien dudaba de que pudiéramos hacerlo, por esa evidente fluctuación que usted dice. Y al reunirnos por primera vez descubrimos que todo era mucho más fácil. Efectivamente hay una gran variedad. Pero el grado es menor de lo que pensábamos. Porque hay una gran fortaleza de la estructura sintáctica, que es lo importante. Y la variedad es fundamentalmente léxica, y eso no afecta a la estructura (*El Litoral*, edición vespertina, 17/11/2004).

Visto desde esta perspectiva, el mestizaje, aunque se presente como una virtud, se considera en el fondo como un mal inevitable que afecta a todas las lenguas. Y ya se sabe: "del mal tomar lo menos, dízelo el sabidor". Todas las lenguas incorporan préstamos de otras, la nuestra también, pero mientras no nos toquen la estructura sintáctica, no parece importar demasiado. ¿Por qué preocuparse por la entrada de alguna que otra palabra del inglés? Si hemos integrado palabras como cero, cifra y varios miles[20] más en épocas en las que no había "referencias de cauce",

---

[20] En este asunto de los arabismos no son infrecuentes las exageraciones. Hay quien convierte los cuatro mil que aproximadamente tiene el español (la gran mayoría en el cementerio lingüístico) en "una tercera parte de la lengua" (Fuentes 2004). Otras veces la exageración es

¿a qué viene todo este revuelo a propósito de la entrada de anglicismos en el español? Lo mismo más o menos había dicho el director pocos días antes, en una entrevista publicada por el diario español *El Mundo*:

P. ¿Y su responsabilidad sobre los extranjerismos?

R. Conviene también acotar. Ésta es una preocupación que aparece ya en el siglo XVI. En la obra de Juan de Valdés se tipifican el purista y el aperturista, y el intermedio, que mantiene que el español es una lengua mestiza derivada del latín que incorpora miles de préstamos, primero arabismos y luego germanismos, italianismos y galicismos. Bien, pues ahora son básicamente anglicismos. Juan de Valdés aboga por tomar préstamos, y le preguntan: ¿por necesidad o por gusto?, y él dice, por ambas cosas. El purista, naturalmente, lo condena (*Magazine*, 268 de *El Mundo* 14/11/2004).

No es poco mérito que el director de la Academia "afloje la manga del dogma y se pertreche de prudente paciencia", como quería otro académico, el añorado Emilio Alarcos[21]. Pero lo preferiríamos todavía más aperturista, incluso con la estructura sintáctica, para que no queden fuera del recinto común las numerosas peculiaridades de los muchos españoles de contacto, desde los Andes hasta Finisterre. Cuando el director resalta la fortaleza (= la no contaminación por el mestizaje) de la estructura sintáctica, está implícitamente condenando no pocos usos habituales que revelan una sintaxis mestiza y muy alejada de la norma académica: *venir ya hisimos* es frecuente en el castellano de contacto de los vascófonos; el uso de *andar* como verbo de posesión transitivo es en Honduras lo habitual: *¿andás fósforos?*; el gerundio muestra una gran diversidad: *deme trayendo un tinto* ('tráigame un café sólo', Colombia), *ella a casa vino comiendo* ('después de comer', Santiago del Estero), *de María en su casa estoy yendo* o *qué diciendo has venido* ('por qué has venido', ambas comunes en la región andina en general); *te doy cocinando* 'cocino para ti' (Ecuador); y tantas más. En realidad, bastaría elegir al azar una selección de cualquier corpus de lengua oral para observar infinitas variaciones en la sintaxis coloquial, en general muy diferente de la "estructura sintáctica" imaginada por el director de la RAE. Sumadas las variaciones léxicas las fraseológicas, las sintácticas y los elementos pragmáticos que rigen toda interacción, lo cierto es que si no estamos familiarizados con el "habla chicha" limeña, por ejemplo, nos sentiremos incapaces de descifrar el significado de un titular de prensa como el siguiente: *Autuori* [nombre propio] *chapó sele.*

---

cualitativa: "los sonoros arabismos, que forman una plétora abigarrada y riquísima" (Krauze 2004). Como se puede apreciar, Krauze da un valor positivo al probable "galicismo" *abigarrada* ('apretujada', 'amontonada', 'de varios colores mal combinados'. etc.).

21 En un artículo titulado "Una lanza por Solana" y publicado en *ABC* (6/1/1988, tercera).

Los límites del discurso institucional son en este caso evidentes. El director de la Academia puede emitir un mensaje de calma: ¡tranquilos, que no pasa nada!, pero no uno de exhortación: avancemos todos y yo el primero por la senda del mestizaje.

9. ¿Son estos discursos ideológicos? En español existe la misma confusión en torno al término *ideología* que la que existe en otras lenguas, con la desventaja de que en la nuestra no disponemos de un *shibboleth* como el que nos dice Kathryn Woolard, humorísticamente, que usa ella para diferenciar dos grupos de sentidos del término en inglés: los que dicen *[ay]deology*, centrados más en el ámbito de las ideas y las representaciones, y los que dicen *[i]deology*, centrados más en el ámbito del poder y de los intereses encubiertos (Woolard 1998: 8). A mí me interesa especialmente esta segunda dimensión. ¿Hay algún interés político o económico que se vea favorecido por esta exaltación del mestizaje de la lengua? ¿Hay alguna hegemonía que se vea reforzada?

No tengo una respuesta definitiva a las preguntas anteriores. El congreso de Rosario fue un paso muy importante en el establecimiento de la ortodoxia del mestizaje. José Manuel Blecua, otro académico de la RAE, dijo al terminar el congreso: "es fundamental el reconocimiento del español como una lengua mestiza" (*El País* 21/11/2004). Si se trata de algo fundamental, es que no fue ninguna casualidad la convergencia discursiva que se produjo en Rosario, aunque tampoco sostengo que fuese deliberada. Pero ¿por qué es fundamental ese reconocimiento? ¿Para quién? ¿Quiénes deben ser los sujetos del acto de reconocer? ¿La Academia? ¿El Rey? ¿Los profesores? ¿Los hablantes?

En el capítulo anterior del Valle muestra cómo los agentes de la política lingüística española afirman haber superado la concepción de la lengua como depósito de una cultura asociada a un territorio, situándose, en la superficie de su discurso, en el polo opuesto del nacionalismo clásico. El español se presenta ahora, dice del Valle, "como símbolo de la concordia, de la democracia, del progreso económico, como instrumento al servicio de una posnación, de una comunidad internacional panhispánica que deja reducidas al atavismo y al particularismo reaccionario al catalán, al euskera y al gallego". Esta reducción al atavismo y al particularismo reaccionario de las lenguas que coexisten con el español es una consecuencia inevitable de ese tipo de discurso, que nunca podrá quedar debidamente contrarrestada por el simple hecho de que en congresos como el de Rosario se dediquen sesiones a las otras lenguas de España o a las lenguas indígenas de América. Se trata de un gesto simbólico posiblemente bienintencionado[22], pero de dudosa eficacia.

---

[22]  O tal vez tan sólo necesario, al margen de la intención. Los responsables de la RAE transmiten mensajes muy distintos. Precisamente en un panel sobre "identidad y lenguas en la

Este *aggiornamento* del discurso utiliza, hasta donde resulta posible, algunas de las estrategias ya probadas en torno a otras lenguas de difusión internacional, especialmente en el caso del inglés. La idea de la lengua mestiza –o la ideología del mestizaje– podría ser una pieza clave de estas estrategias. Es un discurso institucional que tiene sus riesgos, entre ellos el de tener que coexistir con otros más audaces que se sustentan en la misma imagen. Pues si tan bueno fuese el mestizaje, estas instituciones –situadas en el meollo mismo de la ideología de la lengua estándar– deberían disolverse, o reorientar su labor hacia el logro de mestizajes cada vez más intensos. Pero ni lo van a hacer ni la sociedad se lo permitiría, pues la ideología de la lengua estándar está profundamente arraigada en nuestras conciencias. Estas instituciones siguen trabajando en la preservación de la unidad, en el establecimiento de un español internacional común, o en el logro de una certificación panhispánica de su dominio como segunda lengua. Y los discursos que sustentan estas acciones entran en contradicción manifiesta con el de la lengua mestiza. Así pues, por una parte, el discurso justifica la deslocalización y la neutralidad nacional del español: no es de Castilla, no es de España, es de todos, es mestizo. Y ello es fundamental para que sea aceptado como la lengua a través de la que se canaliza todo un programa de inversiones económicas. Pero por otro, ese mismo programa, especialmente en lo que se refiere a las cuantiosas inversiones en el ámbito editorial, el de las telecomunicaciones y el de las nuevas tecnologías de la información, exige un español unificado: mestizo *ma non troppo*,

---

creación literaria", el moderador de la sesión, que no era otro que el vicedirector de la Academia, en una intervención extemporánea y poco ajustada a su papel, le enmendaba la plana al poeta Ernesto Cardenal, afeándole que hubiera dicho lo que según él no era sino una sarta de simplezas. El diario *Página 12* de Buenos Aires transcribe así las palabras del vicedirector: "Lo de las identidades lingüísticas no lo entiendo; la lengua es un instrumento de comunicación, y de hecho para eso nos está sirviendo en este momento. Eso de que se acaba una visión del mundo cuando se pierde una lengua es un lugar común. Naturalmente una lengua es más rica cuantas más personas la hablan, pero afortunadamente hay lenguas como esta que hablamos, con las que nos podemos entender y coincidir en una visión de mundo. (*Página 12* 19/11/2004). Y añade el diario: "no hubo tiempo para una respuesta ni para el debate". Más contundente todavía se muestra *El País*, en la entradilla que resume la segunda jornada del Congreso: "Primera polémica: el vicedirector de la RAE, Gregorio Salvador, defendió una lengua única y pujante, hablada por "cuanta más gente mejor", y abogó por la eliminación de las lenguas minoritarias, ante la indignación contenida de sus compañeros de mesa" (19/11/2004). Ya en el texto, el cronista prefiere no explayarse en este incidente, y sólo comenta de pasada que "afortunadamente, Rojo [el Secretario de la Academia] y sus colegas quitaron el mal sabor de boca y el disgusto general que causó la intervención minutos antes, del académico español, que prácticamente aplaudió la desaparición de las lenguas minoritarias (*ibíd.*). También el diario conservador *ABC* da cuenta de la desazón causada por una "intervención del académico Gregorio Salvador, quien sin dar opción a réplica expresó su deseo de extinción de las lenguas minoritarias", encendiendo así "una polémica que corrió como la pólvora por todas las mesas redondas" (20/11/2004).

que no siga mestizándose, con una "referencia de cauce", como dice el director de la RAE.

Esta contradicción irrumpe, por ejemplo, en el discurso de Juan Luis Cebrián, agente de política lingüística por partida doble, en cuanto que reúne la doble condición de académico y la de consejero delegado de un imperio mediático (que es también, obviamente, una agencia de política lingüística). La ponencia que presentó Cebrián en Rosario se refería a la necesidad de lograr un "español internacional" unificado. En un momento de su intervención, dijo el académico:

> ¿Habrá que recordar, una vez más, que el proceso de creación del lenguaje, de cualquier lenguaje, es desde sus orígenes un proceso de mestizaje? El destino de las lenguas, de todas lenguas, es ser violadas, penetradas. Este reconocimiento no nos exime –antes bien, al contrario– de insistir en la pertinencia de la norma, pero nos invita a adoptar una mentalidad abierta ante la internacionalización del español (Cebrián 2004)[23].

La brutalidad de la imagen sexual tiene un efecto posiblemente no buscado y que resulta muy oportuno, pues nos recuerda algo que parece olvidarse constantemente en el discurso apologético del mestizaje, y es que éste raramente proviene de un intercambio entre iguales voluntariamente consentido. Pero viene también a situarnos a los hablantes en la dimensión que más conviene a la Academia y a las multinacionales de la lengua española: como transgresores, como violadores. Somos los hablantes los que hacemos la lengua, pero ello sólo sirve para "insistir en la pertinencia de la norma", manteniéndonos bajo un estricto control. La lengua es mestiza, pero ello no es una buena noticia.

Independientemente de las intenciones ejemplares que muestran estos discursos, ¿cuál es la función última de esta clave temática del mestizaje de la lengua? ¿No será acaso la de legitimar la existencia misma de las instituciones que la "protegen", al mismo tiempo que se dificulta el cuestionamiento del poder y la tutela que ejercen sobre los hablantes? Parafraseando a Zúñiga (1998), la diversidad parece aceptarse como buena si y sólo si está al servicio de la unidad. Pero ¿por qué no leer la historia al revés? ¿Para cuándo, pues, la unidad al servicio de la diversidad?

---

[23] Así figura en la web del congreso. Pero en varias fuentes aparece esta cita del modo siguiente: "Hay que luchar contra los barbarismos, hay que establecer con precisión la norma y velar por su cumplimiento, pero la historia de la creación de las lenguas es la del mestizaje. Toda lengua es violada y penetrada. Los que la hacen no son las instituciones, sino los hablantes".

# LA RAE Y EL ESPAÑOL TOTAL.
# ¿ESFERA PÚBLICA O COMUNIDAD DISCURSIVA?

JOSÉ DEL VALLE

> Hay que preservar la unidad del español porque corre peligro
> (Santiago de Mora-Figueroa, Marqués de Tamarón y director
> del Instituto Cervantes entre 1996 y 1999, cit. en *El País*
> 24/5/1996)

## Introducción

Una revisión, aunque sea breve, de los debates públicos sobre la lengua en el
mundo hispanohablante –e incluso de los tratamientos académicos de la misma–
nos revela que, entre los temas que los articulan, ocupan un lugar relativamente
prominente las nociones de peligro y diversidad. Nos topamos, por un lado, con
que, especialmente en décadas recientes, se vienen alzando voces que denuncian
al español como una poderosa fuerza homogeneizadora que, como el inglés, por
su instalación como lengua dominante en ciertas comunidades en las que coexiste con otras, amenaza con erosionar la diversidad lingüística y cultural del
mundo[1]. Por otro, nos encontramos también con la presencia de una retórica

---

[1] Fernández Rodríguez (2006) contiene un meticuloso análisis de los argumentos que aparecen en la "meta-narrativa de la extinción, que invierte los postulados de la narrativa clásica
de la modernidad. Como es bien sabido, el discurso sobre la modernidad se apoya en los
supuestos beneficios que se derivarían de la adopción de lenguas con vocación de universalidad y en las ventajas de abandonar las pequeñas e inservibles lenguas ancestrales. Pero
mientras que las narrativas de la modernidad han sido concienzudamente sometidas a crítica y revisión desde todos los ángulos posibles, los nuevos relatos, en cambio, se han ido
cargando con la aureola de lo políticamente correcto, especialmente al amparo de las políticas de la identidad; y a medida que aumenta el tamaño de la aureola va resultando cada vez
más difícil percatarnos de que no nos hallamos ante verdades incontestables, sino simplemente ante proyectos discursivos" (Fernández Rodríguez 2006: 241).

defensiva en contextos bien distintos –entre los que se encuentran los seleccionados como objeto de estudio del presente libro–, en los cuales es la calidad, el
estatus y, como indica el epígrafe que abre este capítulo, la unidad del español lo
que se considera amenazado[2].

Deborah Cameron (1995) afirma que la *higiene verbal* –el impulso que nos
mueve a "entrometernos en las cuestiones del lenguaje" (vii), definiendo su naturaleza, sugiriendo formas de limpiarlo o mejorarlo e intentando reglamentarlo y
controlarlo– es un componente natural de la vida lingüística de cualquier sociedad humana, desplegado con frecuencia en respuesta a preocupaciones no sólo
lingüísticas sino también, y de un modo muy especial, extralingüísticas. Consecuentemente no nos sorprende, como decía en el capítulo 1, encontrar que un
territorio tan inmenso como el mundo hispanohablante –con su infinita acumulación de preocupaciones económicas, sociales y culturales– nos proporciona un
conjunto igualmente complejo de discursos metalingüísticos que reflejan intereses y visiones de la comunidad y de la lengua distintos e incluso enfrentados, y
que, precisamente en virtud de su enfrentamiento, necesitan de mecanismos políticos y discursivos de legitimación[3].

Frente al telón de fondo conceptual y geopolítico que quedó desplegado en los
capítulos 1 y 2, en el presente, siguiendo algunas de las líneas trazadas por Mauro
Fernández en el anterior, propondré un análisis de las estrategias de
autolegitimación utilizadas por la Real Academia Española (RAE) en sus esfuerzos
por elaborar, a través del sistema lingüístico-ideológico que he venido llamando
*hispanofonía*, un nuevo imaginario colectivo para la comunidad hispanohablante.
Me centraré aquí en dos de estas estrategias: primero, el diseño e implementación
de la llamada (por la propia RAE) *política lingüística panhispánica*, a través de la
cual se crean foros de discusión y espacios discursivos consensuados (al menos en
apariencia) en los que convergen en términos de igualdad todas las naciones
hispanohablantes; y segundo, el abrazo de la diversidad interna del idioma como
basamento teórico y político para la conformación de la deseada unidad lingüística
y cultural. En el análisis, me apoyaré en tres categorías teóricas cuya relevancia se
justificará a su debido tiempo: la noción de la *esfera pública* de Jürgen Habermas

---

[2]  Por ejemplo, Grijelmo 1998, Lodares 2000.
[3]  Recordemos aquí la afirmación de Kroskrity sobre el carácter necesariamente múltiple de
      la configuración lingüístico-ideológica de una comunidad que señalábamos en el capítulo
      1: "Es beneficioso concebir las ideologías lingüísticas como múltiples debido a la multipli-
      cidad, en el seno de grupos socioculturales, de divisiones sociales relevantes (clase, género,
      clan, elites, generaciones y demás) que tienen el potencial de producir perspectivas diver-
      gentes expresadas como índices de pertenencia al grupo" (2000: 12, todas las traducciones
      en el capítulo son mías).

(Habermas 1991), el concepto de *comunidad discursiva* tal como lo define Richard Watts (Watts 1999) y la versión de la *hegemonía* que se deduce de los escritos de Antonio Gramsci y Raymond Williams (Gramsci 1991, Williams 1977).

## La RAE y la higiene verbal: prescriptivismo moderado

Me parece apropiado comenzar el análisis del nuevo discurso de la RAE citando extensamente de un texto altamente representativo: me refiero a la *Nueva Política Lingüística Panhispánica* (*NPLP*) firmado por la Asociación de Academias de la Lengua Española (AALE) y publicado por la RAE:

> Las funciones atribuidas tradicionalmente a las Academias de la Lengua consistían en la elaboración, difusión y actualización de los tres grandes códigos normativos en los que se concentra la esencia y el funcionamiento de cualquier lengua y que aseguran su unidad: la *Ortografía*, el *Diccionario* y la *Gramática*. Hasta hace algunos años, el modo de alcanzar esos objetivos se planteaba desde el deseo de mantener una lengua 'pura', basada en los hábitos lingüísticos de una parte reducida de sus hablantes, una lengua no contaminada por los extranjerismos ni alterada por el resultado de la propia evolución interna. En nuestros días, las Academias, en una orientación más adecuada y también más realista, se han fijado como tarea común la de garantizar el mantenimiento de la unidad básica del idioma, que es, en definitiva, lo que permite hablar de la comunidad hispanohablante, haciendo compatible la unidad del idioma con el reconocimiento de sus variedades internas (AALE 2004: 3).

Si bien es cierto que la RAE, por su propia naturaleza, desarrolla actividades directamente ligadas a la higiene verbal, también es cierto que el documento en que se describe la política lingüística panhispánica exhibe una versión moderada, casi imperceptible, del prescriptivismo. Al elaborar el concepto de higiene verbal, Deborah Cameron (1995) tuvo la precaución de separarlo conceptualmente del prescriptivismo, insistiendo en que aquél puede de hecho representar un amplio espectro de posiciones en relación con el lenguaje: se puede, por ejemplo, promover un cambio lingüístico en nombre del progreso (sería el caso de los esfuerzos por erradicar expresiones machistas o racistas) u oponerse a él por considerarlo peligroso signo de decadencia intelectual (sería el caso de la tradición alarmista que Milroy y Milroy (1999) han llamado "complaint tradition"); se puede abrazar la diversidad (sería el caso de la Declaración Universal de los Derechos Lingüísticos o, como veremos, el nuevo normativismo policéntrico de la RAE) o se la puede rechazar al considerarla una amenaza para el orden social (y así la sienten, por ejemplo, en Estados Unidos los ideólogos del movimiento *English Only* o el profesor de la Universidad Harvard Samuel Huntington en su libro de 2004 *Who Are We?*).

Pues bien, aunque en la España actual persisten los discursos puristas (y, por supuesto, no sólo en relación con el español) queda claro que la RAE se ha distanciado de la retórica más conservadora y ha adoptado una visión más "adecuada y realista" de la lengua, por usar sus propios términos: por un lado, su objetivo declarado ya no es la preservación del español en su máximo estado de pureza, y por otro, la variación y el cambio son aceptados como hechos naturales del lenguaje que no interfieren con su valor.

Sin embargo, esta nueva actitud, más permisiva, no debe ser interpretada como un liberalismo lingüístico total, como una versión de la higiene verbal en la que todo vale. Aunque la RAE se ha mantenido a distancia de las formas más extremas de prescriptivismo, aún mantiene y declara públicamente la asunción de una responsabilidad moderadamente prescriptiva:

> El conocimiento de las características que presenta actualmente nuestra lengua en todos los países que integran el mundo hispánico permite llevar a cabo una auténtica política panhispánica, que recoge lo consolidado por el uso y, en los casos necesarios, se adelanta a *proponer las opciones que parecen más aconsejables en aquellos puntos en los que el sistema muestra vacilación* (AALE 2004: 4, el énfasis es mío).

Ahora equipos de "expertos"[4] estudian cuidadosamente la lengua a la caza de neologismos. Separan los que aún no se han consolidado en el uso, los examinan y le indican entonces a los hablantes cuáles son los "más aconsejables". Fue precisamente esta actitud moderadamente prescriptiva la que impulsó la publicación en 2005 del *Diccionario panhispánico de dudas* (*DPD*), volumen en el cual las Academias recogieron preguntas frecuentes sobre la corrección de temas particulares de sintaxis, vocabulario y ortografía. Durante su presentación (que recibió enorme cobertura mediática), el diario madrileño *El País* afirmaba:

> De la Concha no ha ocultado su "enorme satisfacción" ante la publicación de esta obra, de 880 páginas y 7.250 entradas que recogen, en un lenguaje de fácil comprensión y accesible a los no especializados, las dudas más habituales que asaltan cotidianamente a quienes desean *hablar y escribir correctamente español* (*El País* 10/11/2005, el énfasis es mío).

---

4  El entrecomillado se debe a que la contratación de expertos, es decir, profesionales de la lengua certificados por instituciones aprobadas por el aparato del Estado, es central desde el punto de vista de la necesaria legitimidad de las acciones de la RAE o de la AALE. Es por ello que se insiste tanto, en las presentaciones públicas de los proyectos académicos, en el hecho de que han sido realizados por expertos. Se subraya de esta manera su carácter científico y se elide o al menos se nubla su condición política.

## La nueva RAE: moderna, popular y panhispánica

Como toda institución que tiene responsabilidades normativas, la RAE tiene que mantenerse atenta a sus fuentes de legitimidad y de hecho sus representantes son profundamente conscientes del impacto que su imagen pública pueda tener sobre su autoridad. Y por eso, desde los años noventa, se han dado los pasos oportunos para librarse de los clásicos estigmas del conservadurismo, elitismo y eurocentrismo. Ya vimos que frente a la vieja acusación de purismo conservador la Academia dice ahora abrazar la variación y el cambio e insiste en su modernidad y compromiso con el progreso tecnológico.

Además, frente a la acusación de elitismo, la RAE afirma su condición popular. "El pueblo es el dueño absoluto del lenguaje", afirmaba el director de la RAE en una entrevista que publicaba *ABC* con motivo de su reelección para un tercer mandato al frente de la Docta Casa. Ya un año antes, la presentación pública del *DPD* les había ofrecido una excelente oportunidad para proyectarse como institución que está en contacto con la calle: "Lo único que hemos hecho es estar atentos a lo que oímos en la calle, hacerlo nuestro y devolvérselo a los hablantes en forma de norma" (García de la Concha cit. en *El País* 10/11/2005). Claro, no sabemos qué barrios en concreto recorrieron los académicos en busca de la lengua del pueblo; pero lo que sí queda claro, y desde el mismo título del diccionario, es que, en las calles seleccionadas para la elaboración de la norma, todos los países hispanohablantes están representados.

Por lo tanto, y en tercer lugar, para protegerse de la vieja acusación de eurocentrismo, la RAE se compromete ahora a adoptar una aproximación panhispánica tanto hacia la lengua como hacia la política lingüística. De hecho, el ya citado documento *NPLP* es una declaración de principios que define el español, la norma del español, como internamente variable y que sitúa la responsabilidad y la capacidad de acción no en las manos de España sino de la comunidad panhispánica:

> Esta orientación panhispánica, promovida por la Real Academia Española y que las Academias han aplicado sistemáticamente y se plasma en la coautoría de todas las obras publicadas desde la edición de la *Ortografía* en 1999, procede de la voluntad política de actuar en una determinada dirección (AALE 2004: 3).

En una reunión de la AALE, celebrada en Salamanca en septiembre de 2005, su presidente, el director de la Española García de la Concha, afirmaba lo siguiente:

> La esencia de todo lo que estamos haciendo es la unidad de lo que llamamos política lingüística panhispánica [...] [lo cual] consiste en que los tres grandes códigos en que se sustenta y expresa la lengua española [...] sean obra no sólo de la Academia Española, sino del conjunto de las academias (*El País* 15/9/2005)

Pocas semanas después de la reunión de Salamanca, la presentación del *DPD* (de nuevo en otra ciudad española, Madrid) ofrecía una nueva oportunidad de exhibir el espíritu de cooperación panhispánica que la RAE abraza con tanto entusiasmo. La cobertura del acto que hacía *El País* subrayaba la autoría colectiva de las veintidós Academias y la realización del proyecto como resultado de un acuerdo, de una suerte de alianza: "Las 22 academias de la Lengua presentan el *Diccionario panhispánico de dudas*" (*El País* 10/11/2005); "El gran acuerdo para la unidad del idioma" (*El País* 10/11/2005). Hay un aspecto concreto de la cobertura que el diario madrileño hacía de este acto que nos ofrece una entrada a la interpretación del carácter político y de las raíces ideológicas específicas no sólo del acto en sí sino de la política panhispánica en su conjunto: la casi frenética repetición de la palabra *consenso*.

No ha sido difícil de hacer, gracias al gran *consenso* (*El País* 10/11/2005).

no estaba claro si sería posible *consensuar* (*El País* 10/11/2005).

primer trabajo de *consenso* América-España. Un hito (*El País* 10/11/2005).

resultado de un *consenso* que consolida [...] (*El País* 11/11/2005).

Y se ha llegado a esto, dicen, por *consenso* (*El País* 11/11/2005).

La ministra de Educación destacó la voluntad de *consenso* (*El País* 11/11/2005).

(El énfasis es mío en todos los casos).

## Consenso y esfera pública

Al promover la alianza estratégica y la colaboración permanente entre las 22 Academias, la RAE puede muy bien presumir de estar promoviendo el desarrollo de una esfera pública en torno a la lengua (uso aquí, tomándome ciertas libertades, el concepto típicamente asociado con Jürgen Habermas (1991)): una serie de lugares de encuentro[5] y canales de comunicación, reales o virtuales, a través de los cuales los miembros de las Academias discuten de modo supuestamente abierto, racional y democrático problemas lingüísticos comunes, y donde diseñan e

---

[5] Durante la revisión de los textos aquí analizados, fue precisamente al identificar la presencia del ideologema de la lengua como lugar de encuentro –que traté en más detalle en el capítulo 2– cuando oí por primera vez ecos del concepto habermasiano. Téngase presente, sin embargo, que, en Habermas, la esfera pública es una condición de la modernidad, mientras que en mi análisis es un término que utilizo para deconstruir la imagen que las agencias españolas de política lingüística quieren proyectar de sí mismas en su esfuerzo de autolegitimación. Aspiran a proyectar una imagen equivalente a la de la esfera pública habermasiana, pero, como señalaré más adelante, constituyen en realidad una comunidad discursiva.

implementan políticas de consenso. Opto por utilizar la noción de Habermas porque me permite perfilar la idea de un colectivo de individuos que convergen en la formación de un público y que exigen su derecho a jugar un papel activo en los debates sobre la gestión de las relaciones económicas y sociales (Habermas 1991: 27). Estos debates, que en su ideal habermasiano tienen lugar gracias al uso público de la razón, pueden muy bien convertirse en la base de la autoridad para el ejercicio del poder político (Calhoun 1992: 1) y para el ejercicio legítimo de la democracia formal. Eso sí, el carácter democrático de la esfera pública depende de la calidad del discurso y la cantidad de la participación (Calhoun 1992: 2).

La noción de esfera pública nos sirve para iluminar el análisis de la política lingüística española en la medida en que la RAE proyecta cuidadosamente una imagen de sí misma y de su modo de operar que cumple con los protocolos de una democracia legítima, basada en el debate abierto y racional: la calidad estaría protegida por la cuidadosa vigilancia de los expertos (véase la nota 2) –los lingüistas y filólogos que la institución emplea– y la cantidad se perseguiría a través del permanente diálogo con el pueblo y con instituciones sociales representativas.

Los debates que promueve la RAE se materializan de hecho de diferentes maneras (congresos sobre la lengua, congresos de Academias, comités interacadémicos, programas de becas, etc.). Pero para proyectar una imagen aperturista y democrática y para consolidar una amplia autoridad y legitimidad, la RAE debe ir más allá de la promocion de contactos interacadémicos creando una conexión creíble con las gentes cuya lealtad es el verdadero objetivo de la política en cuestión. En este afán de popularidad la Academia, como ya hemos visto, insiste, primero, en que la norma que elabora emerge directamente del pueblo ("Lo único que hemos hecho es estar atentos a lo que oímos en la calle, hacerlo nuestro y devolvérselo a los hablantes en forma de norma", decía García de la Concha); en segundo lugar, utiliza la Red como vía de comunicación con los hablantes:

> Desde que, en 1998, la Real Academia Española abrió en su página electrónica el servicio de consultas lingüísticas [..] no ha dejado de crecer el número de personas que se dirigen a esta institución en busca de una respuesta autorizada a las dudas que a diario plantea el uso del idioma. Actualmente se recibe una media de 300 consultas diarias, procedentes de todas las partes del mundo (AALE 2004: 8).

Y finalmente, justifica su misma existencia como respuesta a una demanda popular: "Es verdad que hay buenos libros de estilo en los medios de comunicación, pero *los hispanohablantes quieren oír la voz de las academias*" (García de la Concha cit. en *El País* 10/11/2005, el énfasis es mío).

La referencia a los medios de comunicación no es esporádica, y no es desde luego una coincidencia. La RAE, en su esfuerzo por ampliar la base social sobre la que

se asienta su autoridad, ha cultivado cuidadosamente su relación con los medios.
En los años noventa, dos distinguidos periodistas y empresarios (o ejecutivos)
mediáticos fueron nombrados miembros de la RAE: en 1997, Juan Luis Cebrián,
fundador y ex-director de *El País* y en la actualidad consejero-delegado del grupo
mediático PRISA, y un año más tarde, Luis María Ansón Oliart, ex-director de
*ABC* y fundador de *La Razón*. Y la relación entre la Academia y los medios parece ser más que simbólica: el *DPD* no sólo se concibió como respuesta a las dudas
de los hablantes sino que fue elaborado, se nos dice, en colaboración con la prensa: "El diccionario se ha elaborado con su ayuda, sus críticas y sus aportaciones"
(García de la Concha cit. en *El País* 10/11/2005).

Quizás las materializaciones más espectaculares e inclusivas de esta singular
esfera pública de la lengua hayan sido los congresos internacionales de la lengua
española (los CILE), organizados, como ya se dijo en capítulos anteriores, por el
Instituto Cervantes, la RAE y otras instituciones públicas y privadas. Estos congresos reunen a políticos, empresarios y expertos procedentes de diversos campos, y las actas se hacen públicas en la Red:

> El Centro Virtual Cervantes se complace en publicar [...] cientos de estudios que anali-
> zan, desde las más diversas perspectivas y con rigor científico, el pasado, el presente y el
> futuro del español [...] Los congresos constituyen significativos foros de reflexión acerca
> de la situación, los problemas y los retos del idioma español [...] Participan de los Con-
> gresos de la Lengua Española personas de todos los países de habla hispana: escritores,
> artistas, especialistas y profesionales de los más diversos campos del quehacer cultural[6].

En suma, una parte importante de la actividad de la RAE parece haber consistido
en un notable esfuerzo por constituir una red institucional que pueda ser percibida como esfera pública de la lengua verdaderamente representativa: da la bienvenida al pueblo y a los expertos, a periodistas y políticos, a escritores y empresarios, y en todos los casos se presta especial atención a la presencia del mundo
hispanohablante en su conjunto. Es esta supuesta convergencia de todos en un
diálogo abierto y racional lo que, la RAE espera, la certificará como institución
democrática y consecuentemente le concederá la legitimidad y autoridad que
tanto anhela (Gal y Woolard 2001).

### ¿Esfera pública o comunidad discursiva?

En este punto, conviene recordar unas palabras que el director de la RAE pronun-
ciaba durante el III CILE en Rosario:

---

6    < http://cvc.cervantes.es/obref/congresos/>.

Yo creo –dijo– que se está produciendo una convergencia en unas ideas madres. En la idea del mestizaje, en la idea de que la identidad es una suma de identidades. Esto es muy sorprendente, nadie había programado ese mensaje de entrada para este congreso. Curiosamente, desde el discurso del Rey, todos los discursos van en esa misma línea (*La Vanguardia* 20/11/2005).

Ya Mauro Fernández expresó en el capítulo 3 su escepticismo ante esta "coinciden-cia", ante esta espontánea convergencia en torno a una serie de "ideas madres"[7]. De hecho, lo que nuestros análisis revelan hasta el momento es un grupo de individuos e instituciones que convergen en un conjunto de prácticas metalingüísticas comu-nes y que producen un discurso coordinado –y a veces meticulosamente coreogra-fiado– que define y aspira a controlar el carácter y significado simbólico de la len-gua española. La consistencia interna de ese discurso y la frecuencia con la que se reproduce en una serie de entornos institucionales bien definidos sugiere que esta-mos ante lo que Richard Watts ha definido como una comunidad discursiva:

> Un conjunto de individuos que se puede interpretar como una comunidad en base al hecho de que sus prácticas discursivas escritas u orales revelan intereses, objetivos y creencias comunes, es decir, en base al grado de institucionalización que el discurso exhibe (Watts 1999: 43).

Hay un aspecto de la propuesta de Watts que presenta un interés especial para nuestro análisis: estas comunidades se definen no sólo por producir prácticas dis-cursivas comunes sino por representar intereses socialmente localizados. A causa de esta especificidad social, la visión del lenguaje producida por cada comunidad es necesariamente parcial y, por lo tanto, siempre disputable. En consecuencia, las comunidades discursivas que aspiran a ser dominantes deben renovar cons-tantemente sus fuentes de legitimidad naturalizando y normalizando su visión –como señalaba en el capítulo 1 al presentar el concepto de ideología–.

La noción de hegemonía de Antonio Gramsci (Gramsci 1991, Ives 2004) nos ofrece una visión de la dominación que puede ayudarnos a comprender los meca-nismos a través de los cuales la comunidad discursiva que se ha generado en torno a la RAE trata de afirmar su poder. La hegemonía es una forma de domina-ción basada no en la coerción sino en el control y naturalización de un determina-do sistema de valores:

> Es todo un conjunto de prácticas y expectativas en relación con la vida en todas sus dimensiones [...] Constituye, para la mayoría de los miembros de un colectivo social,

---

7   Estamos claramente ante un gesto deslocalizador, naturalizador, normalizador que nos remite a la ideología del anonimato (Woolard, capítulo 6) y al concepto de ideología descri-to en el capítulo 1.

una forma de sentir la realidad, una forma de sentir absoluta porque es una experiencia de la realidad más allá de la cual es muy difícil llegar (Williams 1977:110).

¿Qué mejor manera de naturalizar la comunidad discursiva que presentarla no como grupo con intereses socialmente localizados y que proyecta un punto de vista concreto sino como una esfera pública de la lengua donde todos convergen para producir una visión lingüística común a través del consenso? La dominación total por parte de una comunidad, su poder hegemónico, dependerá de su capacidad para absorber la discrepancia y para fusionarse ideológicamente con la esfera pública.

Todo proceso hegemónico debe estar especialmente atento y mantener preparada su capacidad de respuesta ante alternativas y oposiciones que cuestionen o desafíen su dominio [...] en la medida en que sean relevantes la función hegemónica decisiva es controlarlas, transformarlas o incluso incorporarlas (Williams 1977: 113).

Al absorber la disidencia, la comunidad discursiva elide[8] sus raíces sociales y ancla su visión no en intereses concretos sino en el consenso, en un debate abierto, público y democrático, en un público anónimo. Si se lleva a cabo con éxito la fusión entre la comunidad discursiva y la esfera pública de la lengua –si aquélla consigue ser percibida en absoluta identidad con ésta– la visión hegemónica de la lengua que produce será una visión atópica, una perspectiva que paradójicamente contiene todos los puntos de vista[9].

Dentro de este marco teórico, para que el poder de la comunidad discursiva sea verdaderamente hegemónico, la disidencia debe ser negociada internamente y de acuerdo con prácticas ya establecidas y altamente institucionalizadas. En otras palabras, las alternativas y oposiciones no deben amenazar el orden extralingüístico representado por la comunidad discursiva. Si bien las agencias españolas de política lingüística se han esforzado por crear la apariencia de aperturismo y democracia, en la historia reciente de la política lingüística española nos encontramos con una serie de incidentes que revelan las diferencias entre la comunidad discursiva dominante y la ideal esfera pública de la lengua[10].

---

8    Aquí uso elisión como traducción del concepto de "erasure" de Irvine y Gal (2000). En otros lugares me refiero al mismo también como ocultamiento.

9    Véase Gal y Woolard (2001) y, de nuevo, el concepto de la idelogía del anonimato que explica Kathryn Woolard en el capítulo 6.

10   Se puede aportar un par de argumentos más que erosionan la visión idealizada, democrática e igualitaria, de la RAE y su comunidad discursiva. Por ejemplo, es bien sabido que de los cuarenta miembros que tiene la RAE sólo tres son mujeres. Igualmente sorprendente notar, en el corpus de textos con el que he trabajado, que aunque se encuentran referencias a la naturalidad y legitimidad de la presencia de empresas españolas en Latinoamérica, no se encuentran menciones equivalentes a la posible naturalidad y legitimidad de la presencia de trabajadores, pongamos por caso, ecuatorianos o dominicanos en España.

El más llamativo ocurrió quizás el 23 de mayo de 2001. Durante la entrega del premio Cervantes al escritor español Francisco Umbral, el Rey Juan Carlos I afirmó:

> Nunca fue la nuestra lengua de imposición, sino de encuentro; a nadie se le obligó nunca a hablar en castellano: fueron los pueblos más diversos quienes hicieron suyo por voluntad libérrima, el idioma de Cervantes[11].

Estas palabras, naturalmente, provocaron inmediatas protestas desde Cataluña, El País Vasco y Galicia, ante las cuales la Casa Real respondió torpe pero reveladoramente: el Rey se refería a América. Este episodio nos ofrece un perfecto ejemplo de lo que podríamos llamar una *elisión ideológica extrema*, un deseo tan excesivo de borrar un aspecto de la realidad que, en su exceso, acaba por revelar precisamente el objeto que se pretendía ocultar. En su esfuerzo por afirmar la comunidad panhispánica en una lengua común, limpia de conflictos históricos y políticos evocadores de injusticias, violencias y desigualdades, el Rey y sus asesores llevan la metáfora del encuentro (frecuentísima, como ya hemos visto, en la comunidad discursiva a la que pertenecen y de la que el Monarca es destacado representante) demasiado lejos[12]: el frustrado juego de manos acaba por revelar las traumáticas experiencias históricas y las profundas desigualdades que dieron lugar a la *hispanofonía*, desenmascarando así el carácter construido (es decir, interesado e ideológico) de la imagen.

Un segundo incidente (aunque anterior cronológicamente) que revela el desajuste entre la supuesta esfera pública de la lengua y la comunidad discursiva que aquí analizo tuvo lugar en Zacatecas. México en 1997. Durante el I CILE, una de las conferencias plenarias estuvo a cargo de Gabriel García Márquez. En un discurso titulado "Botella al mar para el dios de las palabras", el escritor afirmó:

> Jubilemos la ortografía, terror del ser humano desde la cuna: enterremos las haches rupestres, firmemos un tratado de límites entre la ge y jota [...] Y qué de nuestra be de burro y nuestra ve de vaca, que los abuelos españoles nos trajeron como si fueran dos y siempre sobra una?[13].

---

[11]  Se puede consultar el discurso en http://www.casareal.es/casareal/home-Discursos y Mensajes: 23/4/01.

[12]  No incluyo la referencia al hecho de que los discursos del Rey son escritos por equipos de asesores para liberarlo de una responsabilidad que sin duda considero que le corresponde. Sin embargo, creo importante insistir en que la metáfora del encuentro –y en este caso, el exceso en que se cae en su utilización– no es una excentricidad o lapsus del Monarca sino un ideologema frecuente y definitorio de la comunidad discursiva que estoy analizando.

[13]  El texto completo puede consultarse en <http://cvc.cervantes.es/obref/congresos/zacatecas/inauguracion/garcia_marquez.htm>.

El escándalo no se hizo esperar. García Márquez había sido invitado para celebrar la lengua y darle legtimidad al acto con su enorme capital simbólico; y lo
que hizo en cambio fue remover las ya de por sí turbias aguas de la reforma ortográfica. Tras el revuelo inicial y una vez que el congreso se terminó, el asunto se
fue apagando... hasta 1999, cuando la RAE y el resto de las Academias publicaron la *Ortografía*, "el fruto de un consenso alcanzado tras largas negociaciones
entre las 22 Academias [que] despejan definitivamente cualquier temor sobre una
fragmentación del español" (*El País* 9/10/1999). El prólogo anónimo del libro
contiene una serie de párrafos dedicados a los excéntricos de la ortografía[14]:

> [S]on muchos los arbitristas de la Ortografía que acuden a esta Institución o salen a la
> palestra, con mejor intención que acierto, pidiendo u ofreciendo radicales soluciones a
> los problemas ortográficos o cebándose con fáciles diatribas en el sistema establecido
> [...] A todos estos entusiastas debería recordárseles que ya Nebrija [...] advirtió que 'en
> aquello que es como ley consentida por todos es cosa dura hacer novedad' (Real Aca-
> demia Española 1999: xv).

De esta manera, sin nombrar a nadie, García Márquez y otros idealistas de la
ortografía quedaban advertidos sobre cuáles son los protocolos correctos de la
comunidad discursiva. Curiosamente, esta admonición directa no fue el aviso
más severo contra posibles reformadores excéntricos. El más amenazador se presentó en forma de lección de historia:

> En 1843, una autotitulada *Academia Literaria y Científica de Profesores de Instrucción
> Primaria* de Madrid se había propuesto una reforma radical, con supresión de h, v y q,
> entre otras estridencias, y había empezado a aplicarla en las escuelas. El asunto era dema-
> siado serio y de ahí la inmediata oficialización de la ortografía académica, que nunca
> antes se había estimado necesaria. Sin esa irrupción de espontáneos reformadores con res-
> ponsabilidad pedagógica, es muy posible que la Corporación española hubiera dado un
> par de pasos más, que tenía anunciados y que la hubieran emparejado con la corriente
> americana, es decir, con las directrices de Bello (Real Academia Española 1999: xv).

En este párrafo el anónimo autor del prólogo le recuerda a los lectores los debates
sobre la fragmentación, sobre un tiempo en que circulaban diversas propuestas
ortográficas que se sentían como amenazas a la unidad de la lengua. Es notable
que se trate con tanto cuidado a Andrés Bello, proponente de la más exitosa de las
propuestas ortográficas, y que por el contrario sea tan dura la referencia a los
maestros madrileños. Son los maestros, su independencia y acciones autónomas,

---

14  El carácter anónimo del prólogo y, en general, la autoría colectiva de las obras académicas
    tiene mucho que ver con la ideología del anonimato y con la deslocalización de la lengua
    que describe Woolard en el capítulo 6. Véase también, sobre la nueva *Ortografía* y su pre-
    sentación, Lara (2000 o 2004: 119-55).

quienes son responsabilizados por la urgente decisión del gobierno español de ejercer su autoridad lingüística y oficializar la ortografía de la RAE antes de llegar a un acuerdo –el deseado consenso– con la americana de Bello. Al margen de lo que ocurriera en 1843 (tema, sin duda, de gran interés para la glotopolítica histórica), el contexto actual subraya el uso estratégico del episodio para frenar a cualquiera que se pudiera sentir tentado a entrometerse en cuestiones lingüísticas fuera de la jurisdicción de la comunidad discursiva constituida en torno a la RAE. La amenaza indirecta, el gesto coercitivo, que contiene el prólogo revela la discrepancia entre los intereses de la comunidad discursiva y la verdadera apertura que definiría a la esfera pública ideal. El debate abierto y democrático es posible siempre y cuando el orden cultural/político/social representado por la comunidad discursiva dominante no se sienta amenazado.

**La diversidad: imperativo teórico y necesidad política**

El episodio rescatado por la RAE nos devuelve a los tiempos en que el temor ante la posible fragmentación del español era una constante en los debates públicos sobre la lengua. Aunque el *fetiche de la comunicación* (Cameron 1995: 24) aún está presente en el discurso metalingüístico de la RAE (es decir, la idea de que hay que cuidar el idioma para preservar su transparencia comunicativa), hace ya décadas que las profecías fragmentacionistas han estado ausentes de los debates lingüísticos. Los académicos ya no sienten que la variación dialectal amenace la unidad del español y pueden por lo tanto celebrarla al tiempo que abrazan la diversidad intralingüística. También parecen ser conscientes de que la selección es una parte delicada de la planificación lingüística y de que el prescriptivismo radical y la búsqueda de homogeneidad podrían ser dañinas para la imagen aperturista e igualitaria que tan cuidadosamente cultivan.

El documento *NPLP* es claro en este sentido: las academias deben hacer que la defensa de la unidad sea compatible con el reconocimiento de la existencia de variedades internas. Lo que resulta novedoso es que la actitud favorable a la variación haya ido mucho más allá de la tolerancia: de hecho, se ha llegado incluso a darle la vuelta al viejo argumento de la fragmentación. En la imagen del español que se proyecta desde las instituciones, la diversidad no sólo no es temida sino que es abrazada como un valor, como la mejor protección contra la atomización. El Rey de España, quien, como ya hemos visto, es una de las más prominentes figuras de la comunidad discursiva, comparte esta visión: "el arraigo de la lengua española [...] tiene en su diversidad su más firme garantía de unidad" (cit. en *El País* 11/5/2005). Es más, este nuevo ideologema –que afirma el poder unificador de la diversidad lingüística– ha informado la actividad normativa de la RAE. Cuando se anunció la publicación de la nueva gramática académica del español, García de la Concha afirmó: "[será] la primera no peninsular, descriptiva del español en todas sus variantes, una norma policéntrica" (*El País* 15/10/2005)[15]. Vemos que no sólo se abraza el español como lengua que contiene una diversidad interna de la cual se extrae la norma; la norma misma –la sinécdoque, por usar el término de Joseph (1987: 58)– es policéntrica. Por lo tanto la política panhispánica tiene dos componentes: por un lado, el diseño e implementación de las políticas son supervisados por todas las naciones hispanohablantes; por otro, la norma misma las representa a todas. Como los cartógrafos de aquel viejo Imperio en el cuento de Borges (1972), tan preocupados por la precisión que crearon un mapa que literalmente cubría todo el territorio imperial, los autores de la gramática normativa del español exhiben un deseo similar de totalidad y ambicionan cubrir la lengua en toda su diversidad interna: "se busca que 'se reflejen y expresen no sólo el español peninsular, sino *el español total*'" (García de la Concha cit. en *El País* 15/9/2005, el énfasis es mío)[16].

Ante este nivel de confianza no deja de sorprender que la Academia haya adoptado precisamente la defensa de la unidad como objetivo principal y que los agentes de la política lingüística española se sientan obligados a afirmar la integridad idiomática una y otra vez como lo hacen. La repetición es, por supuesto, una de las estrategias de naturalización de categorías culturalmente construidas: las celebraciones públicas de la lengua (como congresos) y los monumentos normativos que la representan (gramáticas y diccionarios) son en realidad los actos mismos que la constituyen. E igualmente, las afirmaciones de unidad aparentemente descriptivas son de hecho los actos que la crean. Sin embargo, la insistencia en la afirmación de la unidad y la posición central que ocupa el tema en la comunidad discursiva de la RAE revelan la presencia de una cierta ansiedad en torno a la fragmentación. Como mostraba el epígrafe que abre el capítulo, Santiago de Mora Figueroa afirmaba al tomar posesión de su cargo que: "Hay que preservar la unidad del español porque corre peligro". Y un editorial más reciente de *El País* en que se celebraba la extensión del español insistía en que no por su formidable expansión está nuestra lengua "menos sometida al peligro de atomización" (11/11/2005).

---

[15]  Sobre el policentrismo véanse algunas de las observaciones, críticas de la política de la Academia, en la última sección del capítulo 8 de Lara. Vase también Lara (2004) y Oesterreicher (2006).

[16]  La nueva gramática académica del español, que según se anuncia será presentada en el CILE de Cartagena de Indias en 2007, ha resultado ser el catalizador del ideologema del español total. Éste ilustra a la perfección, casi literalmente, el instinto totalizador de la ideología de la *hispanofonía* en el sentido amplio en que la definía en el capítulo 1. Si la gramática académica *representa* el español total, no hay posibilidad de situarse fuera de ella sin situarse fuera del español.

Obviamente aún quedan algunos temores de desintegración. Pero, si la diversidad dialectal no es ya considerada la posible causa de la ruptura ¿cuál será entonces el origen de esta ansiedad? No la divergencia dialectal sino la divergencia ideológica. Una posible visión alternativa de la lengua, del español, que entrara en conflicto con el panhispanismo dominante y que, de ganar aceptación, provocara una fractura en la comunidad discursiva; una ideología lingüística en torno a la comunidad hispanohablante distinta de la *hispanofonía* que perturbara el orden lingüístico y expusiera las raíces políticas de la ideología lingüística dominante; nuevas formas, en definitiva, de higiene verbal que exigieran participar en la esfera pública en sus propios términos, es decir, fuera de las vigiladas fronteras de la comunidad discursiva dominante amenazando su poder hegemónico y poniendo en peligro el orden político-económico que apoya.

Como dije antes, la política lingüística contemporánea de promoción del español y la imagen de la lengua que como parte de la misma se proyecta juega un importante papel en la instrumentalización política de la *hispanofonía*. El documento *NPLP* afirma: "el español es lo que nos permite hablar de una comunidad hispanohablante", una *hispanofonía* que desde los noventa ha adquirido gran valor para el capital español y sus socios. Pero, como la nación de Ernest Renan, la comunidad multinacional es un plebiscito cotidiano, una permanente campaña contra los que pudieran escoger imaginarla de otro modo. A esta constante amenaza que supone la posible disidencia ideológica, a las visiones alternativas del español, se enfrenta la Academia por medio de la producción de una poderosa imagen que ahora más que nunca debe incluir el entusiasmado abrazo de la diversidad y, como mostró Mauro Fernández en el capítulo anterior, el mestizaje (véase también Narvaja de Arnoux 2005). Para que la comunidad discursiva de la RAE sea verdaderamente hegemónica debe presentar su visión del español no como una visión interesada y socialmente localizada sino como el producto de debates democráticos abiertos y racionales que tienen lugar en la esfera pública, del consenso alcanzado por un público anónimo y atópico que representa a todos porque no representa a nadie (Gal y Woolard 2001 y el capítulo 6 de Woolard en este libro). No hay legitimidad sin democracia, no hay democracia sin consenso y no hay consenso sin diversidad. En suma, en la construcción contemporánea de la hispanofonía hegemónica, la retórica de la diversidad se ha convertido en un imperativo teórico tanto como en una necesidad política[17]:

---

[17]   Sobre la constitución discursiva de la diversidad tanto por parte de los defensores de lenguas minorizadas como de los que abrazan las lenguas globales véase Fernández Rodríguez (2006) y Duchêne y Heller (2007).

La variedad [...] es una garantía para la democracia (Pedro Luis Barcia cit. en *El País* 11/11/2005).

## Conclusión

Tras el reciente despegue económico de España, sucesivos gobiernos españoles han movilizado una serie de instituciones lingüísticas y culturales para fortalecer y legitimar su influencia en América Latina y para facilitar las operaciones de las compañías de capital español en aquel continente. La tesis que aquí defiendo es que, ante la posibilidad de que este panorama sea percibido o construido como neocolonial (interpretación que de hecho ha surgido en múltiples ocasiones), estas instituciones aspiran a conceptualizar y presentar públicamente la presencia de España en sus antiguas colonias como un hecho natural y legítimo y han promovido decididamente la elaboración de una ideología lingüística que he llamado *hispanofonía*. En este proceso, la RAE ha sido un actor principal, diseñando y proyectando imágenes de sí misma y de la lengua española que funcionen como representaciones icónicas de la idealizada comunidad panhispánica supuestamente democrática e igualitaria.

En el análisis aquí propuesto, los debates públicos en torno al español emergen como zonas discursivas donde se manifiestan ansiedades relacionadas con la aspiración de sucesivos gobiernos españoles de alcanzar relativa prominencia en la escena internacional. Las actuales expresiones de preocupación ante la posible fragmentación de la lengua no sólo (no necesariamente) reflejarían entones temores ante su supuestamente frágil integridad lingüística. En mi análisis, estos discursos reflejarían más bien un estado de alarma ante una posible fractura ideológica que dejara expuesta la desigualdad y la disensión y que dificultara la consolidación de la *hispanofonía* si avanzaran formas alternativas de concebir a la comunidad hispanohablante. En respuesta a la posible y peligrosa identificación de España como miembro no sólo interesado sino también privilegiado de la comunidad lingüística fraternal, sugiero aquí que la RAE ha presentado su actividad como si fuera desarrollada en una suerte de esfera pública de la lengua, un espacio abierto donde, supuestamente, representantes de todas las naciones hispanohablantes convergen para tomar decisiones democráticas sobre el futuro de la lengua. Como en este contexto ideológico la misma lengua debe reflejar el carácter abierto de la *hispanofonía*, la diversidad lingüística es abrazada en la retórica de las instituciones con la esperanza de que, de esta manera, su significado, su potencial subversivo, quede controlado y desactivado.

# LA LENGUA COMO RECURSO ECONÓMICO: *ESPAÑOL S. A.* Y SUS OPERACIONES EN BRASIL

JOSÉ DEL VALLE/LAURA VILLA

## Introducción

Uno de los objetivos preferentes de las políticas que se han venido discutiendo en los capítulos anteriores es la promoción del español en Brasil. Efectivamente, desde la década de los noventa, las agencias españolas han llevado a cabo en este país una intensa campaña para cuya implementación han contado con la colaboración de profesionales del lenguaje y de la enseñanza de lenguas y con el apoyo de los responsables de la política exterior de España, del sector empresarial y, por supuesto, de distintas instancias del gobierno de Brasil y de la sociedad brasileña. A esta campaña, al modo en que se manifiesta y legitima discursivamente, está dedicado este capítulo.

Aunque el objeto principal de nuestro análisis será el discurso que emerge de las instituciones españolas, es necesario dejar claro que para entender plenamente las motivaciones y consecuencias de estas políticas debemos situarlas en varios contextos en los que adquieren relevancia:

En primer lugar, se debe tener en cuenta el contexto que ofrece el conjunto de políticas lingüísticas diseñadas e implementadas en España en los últimos veinticinco años, es decir, las políticas de planificación del corpus y el estatus tanto del español como del catalán, gallego y vasco: ¿cuáles han sido los objetivos, las estrategias y los resultados de estas políticas y cuál es la relación que se puede establecer entre unas y otras así como entre las distintas instituciones responsables?[1].

Otro contexto de extraordinaria relevancia es, obviamente, el de las políticas del lenguaje dentro del propio Brasil, tanto en relación con el portugués –y su cone-

---

[1]    Véanse las referencias incluidas en la nota 6 del capítulo 2.

xión con el nacionalismo y con la delicada construcción (o destrucción) de la
noción de *lusofonía*– como con las lenguas de inmigrantes y las lenguas indígenas[2]. ¿Cuál es la ecología lingüística de Brasil, cuál el papel del sistema educativo en la producción y reproducción de ideologías lingüísticas, cuál el impacto de
la activa promoción del español y la naturaleza del interés de la sociedad brasileña en esta lengua?

El tercer contexto, más general, nos lo ofrecen los procesos de difusión lingüística[3] y las políticas destinadas a promover ciertas lenguas, en algunos casos incluso con el objetivo de establecer su predominio en foros internacionales –tanto en
espacios institucionales, como podría ser la UE, como en países donde se debate
la conveniencia de estimular el estudio de una u otra lengua extranjera–. ¿En qué
medida son equiparables la difusión histórica y presente del español, francés,
inglés o portugués y cuáles son las diferencias y semejanzas entre instituciones
tales como el Instituto Cervantes, la Alliance Française, el British Council o el
Instituto Camões?

Naturalmente, nuestro estudio, al centrarse en las políticas diseñadas e implementadas por agencias *españolas*, no puede ocuparse de todos los temas asociados a un programa de investigación tan ambicioso. No obstante, somos conscientes de que la plena comprensión de los asuntos que analizamos exige el examen
paralelo de otros temas: las políticas que puedan estar implementando (o no) países como Argentina, Costa Rica, Paraguay, Uruguay o Venezuela; el papel que
puedan jugar las rivalidades y alianzas regionales en las actitudes hacia las distintas variedades del español; y, por supuesto, las políticas y predisposición (favorable o desfavorable) que rodean la promoción del español en Brasil desde una
perspectiva propiamente brasileña. Sin embargo, aunque reconocemos los límites
de nuestro corpus y del alcance de nuestro estudio, confiamos en poder describir
en este capítulo los objetivos y estrategias de la política exterior del idioma en
España y en particular el modo en que se manifiestan discursivamente en la promoción de la lengua en Brasil. Al mismo tiempo, esperamos apuntar direcciones
para el estudio del impacto de estas políticas en la ecología lingüística brasileña y
subrayar la necesidad de una perspectiva comparativa en los estudios de difusión
lingüística. Con este fin, señalaremos la posible relación de nuestro análisis con
trabajos realizados en otros contextos y de los cuales han surgido conceptos teóri-

---

[2]    Véanse, por ejemplo, los excelentes Faraco (2001), Bagno (2003) y Bortoni-Ricardo
       (2005), y la interesante colección de ensayos editados por Gilvan Müller de Oliveira y
       Klaus Zimmermann en 2004 para una sección temática de la *Revista Internacional de Lin-
       güística Iberoamericana*, *RILI* II, 1(3), 9-162.
[3]    Véase capítulo 1, nota 4.

cos como *imperialismo lingüístico* (Phillipson 1992) o *mercantilización del lenguaje* ("linguistic commodification" en Heller, 1999 a y b) cuya aplicabilidad conviene evaluar críticamente en aras de la elaboración de una teoría coherente de la difusión.

## La ideología lingüística mercantil[4]: el español como recurso económico

Queda claro de lo señalado en capítulos anteriores que los objetivos declarados de las políticas contemporáneas de planificación del corpus y el estatus del español se pueden condensar fundamentalmente en dos: la defensa de la unidad –sobre todo conceptual– de la lengua y su promoción internacional. Ya sabemos también que en 1991 el gobierno español creó el Instituto Cervantes para liderar los esfuerzos de difusión del idioma. Esta institución, dependiente originalmente del Ministerio de Asuntos Exteriores y en la actualidad de éste y del de Cultura, se ha esforzado por contribuir a la imagen de modernidad del español (y de España) a través de su enseñanza y de la organización de actividades culturales en las múltiples sedes que ha abierto por el mundo[5]. El Cervantes aporta también su grano de arena a la consolidación de la *hispanofonía* (entendida como ideología lingüística; véase el capítulo 2) al declararse promotor de las expresiones culturales de ambos lados del Atlántico.

Ya se expuso en el capítulo 2 que una de las estrategias principales de la RAE y del Instituto Cervantes ha sido dotar al idioma de una imagen pública que sirva a su aceptación como lengua común de España, a su confirmación como nudo que sostiene la *hispanofonía* y a su afirmación como lengua global. Esta imagen, este entramado lingüístico-ideológico, se ha construido en torno a una serie de ideas: el español es una lengua de encuentro que sirve como modo de expresión a múltiples culturas y que simboliza el espíritu de concordia democrática; el español es una lengua global en expansión, que permite abrazar ideales universales y superar las perniciosas lealtades atávicas del etnicismo y el nacionalismo; y finalmente, el español es una lengua útil y rentable y su conocimiento puede constituir un valioso recurso económico para quien lo posea:

---

4  Véase en el capítulo 7 el término *ideología emolingüística* que propone Ángel López García y el sentido que él le da.

5  "El Instituto Cervantes es la institución pública creada por España en 1991 para la promoción y la enseñanza de la lengua española y para la difusión de la cultura española e hispanoamericana" (http://www.cervantes.es/seg_nivel/institucion/Marcos_institucion_prin cipal.jsp).

La apuesta por la lengua española como lengua de futuro, como vehículo para el progreso y el bienestar de las sociedades en el tiempo que viene, no sólo obedece a planteamientos culturales: tiene también sólida base económica (García Delgado 2001).

En efecto, entre los objetivos prioritarios de las políticas lingüísticas que estamos describiendo están la incorporación del valor económico a la imagen pública del español y la organización de un sector empresarial destinado a la explotación de este recurso. En 1996, por ejemplo, se constituyó en España por iniciativa privada la Asociación para el Progreso del Español como Recurso Económico, entidad antecesora de la actual Eduespaña que, apoyada por el ICEX[6], surgió para "confeccionar una plataforma común de apoyo para la multiplicidad de sectores que tienen unido el idioma a su actividad productiva"[7]. En 2001, el *Anuario* del Instituto Cervantes fomentaba asimismo el interés y análisis de este sector con artículos tales como "Econometría de la lengua española" (de Martín Municio). El mismo año, en el II Congreso Internacional de la Lengua Española de Valladolid se incluía también una sección para la presentación de trabajos sobre el tema titulada "El activo del español" y se daba especial prominencia a la ponencia del Sr. D. Enrique V. Iglesias (por aquel entonces aún Presidente del Banco Interamericano de Desarrollo en Washington D. C. y, cuando se publica este libro, titular de la Secretaría General Iberoamericana) titulada "El potencial económico del español". La subsección sobre "La industria del español como lengua extranjera" incluyó comunicaciones tales como las siguientes: "El español como recurso económico: anatomía de un nuevo sector" de Óscar Berdugo o "El español como recurso económico en Francia (una aproximación desde el marketing)" de José María Davó Cabra. En 2003, la editorial Espasa Calpe publicaba –bajo los auspicios de la Fundación Santander Central Hispano, del Instituto Cervantes y de la Real Academia de Ciencias Exactas, Físicas y Naturales– un libro titulado *El valor económico de la lengua española*. En la misma línea, en 2005, la revista *Contrastes* dedicaba su número 39 (de abril y mayo) a "El valor económico de la lengua española", cuya introducción, a cargo de César Antonio Molina, director del Instituto Cervantes entonces y aún cuando se elabora este ensayo, llevaba por título "El dinero de la lengua". En este contexto, se generalizaba también una metáfora tan transparente como reveladora: el español aparecía cada vez con más frecuencia presentado como una de las más preciadas materias primas, el petróleo. Por ejemplo, en el congreso de Rosario, José Miguel Abad, director general de Planeta Corporación afirmaba: "La lengua es nuestro petróleo particular pero

---

[6] El Instituto Español de Comercio Exterior depende de la Secretaría de Estado de Turismo y Comercio, que a su vez se sitúa, en el organigrama gubernamental, bajo el Ministerio de Industria, Turismo y Comercio.
[7] www.eduespa.org/inicio/acerca.asp.

de un caudal ilimitado"[8]. En 2004, el profesor de la Universidad Autónoma de
Madrid, Juan Ramón Lodares, publicaba en *El País* un artículo titulado "Español,
S. A.", que abría de la siguiente manera:

> No se sorprenderán si les digo que el turismo es una de nuestras primeras industrias.
> Pero, ¿adivinan qué sector hay cuyos servicios producen en España un porcentaje de
> riqueza similar al turístico? Pues nuestro idioma común. Sí, eso mismo, la lengua
> española. No es difícil entender el porqué: el idioma es un recurso aparentemente
> inmaterial, sin embargo, no hay actividad económica o mercantil donde no promedie
> [...] Un interesante producto, en fin, asociado a esa precisa marca y a esa precisa ima-
> gen: *español* (*El País* 19/7/2004).

El artículo lo cerraba el autor recordándoles a los agentes lingüísticos su enorme
responsabilidad:

> Tenemos, en fin, la responsabilidad de plantearnos estrategias inteligentes para apro-
> vechar el peso económico de nuestro idioma común, así como las enormes ventajas
> que para nuestra imagen exterior puede reportarnos la gestión de esa empresa que he
> llamado "Español S. A." (*El País* 19/7/2004).

En resumen, resulta obvio que la actividad de estas agencias de promoción del
español, por definición, responde (no de modo exclusivo pero sí dominante) a
motivaciones económicas y a una lógica fundamentalmente mercantil. El análisis
del discurso que las arropa nos confirmará, por un lado, la extraordinaria prominencia que tiene la concepción del español como recurso económico, pero también (como señalaremos en las últimas secciones del capítulo) el modo en que tal
concepción adquiere un carácter ideológico no sólo por estar ligada a un colectivo de instituciones y a un orden extralingüístico (cultural, económico, político y
social) sino por naturalizarlos y normalizarlos frente a instituciones o políticas
alternativas que pudieran aspirar a organizar el recurso en cuestión (la lengua, en
nuestro caso) de otra manera[9].

## La organización de una industria

Observamos en primer lugar que el aprovechamiento del peso económico del
idioma se articula en torno a dos objetivos: en primer lugar, el desarrollo de una
industria lingüística dedicada a la enseñanza y difusión del español como lengua
extranjera (ELE) estimulando el interés por su estudio y aprovechando las cir-

---

[8]   http://cvc.cervantes.es/obref/cong-esos/rosario/ponencias/internacional/abad_j.htm.
[9]   En el capítulo 1 se señalaban tres condiciones que reúnen las ideologías lingüísticas: con-
      textualidad, carácter naturalizador e institucionalidad.

cunstancias que en cada región lo favorezcan (por ejemplo, la creciente población hispana en los EE. UU. o, en Brasil, la creación de Mercosur). En segundo lugar, se aspira también a que la difusión, el estudio y la valoración positiva de la lengua española en el mundo se traduzca en un aumento del consumo de productos culturales que utilizan el español como soporte (por ejemplo, los productos de las industrias del cine, la literatura y la música).

Estas dos vertientes del mercado de la lengua española las describían claramente en Valladolid José Luis García Delgado y José Antonio Alonso en una ponencia titulada "La potencia económica de un idioma: una mirada desde España":

> Una de las primeras y más inmediatas dimensiones económicas de la lengua alude a la enseñanza del idioma como actividad mercantil, ámbito propicio para la generación de iniciativas empresariales. [...] Es el idioma, por tanto, materializado en un conjunto de bienes requeridos para el proceso formativo (libros, diccionarios, materiales pedagógicos complementarios...); y de servicios asociados a la enseñanza (centros docentes, viajes organizados, estadías, profesorado...) (García Delgado y Alonso 2001).

Y más adelante, describían así el mercado de productos culturales que tienen como soporte la lengua española:

> Las posibilidades económicas de un idioma no se agotan en este primer ámbito relacionado con su difusión y enseñanza: necesariamente deben considerarse también las posibilidades que aparecen asociadas a la comercialización de aquellos productos que descansan de modo central en el idioma [...] como la literatura, la canción, el teatro o el cine; [...] las desempeñadas en los medios de comunicación, en sus diversas especialidades y soportes (prensa escrita, radio o televisión); y, en fin, [...] la difusión y divulgación de la producción científica e intelectual (investigaciones, estudios, ensayo) (García Delgado y Alonso 2001).

Óscar Berdugo, fundador en 1996 de la ya mencionada Asociación para el Progreso del Español como Recurso Económico, describía en el mismo congreso y en términos similares el potencial económico de la lengua. Afirmaba la necesidad de consolidar el núcleo central del proyecto lingüístico-empresarial (en el que se incluirían los servicios lingüísticos, la enseñanza de la lengua y la publicación de materiales didácticos) y de reforzarlo con el desarrollo de un sector estratégico (de tecnologías de la lengua) y otro de difusión (editorial, audiovisual y musical). Con mentalidad empresarial y con la profunda convicción profesional del valor de la imagen, afirmaba que la operación conjunta de estos tres sectores de la industria lingüística posibilitaría "la creación de *un referente cultural complejo* que [...] facilitaría la penetración en los mercados de diferentes productos y servicios bajo el paraguas de esa marca genérica del español o lo español" (Berdugo 2001, el énfasis es nuestro). Según Berdugo, de lo que se trata es de que la industria de la lengua se convierta en "punta de lanza, en un sector que facilite la apertura de nuevos mercados al resto del tejido productivo", incrementando la demanda de "bienes y servicios ligados genéricamente con *la idea de lo español*: gastronomía, diseño, moda, turismo", y después del "resto de los servicios o de los productos industriales" (de nuevo el énfasis es nuestro) gracias a un "efecto de arrastre". El potencial mercantil y publicitario de la lengua lo había señalado también, un par de años antes, el máximo responsable del Instituto Cervantes, Fernando Rodríguez Lafuente, que dirigió la institución entre 1999 y 2001: "Brasil tiene 165 millones de habitantes, de los que 50 millones son estudiantes, y hará falta preparar a cerca de 200.000 profesores de español. Detrás irán la industria del libro, del cine y de la música" (Rodríguez Lafuente cit. en *El País* 4/10/99).

## El estímulo de Mercosur

Tal como anticipaba aquel director del Cervantes, uno de los mercados penetrados por la punta de lanza de la lengua española es precisamente Brasil. El interés de las agencias españolas de política lingüística por este país se inscribe en el contexto generado por el crecimiento económico de España a partir de finales de los ochenta, la liberalización de las economías iberoamericanas en los noventa y la consecuente expansión de empresas españolas (especialmente de los sectores energético, financiero, de telecomunicaciones y editorial) por una Iberoamérica[10] que se abría a las inversiones internacionales[11].

En tales circunstancias, la predisposición del capital ibérico a saltar el Atlántico coincidió (volveremos más adelante sobre esta "coincidencia") con un aumento del interés por el español dentro del propio Brasil. La llegada de las multinacionales españolas parece haber sido un factor que influyó de modo central en el deseo de los brasileños de aprender esta lengua (al margen del potencial publicitario de los Juegos Olímpicos de Barcelona de 1992, la Expo de Sevilla del mismo año o el exitoso libro de Paulo Coelho *O diario de um Mago*):

> Hoy, compañías como Endesa, BBVA, Iberdrola, BSCH, Unión Fenosa, Telefónica, Dragados, ThyssenKrupp, Repsol y muchas otras más pequeñas, son gigantescas generadoras de empleos en Brasil, y el traslado de sus ejecutivos y gerentes ha hecho inexcusable la necesidad de conocer el idioma (Avogadro 2001).

Y no lo habrán sido menos la creación del Mercosur y las posibles ventajas económicas y oportunidades culturales que para algunos brasileños surgían con la

---

[10] Este es el término que con más frecuencia aparece en nuestro corpus.
[11] Véase al respecto Bonet y de Gregorio, 1999.

firma del acuerdo. Éste vino a situar a Suramérica como frente prioritario de la
política exterior brasileña, tal como confirmaría años más tarde el Presidente
Luiz Inácio Lula da Silva: "La prioridad de la política exterior brasileña será
Suramérica" (*El País* 24/2/2003).

Enrique Guillermo Avogadro expresaba en Valladolid su convicción de que efectivamente fueron Mercosur y las perspectivas de progreso económico que creaba
lo que estimuló el estudio del español:

> Si bien la lengua española tuvo, desde el principio de la historia de Brasil, una impor-
> tancia única, en razón tanto de la proximidad original de España con Portugal, cuanto
> por esa vecindad con los países hispánicos de América, es sólo con la firma del Acuer-
> do de Iguazú, en 1985, la *partida de nacimiento* del Mercado Común del Sur (MER-
> COSUR), cuando esa importancia transciende las fronteras meramente culturales para
> caer, con inexorable ímpetu, en la economía (Avogadro 2001).

Y también hacia estos dos procesos apuntaba en Valladolid Enrique V. Iglesias
para señalar la importancia estratégica de la promoción del español:

> Dos factores económicos adicionales han tenido en la lengua española un vehículo de
> grandes significaciones económicas: Me refiero a los avances de la integración regio-
> nal con más de 50 años de experiencias variadas y ambiciosos esquemas de coopera-
> ción económica dentro de la América Latina, y en segundo lugar el redescubrimiento
> de esa América Latina por parte de la empresa española. En ambos fenómenos la len-
> gua española hubo de desempeñar un papel movilizador y motivador de gran signifi-
> cación (Iglesias 2001).

Hay acuerdo entonces en que el aumento de las inversiones españolas en Iberoamérica y la constitución de Mercosur coincidieron con un aumento de la conciencia de la importancia del español: para Brasil, en tanto que se había estrechado su
relación con los vecinos hispanohablantes y con España; y para España, en tanto
que, como enseguida veremos, se pensaba que las instituciones lingüísticas y culturales podían servir de soporte a los proyectos empresariales.

## El proyecto de ley 3987/2000

En el Tratado de Asunción, los países firmantes declararon el español y el portugués lenguas oficiales en contextos institucionales en la región (Capítulo II, Artículo 17 del Tratado) y afirmaron su intención de promover la otra lengua dentro
de sus fronteras. En Brasil, el interés por el español no se quedó en una simple
declaración de intenciones ya que, en aquel contexto, el gobierno brasileño, pre-
sidido entonces por Itamar Franco, tomó cartas en el asunto y emprendió un proyecto para potenciar su presencia en el sistema educativo. En 1993 se presentó un

proyecto de ley que, en su primera redacción, proponía que el estudio del español fuera obligatorio en la educación brasileña. Las presiones ejercidas por grupos de promoción de otras lenguas extranjeras y la posible inconstitucionalidad del proyecto forzaron en los años siguientes al gobierno a modificar la propuesta: se haría obligatorio no el estudio sino la oferta del español como segunda lengua en el sistema escolar. Una nueva modificación del proyecto de ley supuso además el recorte de su campo de aplicación pasando a establecerse, en la nueva redacción, la obligatoriedad de la oferta de la lengua española sólo en el último ciclo de la enseñanza primaria y en la enseñanza secundaria. El proyecto de ley (PL 3987/2000) fue aprobado por el Congreso el 7 julio de 2005 y ratificado por el Presidente Luiz Inácio Lula da Silva el 5 de agosto de 2005 (Ley 11.161). En su redacción definitiva se dictamina que el español sea ofertado, de manera gradual y en un plazo máximo de cinco años, en toda la enseñanza media brasileña y, de manera opcional, también en los tres últimos años de la enseñanza primaria[12].

## La promoción del español en Brasil vista desde España

Empecemos el repaso de las políticas de promoción del español en Brasil con un fragmento de un editorial de *El País* titulado "Entre Brasil y España":

> El viaje de los reyes de España a Brasil se ha producido en pleno proceso de modernización del país más poblado y extenso de América Latina, que acaba de salir de una grave crisis económica. Su recuperación pasa por el crecimiento de la inversión privada, nacional y extranjera. La presencia de los reyes ha venido a reafirmar los crecientes lazos empresariales y culturales con un país de dimensión continental que es ya la octava economía del mundo. [...] Brasil se ha convertido en los tres últimos años en el mayor socio comercial de España en América Latina, y en los dos últimos ejercicios la inversión española directa sobrepasa los 10.000 millones de dólares. En poco tiempo, España ha pasado a ser el segundo inversor en Brasil, después de EE.UU.: algunas de las multinacionales españolas son punteras en la inversión en sectores como el de telecomunicaciones, banca, electricidad, y las perspectivas son crecientes a través de la privatización de empresas públicas (*El País* 14/7/2000).

El editorial se publicaba con motivo de la visita que en julio de 2000 hacían los reyes de España al país suramericano para reafirmar "lazos empresariales y culturales" y situaba el viaje frente al telón de fondo del valor estratégico de Brasil para las multinacionales españolas. Esta conexión entre acción política, intereses empresariales y proyección cultural es un hecho que se constata repetidamente en

---

12   Se puede consultar el texto de la Ley en la página web del gobierno brasileño, en la dirección siguiente: www.planalto.gov.br/CCIVIL_03/_Ato2004-2006/2005/Lei/L11161.htm.

nuestro corpus y un elemento que consideramos central para comprender las motivaciones y estrategias a que responden las políticas de promoción del español. De hecho, según informaba *El País*, además de fortalecer los lazos empresariales y culturales, el viaje de los reyes tenía como objeto colaborar con la campaña lingüística ganándose quizás la simpatía de los legisladores brasileños que aquellos días discutían la conveniencia o no de aprobar el ya mencionado proyecto de ley 3987/2000: "Los reyes viajan a Brasil para apoyar la enseñanza del español en la escuela" (*El País* 10/7/2000)[13]. La participación de la Casa Real en el complejo tejido de la política lingüística exterior española quedaba clara al producirse la visita de los monarcas españoles en medio de una intensa batalla diplomática en la cual británicos, franceses e italianos trataban desesperadamente de frenar la mencionada legislación:

> [Atila] Lira, que reconoce abiertamente que se han producido fuertes presiones británicas, francesas e italianas para que no se apruebe la normativa, ha presentado a los miembros de la comisión un informe muy negativo [...] Cientos de cartas de airados profesores de inglés, francés e italiano acompañan a su informe (*El País* 18/6/2000).

Y, por supuesto, se consideraba que lo que estaba en juego era mucho:

> las repercusiones para España son gigantescas. No sólo para las empresas españolas con una presencia ya asentada en Brasil, desde Telefónica al BBVA o Repsol, entre otras, sino especialmente para editores, escritores y, en general, el mundo de la cultura (*El País* 18/6/2000).

Ante tal oposición, España, por supuesto, no permaneció pasiva y comprometió en el esfuerzo a sus cuerpos diplomáticos de élite, representados por los Reyes de España, como acabamos de ver, y por el ministro de Cultura:

> En realidad, España ha dedicado una cierta actividad diplomática a lograr que la ley llegue a puerto, y desde esa perspectiva hay que interpretar, por ejemplo, la visita que el año pasado realizó a Brasil el entonces ministro de Cultura, Mariano Rajoy, hoy vicepresidente del Gobierno español, quien recibió garantías del presidente Fernando Henrique Cardoso de que la ley se aprobará. Precisamente el miércoles pasado, Cardoso recibió el Premio Príncipe de Asturias de Cooperación por su trabajo a favor "del fortalecimiento de los valores democráticos" y también por su defensa "del idioma español en Brasil" (*El País* 18/6/2000).

Como podemos apreciar, la campaña española abrió múltiples frentes y trató además de aprovechar al máximo la concesión del Premio Príncipe de Asturias a Cardoso. Se puso incluso en marcha la diplomacia de pasillos para posponer la

---

[13]   Véase el interesante análisis que hace Bugel (2005) de la visita de los Reyes y de su cobertura en la prensa.

votación con la esperanza de que ~e entrega del premio al Presidente de Brasil predispusiera a los legisladores brasileños a favor de los intereses de España:

> Como primer paso, se ha aplazado para noviembre la aprobación de la ley en cuestión, de forma que se gane tiempo para cambiar la actitud del Ministerio de Educación y para que el presidente brasileño, Fernando Henrique Cardoso, reciba el Premio Príncipe de Asturias de Cooperación [...] La Embajada de España logró que se retrasara hasta este mes de agosto, para que no coincidiera con la visita de los monarcas. Se esperaba que los Reyes pudieran influir en Cardoso (*El País* 9/8/2000).

Los esfuerzos no fueron vanos y, aunque habría que esperar hasta 2005, la ley fue, como dijimos arriba, finalmente aprobada.

La enrevesada historia de este proyecto[14] deja constancia de la estrechísima relación entre política y política lingüística, y de la extremada importancia estratégica que el gobierno español le daba al estatus de su lengua en el sistema educativo brasileño. Prueba de ello es el hecho de que, en la cobertura de las relaciones hispano-brasileñas durante el período estudiado, *El País* dedicó gran parte de su atención a este tema. Así lo reflejan los siguientes titulares:

Brasil decide si quiere hablar español (18/6/2000).

¿Brasil, un país bilingüe? (27/6/2000).

Brasil se replantea imponer el estudio del español: el congreso debatirá en noviembre si hacer del castellano la segunda lengua del país (9/8/2000).

"Si Brasil tuviera maestros, el español sería lengua obligatoria" (20/8/2000).

El difícil camino de una ley (10/11/2000).

Un proyecto obliga a los institutos de Brasil a ofrecer la asignatura de español (10/11/2000).

Los docentes brasileños se vuelcan en la difusión del español (24/9/2001).

Cervantes vive en las aulas brasileñas (28/6/2004).

Brasil desbloquea la ley que obliga a las escuelas a ofrecer el español en Secundaria (28/8/2004).

En estos artículos se señala que el clima sociolingüístico brasileño no podía ser más favorable para la extensión de la enseñanza de ELE. Se cita a estudiantes que expresan su convicción sobre la utilidad de la lengua ("Estudio español porque

---

14    Véanse los pasos desde la presentación del PL 3987/2000 en diciembre de 2000 hasta su aprobación como Lei Ordinária 11.161/2005 en www.camara.gov.br/sileg/Prop_Detalhe. asp?id=20565.

estoy convencida de que, para cuando yo entre en el mercado de trabajo, esta lengua va a ser fundamental en Brasil. Pero, además, me gusta todo lo que tiene que ver con España" (alumna de dieciséis años del Colegio Édem de Río, cit. en *El País* 8/5/2000)) y a docentes que declaran y explican su apoyo a la extensión del español en el sistema educativo ("Siempre hemos considerado que el español es la lengua más próxima a la nuestra. Lo hemos hecho pensando en el futuro bilingüe al que se encamina Brasil" (Rico Cavalcanti, director del colegio Édem de Río, cit. en *El País* 8/5/2000)). Este clima propicio llegó en algún momento a excitar el entusiasmo patriótico de los periodistas y a provocar excesos retóricos reveladores quizás de las emociones y fantasías que evoca la renovada expansión española por América: "EL ESPAÑOL CONQUISTA BRASIL" (*El País* 8/5/2000).

Además de emocionarnos con efusivos titulares, los artículos nos informan cuidadosamente de los problemas de implementación que plantearía la aprobación de la ley e insisten, concretamente, en la escasez de materiales didácticos y de personal docente bien formado –carencias, por cierto, aducidas como argumentos en contra de la ley por algunos de sus opositores–:

> En cuanto el Congreso apruebe definitivamente la obligatoriedad del español para unos seis millones de estudiantes, el gran problema va a ser la falta de material didáctico y humano, afirma Paco Moreno, director del Instituto Cervantes de São Paulo [...] En los colegios visitados por este periódico, por el momento las clases de español las están dando con fotocopias de libros y de periódicos o revistas (*El País* 8/5/2000).

La casi repentina necesidad de 200.000 profesores de castellano y de materiales didácticos apropiados supondría de hecho todo un desafío, se decía, para las autoridades brasileñas; y simultáneamente una incuestionable oportunidad para la industria lingüística armada en torno al ELE. Así lo expresaba Francisco Moreno –quien dirigía entonces la sede de São Paulo del Cervantes– en un informe sobre el español en Brasil elaborado para el *Anuario 2000* del Instituto:

> se hace patente la necesidad de una formación acelerada de profesores de español; desde este punto de vista, la reciente apertura de un Centro de Formación de Profesores del Instituto Cervantes en Brasil podría calificarse, al menos, de oportuna [...] todas las industrias relacionadas con la lengua española podrían experimentar un crecimiento notable, muy especialmente la industria editorial: sin duda alguna, muchas editoriales españolas, argentinas y, por supuesto, brasileñas, pueden obtener beneficios más que cuantiosos [...] una mayor familiaridad de Brasil con el mundo hispanohablante abrirá las puertas a innumerables empresas, *españolas por ejemplo*, que pueden encontrar un mercado fantástico en un país que quiere crecer y modernizarse de forma inmediata (Moreno 2000, el énfasis es nuestro).

No es difícil imaginar la muy comprensible reacción de entusiasmo que entre españoles licenciados en Filología (muchos de ellos desempleados) pueda haber causado la aparición de una nueva salida profesional. Así como no es difícil imaginar similar entusiasmo en un sector de la juventud argentina, paraguaya, uruguaya o brasileña que quisiera optar también por adquirir la formación necesaria y dedicar su carrera a la enseñanza del ELE. Ante esta potencial clientela, las agencias españolas de política lingüística, y muy especialmente el Cervantes, han tratado de tomar posiciones ventajosas para administrar la formación de docentes y la certificación del nivel de competencia en español:

Ahora bien, desde 1998 y sin que ello vaya en detrimento de la insustituible labor de las universidades, la formación de profesores de español tiene una fuente más de actividad en el Instituto Cervantes de São Paulo, creado específicamente como centro de formación de profesores, el primero de estas características en el mundo (Moreno 2000).

Y tampoco se oculta –al contrario– el deseo del Cervantes de extender los Diplomas de Español como Lengua Extranjera (DELE) "título oficial, acreditativo del grado de competencia y dominio del idioma español que otorga el Instituto Cervantes en nombre del Ministerio de Educación y Ciencia de España"[15]. Conviene recordar aquí que en 1996, el Ministerio de Educación brasileño

reconoció, a los portadores del DELE Superior que hubieran terminado la enseñanza secundaria, la posibilidad de conseguir la habilitación para la docencia de lengua española tanto en primaria como en secundaria. Para ello era preciso cursar en una universidad una complementación pedagógica formada por cuatro materias (Moreno 2000).

Francisco Moreno, en la sección de conclusiones al informe citado, ofrecía una serie de recomendaciones al gobierno brasileño que revelaban además la situación privilegiada de España para atender la demanda generada por el creciente interés en el español:

ante la necesidad de formar profesores, sería oportuno que el Ministerio de Educación de Brasil tuviera en cuenta que la Ley 9394/96 de Directrices y Bases para la Educación Nacional podría *permitir a las universidades reconocer el DELE Superior* con el fin de que los titulados superiores, con la debida complementación pedagógica, pudieran recibir la habilitación para enseñar español en la educación básica. También sería conveniente, dada la escasez de profesores, que las universidades aprovecharan el reconocimiento del DELE Superior para su convalidación por las asignaturas específicas de lengua española, lo que ya se está haciendo en diversos centros. Del mismo modo, sería importante que la Administración de Brasil *flexibilizara los trámites legales para que pudieran llegar profesores de español bien formados* y debidamente cualificados con el fin de paliar una parte de las necesidades de profesorado que existen en la actualidad y, al mismo tiempo, que Brasil *reconociera los programas de Tercer*

---

[15]   http://cervantes.es/aula/dele/.

*Ciclo de formación de profesores de español en España*, que en la actualidad están cursando muchos brasileños. En cualquier caso, el gobierno brasileño ha de reaccionar con firmeza y claridad de ideas para satisfacer una demanda social evidente (Moreno 2000, el énfasis es nuestro).

Otro problema que, se decía, se le presentaba al sistema educativo brasileño ante la implementación de la ley era, como ya hemos indicado, la escasez de materiales didácticos apropiados. Este dato aparece expresado con frecuencia en nuestro corpus y hay que insistir en que, al menos a los más lúcidos de los expertos españoles, no sólo les preocupaba la escasez de materiales sino también la adecuación de los mismos a las necesidades pedagógicas concretas de los hablantes de portugués de Brasil. A un sociolingüista de primera fila como Francisco Moreno no se le podía escapar un hecho de tamaña importancia:

> es evidente la falta de un material bibliográfico y audiovisual adecuado a las necesidades de la enseñanza de español para brasileños: llegan, todavía, pocos libros, se distribuyen mal, son caros y, además, no son los más apropiados para las necesidades específicas que se plantean: son muy pocos los manuales o métodos de enseñanza de español pensados específicamente para estudiantes brasileños (Moreno 2000).

La oportunidad que esto suponía para la industria editorial española fue por supuesto señalada por la prensa. En *El País*, se revelaban las razones por las que el mismo periódico seguía el tema con tanto entusiasmo:

> La llegada a Brasil de la edición internacional de *El País* ha sido muy bien recibida. El material didáctico supone al mismo tiempo un reto y una apertura de trabajo para las editoriales (*El País* 8/5/2000); sólo el futuro mercado de libros para la enseñanza del español supondría más de 25.000 millones de pesetas, según estimaciones de la Federación de Gremios de Editores de España (*El País* 18/6/2000).

El deseo de aprender español por parte de los estudiantes brasileños y la necesidad de realizar cursos de formación y perfeccionamiento en enseñanza de ELE de los profesionales del campo vendrán de perlas para el desarrollo de otro importante sector industrial español, el del turismo. De hecho, el Secretario General de Turismo, Juan José Güemes Barrios, fue invitado al congreso de Valladolid, donde resumió las conclusiones de un estudio sobre el tema, *El turismo idiomático en España* (Turespaña, Colección de Estudios de Productos Turísticos, Madrid, 2001), y los proyectos del Plan de Impulso al Turismo Cultural e Idiomático, promovidos ambos por su departamento. Expresaba en su conferencia la coincidencia de intereses entre las políticas turísticas y las lingüísticas:

> El turismo idiomático contribuye a la consecución de algunos de los principales objetivos de la política turística, especialmente la diversificación, la desestacionalización y la mejora de la rentabilidad. Al acercarnos a estos objetivos de política turística conse-

guimos a su vez contribuir de forma decisiva a la proyección del español en el mundo, objetivo fundamental de la política lingüística (Güemes Barrios 2001).

Y hacía referencia también a la colaboración existente entre su Secretaría (dependiente del Ministerio de Economía) y el Instituto Cervantes (dependiente, como hemos señalado, de Exteriores y Cultura):

> El Eje V del Plan contiene, en primer lugar, medidas de mejora de la oferta, que se realizarán en colaboración entre los Ministerios de Economía (Secretaría General de Turismo, ICEX), Educación, Cultura y Deporte y el Instituto Cervantes [...] Junto a la mejora de la oferta, el Plan contempla medidas de promoción y apoyo a la comercialización, que se recogen en un plan de marketing del turismo idiomático, que se desarrollará con la ayuda del Instituto de Comercio Exterior y el Instituto Cervantes. En los canales de promoción y comercialización especializados del sector turístico se encuentra, por su alcance y red consolidada en numerosos mercados, un marco idóneo para la promoción de la enseñanza de español para extranjeros (Güemes Barrios 2001).

Queda de nuevo clara la estrecha vinculación entre las políticas de promoción internacional del español y los intereses de la industria española, en este caso la del turismo. Si la incorporación de los brasileños al turismo lingüístico en España no es aún elevada, se espera que pronto lo sea, especialmente después del éxito diplomático obtenido con la aprobación de la ley:

> Alemania (23,2%), EE. UU. (13,4%), Francia (12,9%), el Reino Unido (9,2%), Japón (7,9%) y Suecia (5,3%) son los principales mercados emisores. Se prevé que en los próximos años crecerá el peso relativo de EE. UU., Japón, China, Brasil y Suecia (Güemes Barrios 2001).

> en 1998 el número de brasileños que cursaron algún tipo de estudio en el extranjero ascendió a unos 75.000, lo que supuso un incremento de un 25 por ciento respecto de 1997. De ellos, aproximadamente un 4 por ciento —unos 2.400 estudiantes— tuvo como destino España, en su mayoría para aprender la lengua española. Los desplazamientos a otros países hispanohablantes. más cercanos, encuentran no obstante las dificultades derivadas de una oferta de cursos más limitada que la española y, en las actuales condiciones de la economía sudamericana, también de unos precios bastante más elevados, aunque pueda resultar extraño (Moreno 2000).

Estas palabras de Francisco Moreno nos remiten a otro asunto mencionado con frecuencia por los observadores y agentes de la política lingüística española: el hecho de que el creciente interés por la lengua va asociado a una mayor atención ya no sólo a lo hispánico, sino también, y muy especialmente, a lo español. De hecho, identificamos en el corpus una tensión entre, por un lado, la voluntad de presentar la extensión del español como un fenómeno que beneficia a toda la comunidad de países hispánicos, y por otro, la constatación, en algunos casos entusiasmada, de la aparente ventaja de España en la competencia con otros países hispanohablantes por los mercados lingüísticos y culturales brasileños.

> Brasil se ha dado cuenta de que España está poniendo sus ojos en este país [...] por eso, la búsqueda de la lengua española no es sólo por el interés por los países del Mercosur (Zulema Zbrun de Puma, argentina y coodinadora de los centros de español de la Universidad Estácio de Sá, cit. en *El País* 8/5/2000).

> Calavia [director del colegio Miguel de Cervantes de Sao Paulo] afirma que se está conjugando en Brasil la necesidad de estudiar español con la búsqueda de la cultura española (*El País* 8/5/2000).

Como vimos arriba, Moreno apuntaba en su informe alguna de las ventajas comparativas de España frente a otros países hispanohablantes y explicaba así la supuesta preferencia brasileña por lo español:

> Desde este punto de vista, puede percibirse en Brasil una inclinación hacia lo español, incluida la lengua española en sus modalidades europeas, que no existe, al menos en un mismo nivel, hacia lo hispano de los países americanos circundantes, lo que se hace más evidente en el caso de lo argentino: la misma ventaja que para España puede suponer, en este ámbito, la lejanía geográfica, supone de desventaja, para Argentina, la cercanía, dado que en ella se identifican rivalidades que van más allá de lo inmediato en el tiempo y en el espacio (Moreno 2000).

Son numerosas las referencias de pasada a la popularidad de "España", "lo español" o "la cultura española" que si encajan es incómodamente en el discurso de la hermandad panhispánica:

> el cuarto grupo refleja cómo el conjunto del sector, especialmente si se logra llevar a cabo una estrategia integrada de penetración de mercados, puede producir un efecto de arrastre de aquellos sectores más identificados con la *cultura española* (Berdugo 2001, el énfasis es nuestro).

> Ante estas cifras, sólo cabe afirmar que *el interés por el español y lo español*, a través de sus libros, ha experimentado un desarrollo espectacular en Brasil (Moreno 2000, el énfasis es nuestro).

Y otras son referencias directas y de abierto entusiasmo por la preferencia brasileña por lo específicamente español:

> El embajador [de España] se mostró impresionado por el gran entusiasmo que los docentes brasileños tienen por la lengua española. 'Al llegar a Brasil, pensé que sólo iba a haber un embajador de España, pero hoy me doy cuenta de que existen más de 800, porque cada uno de vosotros sois otros tantos embajadores españoles', dijo Cordech a los participantes ante el entusiasmo demostrado por la lengua española. Cordech resaltó la importancia que tiene para España no perder la oportunidad histórica

actual que se ha abierto con el entusiasmo general de Brasil hacia la lengua y cultura españolas (*El País* 24/9/2001).

## Resumen

En resumen, del análisis de los textos seleccionados concluimos que existe una clara convicción entre los agentes y los observadores de las políticas lingüísticas españolas de que el establecimiento de los lazos empresariales entre España y Brasil (es decir, la protección del valor estratégico de Brasil para España) debe ir acompañado del fortalecimiento de los lazos culturales, y de que un instrumento fundamental para la vinculación de los dos países es la lengua (es decir, que los brasileños estudien español). Ante esta convicción, se diseñan y se ponen en práctica políticas lingüísticas que estimulen aún más el interés que ya existe en Brasil por esta lengua (especialmente desde la formación de Mercosur) y acciones diplomáticas en favor de iniciativas legislativas que favorezcan su extensión en el sistema educativo. Se entiende que, a través de la enseñanza de ELE, por un lado, se impulsará la industria lingüística, y por otro, se mejorará la imagen de España. La popularidad de lo español y las actitudes positivas hacia España estimularán asimismo la compra de productos (culturales o no) asociados con este país y crearán una predisposición tolerante hacia la presencia de empresas españolas en Brasil.

Desde un punto de vista meramente descriptivo y en términos generales, podemos afirmar que estas políticas son similares a las adoptadas por instituciones de otros países para la promoción de sus respectivas lenguas[16]. Se persigue en todos estos casos, por un lado, consolidar el poder y la influencia de un país central en una región demarcada por la presencia de la lengua (nos referimos a espacios tales como la francofonía, la lusofonía o los países anglohablantes). En el ámbito hispánico, aquí se inscribiría la actividad panhispánica de la RAE de cara a consolidar la Asociación de Academias de la Lengua Española y a legitimar así el liderazgo de la institución peninsular (lo que en capítulos anteriores se llamó la ideología de la *hispanofonía*). Por otro lado, se persigue utilizar la enseñanza de la lengua en otros ámbitos lingüísticos como fuente de ingresos, desde luego, pero también como método de propaganda cultural que apoye los intereses económicos y políticos del país donde se habla el idioma en cuestión. Aquí se inscribiría la actividad del Instituto Cervantes (y de las otras agencias y colaboradores

---

[16]   Véanse los estudios al respecto en, por ejemplo, Calvet 1987, Pennycook 1994, Phillipson 1992, Wright 2004.

mencionados antes) y sus esfuerzos por promover el estudio del español en Europa, en Asia, en los Estados Unidos y, por supuesto, en Brasil.

## La fraternidad hispano-brasileña

Al tratar, más específicamente, la promoción del español en Brasil, y desde una perspectiva ya no descriptiva sino analítica y crítica, creemos importante sacar a la superficie algunos aspectos de estas políticas quizás menos visibles y desde luego tratados de un modo menos literal en el discurso que las presenta públicamente. Es un hecho, ya señalado en capítulos anteriores, que en estos discursos abundan las declaraciones de hermandad. Pero interesa notar que esta hermandad, en ocasiones, no reviste sólo un carácter *panhispánico* sino que se proyecta más allá y adquiere una dimensión *iberoamericana*. Una llamativa declaración de *iberoamericanismo* la realizó Miguel Ángel Moratinos, ministro español de Asuntos Exteriores, unos días antes de la celebración de la Cumbre Iberoamericana de Salamanca en 2005, con un artículo titulado "Más que la Commonwealth o la francofonía":

> Dentro de unos días Salamanca acogerá la XV edición de la Cumbre Iberoamericana de jefes de Estado y de Gobierno. No es una etapa más del proceso que iniciamos en Guadalajara, México, en 1991 y que se afirmó en Madrid al año siguiente, cuando recordábamos el aniversario número quinientos del *encuentro* entre España y América [...] Las Cumbres no son un proceso de integración, ni siquiera un espacio de libre comercio. Son simplemente (lo que, por cierto, no es poco) un ejercicio colectivo y *un foro de encuentro de pueblos a los que une una identidad común, una historia compartida y una cierta visión del mundo basada en valores que todos reclamamos como propios* (*El País* 12/10/2005, los énfasis son nuestros).

Notemos la reaparición del ideologema del encuentro como elemento nucleador de un discurso identitario (adaptado ahora a los espacios globales: véase la discusión en el capítulo 2 de la instrumentalización del encuentro por lo que del Valle llama el *nacionalismo panhispánico*) y subrayemos el carácter intensamente herderiano de la visión comunitaria que proyectaba el ministro español. Falta, eso sí, la referencia a la lengua, a la articulación de una comunidad en la que coexisten español y portugués[17]. De esta dimensión se ocuparían, por supuesto, las agencias responsables: en el marco de la misma cumbre salmantina, se presentaba en

---

[17]  ¿Qué papel se les concederá a las "otras", menos rentables, lenguas habladas a lo largo y ancho de esta comunidad iberoamericana? Referencias a las mismas las hay e intentos por integrarlas en el proyecto iberoamericano también. Es asunto que merece ser estudiado con más calma.

la Casa Museo de Miguel de Unamuno el IV CILE que se celebraría en Cartagena de Indias en 2007. En el acto de presentación participaban académicos y escritores (constituyentes habituales de esta comunidad discursiva) y se destacaba la presencia del Nobel portugués José Saramago:

> Según García de la Concha, "la lengua española nació y creció mestiza". Y por eso, la creación en el futuro tendrá que contar con sus vecinos luso parlantes, para ampliar sus horizontes, apuntó García de la Concha mirando atentamente a Saramago, que ya participó en el congreso de Rosario (*El País* 15/10/2005).

El ideologema de la lengua mestiza (meticulosamente analizado por Mauro Fernández en el capítulo 3) aparece aquí como la herramienta que, en perfecta coordinación con el encuentro (hecho realidad en la mirada de complicidad que García de la Concha dirigía a Saramago), permite construir la base lingüístico-ideológica de la nueva (y, de nuevo, imaginada) comunidad iberoamericana[18].

Al margen de que estas declaraciones y retórica puedan efectivamente encerrar un sincero deseo de estrechamiento de lazos y un sentimiento real de afinidad cultural, no se deben perder de vista las distintas posiciones desde las que entran en la relación España y Brasil[19]. Hay, por un lado, importantes desigualdades entre ambos países, que se manifiestan, por ejemplo, lingüísticamente en un balance desequilibrado entre el gran interés que hay por el español en Brasil y el escaso que existe por el portugués en España. En los textos estudiados no hemos encontrado apenas referencias a la conveniencia de estimular en este país el estudio del portugués, un estímulo que podría estar perfectamente justificado en vista de que, primero, Portugal es un país vecino, y segundo, Brasil parece haberse convertido en el nuevo gran socio y amigo al que se debe intentar comprender mejor y con quien se debe colaborar en términos de igualdad. No hemos hallado propuesta alguna para la promoción del portugués en España o para el estímulo de un mejor conocimiento entre los españoles de la cultura, historia y realidad presente del país latinoamericano (o de la vecina Portugal)[20]. Hay una excepción que conviene notar y que, como suele ocurrir, confirma la tendencia general. Tras la aprobación del PL 3987/2000 por parte de la Comisión de Educación, el gobierno brasileño pidió reciprocidad y solicitó que en España y en el resto de los

---

[18]   Sería en efecto la *ideología unificada ibérica bilingüe* que propone Ángel López García en el capítulo 7.

[19]   El lector puede plantearse la comparación entre lo dicho en esta sección y la propuesta que hace López García hacia el final del capítulo 7 de una *ideología unificada ibérica bilingüe*.

[20]   La naturaleza y complicaciones de la relación entre Brasil y Portugal y el interés mayor o menor a cada lado del Atlántico en la *lusofonía* es tema de gran interés pero del cual no corresponde ocuparse en este espacio.

países hispanohablantes se estimule el estudio del portugués. Así lo decía Tarso Genro, ministro de Educación en una entrevista que le concedía a *El País*: "creo que es fundamental que haya una reciprocidad. Es decir, que el portugués sea una segunda lengua en los países de lengua española y que el español lo sea en los de idioma portugués" (*El País* 7/6/2004). El editorial que trató el asunto unas semanas después respondía de modo positivo:

> el gobierno brasileño ha pedido reciprocidad al español para que potencie el portugués. Parece justo. Tanto como aportar medios para que Lula logre el objetivo de que todos los alumnos de secundaria brasileños tengan un profesor de español y materiales para estudiarlo (*El País* 1/9/2004).

Respondía, sí, de modo positivo ("parece justo"), pero parco; y retornando enseguida al "altruista" deseo de ayudar al presidente Lula con profesorado, con cursos de formación de profesores, con materiales didácticos, etc. Entrecomillamos irónicamente el altruismo no porque dudemos de las buenas intenciones de muchos de los que participan en la formulación e implementación de estas políticas, sino porque queremos subrayar que, por mucho que se enfatice en la retórica oficial la cooperación y la amistad, la política lingüística que aquí tratamos responde principalmente a los intereses geoestratégicos de España y a las ambiciones de las empresas transnacionales españolas (sin olvidar, claro está, la medida en que los intereses geoestratégicos de Brasil están también involucrados en el diseño y modo de implementación de estas políticas; pero esto ha de ser el objeto de un estudio complementario del presente).

**La fraternidad panhispánica y los límites de la *hispanofonía***

Una segunda e importante desigualdad se da entre España y los países hispanohablantes de América. A Francesca Irala (2004) le llamaba la atención la aparente paradoja del protagonismo de España en la lucha diplomática en favor de la aprobación de la mencionada ley: "Sendo o Mercosul o ponto de referencia, é no mínimo contraditório que a Espanha seja o país mais interessado na concretização da obrigatoriedade, já que nesses termos, os países envolvidos e interessados na questão deveriam ser os que compõem o bloco" (Irala, 2004: 115). Como hemos señalado al hilo de nuestra lectura de los textos analizados, a los promotores del español no se les escapa el hecho de que Mercosur fue el impulso que por fin abrió de par en par las puertas de ese mercado lingüístico. A lo que no se hace referencia tan directa es al tipo de competencia que se abre entre los distintos países hispanohablantes; aunque, desde luego, hay conciencia de ella, como lo muestran las palabras al respecto de Güemes Barrios en Valladolid:

Por otra parte, el aumento de la lea competencia en este segmento, tanto entre centros como entre destinos y entre países hispanohablantes (siendo México y Costa Rica los principales competidores de España) contribuirá a desarrollarlo, a aumentar su capacidad y su calidad y a impulsar la difusión de nuestra lengua y nuestra cultura (Güemes Barrios 2001).

O las más reveladoras aún de Óscar Berdugo:

La posición geográfica de España, excéntrica con respecto al resto de la comunidad hispanohablante puede situarnos en una posición marginal si la oferta del resto de los países hispanohablantes comienza a desarrollarse y a consolidarse. Esto no debe interpretarse solamente en términos de lucro cesante: es más lo que está en juego, nada menos que quedar apartado, como país, del proceso de toma de decisiones que condicionarán la evolución de esta área de actividad. Esta debilidad se puede convertir fácilmente en fortaleza, si el sector en España consigue mantener una posición de liderazgo que lo mantenga como referente en materia de innovación metodológica y de gestión. También se puede convertir en fortaleza si el sector es capaz de propiciar entornos de cooperación y no de competencia con otros países hispanohablantes (Berdugo 2001).

La coyuntura favorable a la internacionalización de las empresas españolas, abriendo filiales o sucursales en los países hispanohablantes que puede dar lugar a una toma de posiciones que permita afrontar el previsible incremento y mejora de la oferta en esos países (Berdugo 2001).

Es precisamente frente al telón de fondo de esa competencia donde debemos situar las referencias a la ventaja comparativa de España. A las citas ya aportadas arriba añadimos aquí las siguientes:

Por eso, España quiere ser pionera en la expansión y consolidación del sector económico de enseñanza de español como segunda lengua, que contribuirá al afianzamiento del español en el mundo en el ámbito cultural y empresarial, a la difusión de nuestra cultura, y a la construcción de una referencia para el desarrollo de esta actividad en otros países hispanohablantes (Güemes Barrios 2001).

No existe apenas comercialización de cursos de español para brasileños en países de América Latina que se oferten en Brasil, incluso se da la circunstancia de que es en ocasiones más barato estudiar un mes en una ciudad española, alojándose en familias o en Colegios Mayores, que en Argentina, cuya economía está dolarizada (Nieto Magro 2001).

El que sea precisamente Argentina –país donde la enseñanza del español como lengua extranjera tiene una considerable historia y ha desarrollado un respetable estatus académico– el otro término de la comparación, refleja que los agentes de la promoción del español desde España saben dónde se encuentran los posibles obstáculos a su proyecto[21]. Ahora bien, el que los agentes españoles sean conscientes del potencial competitivo de los países hispanohablantes de América y el que traten de sacar partido de las ventajas comparativas de España es consistente con la lógica del libre mercado. Pero dejando al margen por ahora nuestro escepticismo ante el universo ético que yace bajo las doctrinas económicas neoliberales, sí que nos parece necesario señalar la duplicidad que hallamos cuando comparamos los esfuerzos por aprovechar las ventajas de España frente a otros países hispanos con las proclamaciones de hermandad panhispánica. Y es aquí donde se manifiesta de un modo más claro la diferencia de funcionalidad política y la posible colisión lógica entre los intereses públicamente declarados (que pueden muy bien coexistir con intereses menos explícitos) de la RAE y los del Cervantes. En materia de codificación y elaboración lingüística la RAE puede fácilmente declarar públicamente su actuación de forma mancomunada con América (a través de esa aparente "esfera pública" analizada en el capítulo 4) y liderar un proyecto normativo panhispánico que consolide la idea de comunidad y comunidad de intereses. El Cervantes por su parte puede tratar, y de hecho trata, de adoptar una imagen e incluso acciones de carácter panhispánico. De ahí que defina su misión como la promoción del español y "de la cultura española e hispanoamericana", que su Director académico diga que la aprobación de la mencionada ley "es una gran noticia para el mundo hispánico" (*ABC*, 8/7/2005) o que se declare que "para la obtención de los Diplomas de Español, además de la norma castellana, será considerada válida toda norma lingüística hispánica respaldada por grupos amplios de hablantes cultos y seguida coherentemente por el candidato". Podrán efectivamente esforzarse por representar al mundo hispánico; pero el problema

---

[21]  Las políticas lingüísticas que en Argentina y en otros países de Latinoamérica se están desarrollando para la promoción del español en Brasil y las tensiones que provoca la convergencia de todos ellos y de las agencias españolas en ese mercado son de enorme interés para completar el estudio que aquí presentamos. Un ejemplo de cómo se manifiestan estas tensiones nos lo ofrecen los debates en torno a la certificación lingüística. El III Congreso de la Lengua Española, celebrado en Rosario, dedicó una sección a "La certificación de la competencia lingüística en español como lengua extranjera". Hacia un enfoque hispánico del sistema", en la que participaron Jesús Fernández González (representante de la Universidad de Salamanca), Neus Figueras Casanovas (experta europea en evaluación lingüística), Rosa Filipchuk de Romero (representante de la Universidad Ricardo Palma, Perú), José Ramón Parrondo (representante del Instituto Cervantes) y Silvia Prati (representante de la Universidad de Buenos Aires). Pueden consultarse sus ponencias en http://cvc.cervantes.es/obref/congresos/rosario/ponencias/internacional/. También en Rosario tuvieron lugar las "Jornadas para la certificación unitaria del español como lengua extranjera" que trata Leonor Acuña en un excelente texto que relata las tensiones a las que aquí nos referimos e ilustra los esfuerzos por contrarrestar la musculatura institucional del Cervantes y su visión particular de la certificación (http://www.unidadenladiversidad.com/opinion/opinion_ant/2005/julio_2005/opinion_130705.htm). Véase también Acuña (2002).

que esto supone, dada la naturaleza esencialmente económica del proyecto, lo plantean con absoluta sinceridad mercantil los empresarios de la lengua (como Óscar Berdugo o Güemes Barrios): en el mercado lingüístico brasileño España tiene en los países hispanohablantes de América a sus más duros competidores potenciales.

Los problemas concretos que plantea el abrazo simultáneo de la *ideología lingüística mercantil* y la de la *hispanofonía* los tendrá que resolver, por ejemplo, el Instituto Cervantes cuando a través de la enseñanza de ELE o en los cursos de formación y perfeccionamiento de profesorado en Brasil pueda, pongamos por caso, influir en la decisión de los alumnos de realizar viajes de estudios a España o a otro país de habla hispana, beneficiando a la industria turística de uno u otro país[22]; o cuando tenga que decidir si incorporar a sus planes de estudio y a sus materiales didácticos temas de competencia sociolingüística que cuestionen las jerarquías internas que operan en la cultura lingüística hispánica (el dialecto A es mejor que el dialecto B, en el país X se habla mejor que en el país Z, etc.). Ya vimos antes que Francisco Moreno afirmaba la existencia en Brasil de una cierta preferencia por las hablas españolas frente a, por ejemplo, las argentinas. ¿Qué hacer al constatar este hecho –si es que efectivamente fuera cierto–? ¿Mirar hacia otro lado y aprovecharse de la "ventaja comparativa de España" o tratar activamente de ser no sólo profesores de lengua sino también profesores de lenguaje desmoronando prejuicios lingüísticos y siendo honestamente fieles a las proclamas igualitarias de la ideología hispanofónica?

Una de las más peligrosas elisiones ideológicas en la discusión del español como recurso económico es precisamente el campo de silencio en torno a las jerarquías intralingüísticas del español. Es un hecho que en ciertos contextos el conocimiento del español constituye un activo para el que lo posee. Ahora bien, no hay que ignorar el desigual reparto de ese recurso. En tanto que existen jerarquías que valoran unas variedades diatópicas o diastráticas más que otras[23], en tanto que no se adopten mecanismos de compensación de esa desigualdad, en tanto que no se pongan a disposición de todos los hispanohablantes los medios necesarios para desarrollar las competencias comunicativas más valoradas, en tanto que no se incorporen a los planes de estudio de ELE contenidos de democratización lingüística, en tanto que el policentrismo no sea una realidad lingüística y político-lingüística, estaremos ante la perpetuación de un sistema de valoración y de un

---

[22]   Sobre la selección de una variedad nacional véase Zimmermann 2006.
[23]   Si la normatividad es un hecho "natural" en la vida del lenguaje (Cameron 1995), no lo es la instrumentalización política que se haga de la misma ni lo son las jerarquías sociales que se puedan construir a partir del carácter necesariamente normativo de la interacción verbal.

*habitus* (en el sentido que da al término Bourdieu (1991)) que beneficia de modo parcial a algunos en la explotación de ese recurso que es el español, de lo cual son conscientes, como nuestro análisis viene demostrando, los agentes de la difusión internacional del español.

## El español en Brasil y los desplazamientos de la soberanía

Esta última cuestión nos introduce en otro ámbito de las políticas actuales de promoción del español en Brasil al que se debe atender. Como ya señalamos unas páginas antes, a medida que el Instituto Cervantes crece, a medida que, aprovechándose de las condiciones creadas por la nueva legislación –aprobada, y no hay que perder de vista este importante elemento, por el Congreso de Brasil y por el Presidente Lula–, aumenta su protagonismo en la formación de profesores que imparten español, crece también su poder para incidir sobre la ecología lingüística brasileña y, desde sus aulas, contribuir a la difusión de una determinada cultura lingüística. Phillipson señala que "la educación es un espacio vital para la reproducción lingüística y social, para inculcar actitudes, destrezas y saberes relevantes, y por lo tanto particularmente central en los procesos de jerarquización lingüística" (1997: 240, la traducción es nuestra). Nótese que no nos referimos aquí al aprendizaje del español como simple habilitación técnica sino a la asimilación y adopción, a través del estudio de la lengua extranjera, de actitudes y creencias sobre el habla, las lenguas y el lenguaje en general.

Desde luego, a las aulas del Cervantes va quien quiere (por ahora), pero recordaremos que desde 1996 el Ministerio de Educación brasileño les reconoce a los que posean el título DELE Superior (más el título de educación secundaria y cuatro cursos universitarios de capacitación pedagógica) la posibilidad de convertirse en docentes de español en educación primaria y secundaria. Estamos, por tanto, ante una presencia pequeña pero relativamente importante de una institución española en el sistema educativo brasileño, donde se producen y reproducen tanto saberes y destrezas como actitudes e imaginarios sociales[24]. Además, entendemos que nos encontramos ante una presencia cada vez menos pequeña y cada vez más importante si tenemos en cuenta, por ejemplo, que el Instituto Cervantes llevará a cabo "un plan especial de expansión en Brasil, país que constituye una de sus grandes prioridades", plan por el cual Brasil "será, con nueve centros, el

---

[24]  Imaginamos el cuidado con que cualquier gobierno español aceptaría que fuera el British Council o el ETS el encargado de habilitar a jóvenes españoles para impartir clases de inglés en la enseñanza primaria o en la secundaria.

país con mayor presencia del Instituto"[25], según anticipaba su director César Antonio Molina con motivo de la aprobación del PL 3987/2000. Concretamente,

> La secretaria de Estado de Cooperación Internacional, Leire Pajín, y el director del Instituto Cervantes, César Antonio Molina, han firmado un convenio de colaboración por el que se adscribirán al Cervantes seis Centros Culturales de la Agencia Española de Cooperación Internacional (AECI) en Brasil, situados en las ciudades de Brasilia, Curitiba, Porto Alegre, Recife, Florianápolis y Belo Horizonte. A ellos se sumará otro nuevo centro más en Salvador de Bahía.
>
> Los tres primeros centros, así como el de Salvador de Bahía, se inaugurarán oficialmente a comienzos del próximo año. Está previsto que el centro de Recife se abra en 2007, y los de Florianópolis y Belo Horizonte en 2008[26].

El alcance de la presencia de agentes españoles en Brasil y en el sistema educativo brasileño, en parte a raíz de la ley 11.611, no creemos que le sea ajeno al mencionado nudo de lazos empresariales y culturales con el que España y Brasil esperan atar sus relaciones; por eso, César Antonio Molina calificaba la aprobación del PL 3987/2000 como "un acontecimiento histórico para la lengua española y un impulso decisivo para su difusión como lengua de comunicación internacional" y "la noticia más trascendental de los últimos años", pero también "una oportunidad extraordinaria para nuestras industrias culturales"[27]. De hecho, poco más de un año después de la aprobación de la ley, estas políticas empezaban a implementarse y a tener consecuencias prácticas. A finales de 2006 se hacía público un convenio impulsado por el Banco de Santander con la Secretaría de Educación del Estado de São Paulo (SEESP), y apoyado por el Cervantes, en virtud del cual, según informaba *El País* (7/9/2006), "miles de profesores brasileños del Estado de São Paulo recibirán formación para dar clases de español a unos cinco millones de niños". No se hizo esperar una respuesta crítica de parte de un sector del profesorado, que hizo público el "Manifesto pela qualidade na implantação do ensino do espanhol na Rede Pública do Estado de São Paulo"[28]:

> Com esse projeto, o estado delega duas instituições estrangeiras (um banco e um órgão governamental espanhol de difusão da língua espanhola) a função estratégica de formar professores para atuarem no Ensino Médio, o qual, segundo os Parâmetros Curri-

25  http://www.cervantes.es/transform.jsp?id=200507080003&xsl=/docs/plantillas/noticiaPor tadaPopUp.xsl.
26  http://www.cervantes.es/seg_nivel/institucion/Revista_Cervantes/revista_pdf_12/actuali dad_rc12.pdf.
27  http//www.cervantes.es/transform.jsp?id=200507080003&xsl=/docs/plantillas/noticia PortadaPopUp.xsl.
28  Puede consultarse el texto en http://www.apeesp.com.br/frames.php?pagina=conteudo& opcao=boletim.

culares do Ensino Médio, tem un papel fundamental na constitução da ciudadanía dos estudantes que o cursam.[29]

Este panorama, en cualquier caso, ilustra de modo transparente las condiciones que procesos asociados con la globalización de la actividad económica están creando para el desarrollo de políticas lingüísticas y educativas que hasta la fecha caían de un modo fundamental en el ámbito del Estado-nación: vemos en el ejemplo arriba mencionado cómo una institución del gobierno de una nación (en este caso la SEESP del Estado de São Paulo en Brasil[30]) se muestra dispuesta a entregar una porción de su soberanía a cambio de un codiciado valor internacional, una fuente de capital –cultural y económico–, en este caso, el conocimiento del español:

> El presidente del Banco de Santander, Emilio Botín, que se entrevistó con el presidente del Gobierno brasileño, Lula da Silva, señaló durante el acto de la firma del convenio que "el español es un tesoro de valor incalculable. Un tesoro cultural generador de riqueza y desarrollo. El español es un activo estratégico" (*El País* 7/9/2006).

**Mercados internacionales, neocolonialismo y propaganda cultural**

Finalmente, conviene introducir algunas reflexiones sobre la simultaneidad y dependencia mutua de la proyección empresarial y la lingüística. Antonio Nieto Magro señalaba la "coincidencia" e insinuaba la relación entre empresa y lengua:

---

[29]  Tras la firma del convenio entre el Instituto Cervantes, el Banco de Santander y la SEESP, las asociaciones de profesores de español de veinticinco Estados brasileños manifestaron su desacuerdo con el proyecto *Oye* por su falta de adecuación a la legislación brasileña vigente en cuanto al número de horas necesarias para desempeñar la docencia y por el consecuente peligro de banalización de la profesión. En particular, la presidenta de la APEESP (Associação de Professores de Espanhol do Estado de São Paulo) mantuvo una reunión con varios representantes de la SEESP en la que se acordó, por ejemplo, dar prioridad a los licenciados en la ocupación de plazas, aclarar que el curso por sí sólo no habilitaría para la enseñanza (véase http://www.educacao.sp.gov.br/vc/vc17.html) y retirar temporalmente de la web la propuesta pedagógica para reformularla, depurándola de imprecisiones que pudieran causar malentendidos entre los usuarios. Creemos que este episodio demuestra, por un lado, la indignación que despertó este acuerdo en concreto entre un amplio sector de la comunidad educativa brasileña, y por otro, que en general los acuerdos de este tipo no responden a motivaciones exclusivamente (quizás ni siquiera fundamentalmente) académicas ya que, a pesar de haber sido promocionado como una "fórmula mágica" para paliar las necesidades del sistema educativo brasileño, el curso *Oye* no supondrá ningún cambio sustancial en el mismo. Consúltense para más información: http://www.apeesp.com.br/frames.php?pagina=conteudo&opcao=espaco.
[30]  Aquí estamos dejando a un lado las complejidades políticas derivadas de la relación entre el estado de São Paulo y el gobierno federal de Brasilia.

No sé si están íntimamente relacicnados entre sí, mas lo que sí es una realidad incuestionable es que nunca antes España había invertido tanto en Brasil y nunca antes la demanda del español fue tan grande (Nieto Magro 2001).

Ramón Casilda Béjar ofrecía más decididamente una interpretación que ya veíamos en capítulos anteriores: "Iberoamérica es un área de expansión *natural* para las entidades y empresas españolas, porque las raíces culturales y el idioma común facilitan el acceso a los mercados y la clientela" (2001). Venía con esto a confirmar una vez más una idea expresada años antes por un importante empresario español, Jesús de Polanco, Presidente del conglomerado mediático PRISA (propietario de *El País* y Alfaguara, por ejemplo): "Iberoamérica es un objetivo político, económico y empresarial legítimo para los españoles [...] Estamos mucho menos lejos de América Latina de lo que nadie puede pensar" (cit. en *El País* 24/7/1995).

Con todo, y a pesar de Polanco, surgen a veces dudas en torno a la legitimidad de la presencia española en América Latina. A la naturaleza principal de esas dudas aludía también Casilda Béjar en el artículo ya citado diciendo: "[l]a transferencia de la propiedad de empresas importantes de manos nacionales a manos extrajeras puede verse como un hecho que socava la soberanía nacional y que es equiparable a una 'recolonización'". Veamos al respecto la opinión de uno de los participantes en el foro HISPANIA, que reproduce Irala en su trabajo:

El asunto de Brasil incita a reflexionar sobre el predominio de la *concepción mercantilista* sobre la concepción cultural en el mundo; que debería primar esta última en nuestras relaciones con latinoamérica [sic], y sin embargo son muchos los entusiastas que sólo *hablan de dinero y de "horizontes de negocio"* en cuanto a las relaciones con la hermana América en español. La feliz aportación española en América en lo que va del siglo (y desde siempre) es la de la cultura, con los exiliados de la guerra civil, con los viajeros ilustres, Ortega, Lorca y Ramón Jiménez, los científicos, con los millones de emigrantes que construyen también la realidad americana... *la actividad económica española allá, se parece a todas, a la norteamericana, a la del viejo imperio inglés,* etc. Deberíamos criticar más a estos nuevos ricos (Telefónica y su pandilla) y a los que desde los medios les aplauden, ya se sabe con qué intereses (cit. en Irala, 2004: 117, el énfasis está en el original).

A la luz de opiniones como ésta parece necesario preguntarse si, detrás de la actitud de mecenazgo y del deseo de forjar lazos culturales, no habrá un intento de crear una comunidad hispano-brasileña que naturalice la presencia de los españoles en Brasil y que neutralice la posible lectura neocolonial de su penetración en el mercado latinoamericano. Creemos que, cuando menos, este hecho no puede ser ignorado al tratar las complejidades y conflictos de la formación de la *comunidad iberoamericana* ni al analizar el patrocinio de congresos de la lengua o el apoyo económico a la RAE o el Instituto Cervantes que puedan dar empresas tales como Endesa, Repsol-YPF, Telefónica, y de grandes entidades bancarias como BBVA y BSCH, todas ellas con fuerte presencia en Brasil y en el resto de América Latina.

En cierto sentido, el desarrollo y cultivo de una afinidad cultural, la imaginación –en el sentido andersoniano ya explicado en el capítulo 2 (Anderson 1983)– de una comunidad hispano-brasileña, es una de las bazas que las transnacionales españolas están jugando en Brasil frente a sus más duras rivales: las transnacionales estadounidenses (y quizás, en un futuro no muy lejano, las chinas). La promoción internacional del inglés ha estado también vinculada a los intereses económicos, militares y políticos del Reino Unido y de los Estados Unidos, como han mostrado, entre otros, Robert Phillipson en *Linguistic Imperialism* (1992) y Alastair Pennycook en *The Cultural Politics of English as an International Language* (1994). A través de estos estudios podemos apreciar cómo la extensión del inglés se ha presentado como un fenómeno "natural, neutral y beneficioso", por usar las palabras de Pennycook, al tiempo que se ha promovido activamente desde instituciones vinculadas a los poderes económicos y políticos británicos y estadounidenses. La posición privilegiada del inglés que favorece su difusión –y que se deriva según Phillipson de un orden imperial[31]– ha generado reacciones: primero, en países donde salta la alarma –la del patriotismo a veces– ante la presencia de anglicismos o extranjerismos en la lengua propia; y segundo, en comunidades donde se hablan lenguas minoritarias cuya supervivencia se teme ante la presencia del prestigioso inglés. En ambos casos, la difusión de la gran lengua internacional se lee como causa y a la vez como consecuencia de la potencia y agresividad de la cultura (y de las economías) anglosajonas. Ante este panorama, el español juega un rol ciertamente complejo: por un lado, como lengua internacional que es, sus defensores la ofrecen como posible contrapeso a la hegemonía del inglés y afirman la necesidad de crear en torno a ella un espacio de lealtad (una comunidad lingüístico-cultural) capaz de resistir la embestida de aquél y de lo que representa; por otro lado, y de nuevo por ser lengua internacional, los defensores del español legitiman su estatus y difusión con argumentos predominantemente utilitarios y mercantilistas casi idénticos a los esgrimidos en la pro-

---

[31] La teoría de Phillipson no ha sido universalmente aceptada, desde luego. El mismo Pennycook se enfrenta al tema desde una posición teórica distinta y Suresh Canagarajah (1999, 2005), por ejemplo, reivindica la capacidad de acción del subalterno para apropiarse de la lengua imperial en beneficio de intereses locales. Radicalmente opuesta a la visión de Phillipson es la de Crystal (2003), quien defiende la naturalidad y neutralidad ideológica de la difusión del inglés, lengua que estaba, qué casualidad, en el sitio adecuado y en el momento adecuado.

moción del inglés. Y aquí se encuentra precisamente una de las principales trampas discursivas que encierra la defensa del español: usar la amenaza del inglés
como coartada para imponer un cierre de filas en torno al español que, como con
el inglés, sirva a unos intereses económicos y políticos muy concretos (los mismos en realidad), y que dificulte la emergencia de culturas lingüísticas alternativas mejor equipadas para negociar la diversidad intra e interlingüística. Más
honesta es, sin lugar a dudas, la actitud del actual director del Instituto Cervantes,
César Antonio Molina, quien ve y afirma la comunidad de intereses lingüístico-
económicos entre los promotores del español y los del inglés:

> El español y el inglés son hoy para personas de todo el mundo, y en especial para los
> padres, las llaves del futuro. Consideran que ambas son las lenguas más útiles –el
> valor de esta palabra es inmenso– para la vida profesional, las relaciones comerciales
> y el ocio y, en definitiva, los instrumentos que facilitan el contacto permanente que
> caracteriza las sociedades de la globalización. La demanda de enseñanza del español
> es la que más ha crecido, de nuevo junto con la del inglés, en la última década [...]
> donde más crece es en los países de lengua inglesa o de fuerte influencia anglosajona,
> lo que quiere decir que el inglés es ahora mismo uno de los grandes aliados del espa-
> ñol (*ABC* 19/12/2006).

Estas coincidencias que acabamos apenas de apuntar subrayan la conveniencia
de desarrollar estudios *críticos* y *comparativos* de las políticas de promoción de
lenguas internacionales. Quizás la incorporación del ángulo comparativo al espíritu crítico de los trabajos de Phillipson y Pennycook ayude a progresar en la elaboración de un modelo teórico a la vez más fino y más comprensivo. De entrada,
abundan nuestras coincidencias con estos autores: nos resistimos a aislar la lingüística y la lingüística aplicada de las ciencias sociales al considerar las lenguas
y su enseñanza como hechos y actividades que emergen y operan en una realidad
social compleja; insistimos en que la política lingüística *es* política, y que como
tal sus agentes han de dar cuenta no sólo de la eficacia y la eficiencia de sus
esfuerzos sino también de los principios éticos que los inspiran; nos preocupa
entender las raíces contextuales y las consecuencias de la promoción lingüística y
analizar cuidadosamente quién se beneficia de ellas y quién se puede ver perjudi-
cado por las mismas.

Pero ni la identificación de coincidencias superficiales ni la existencia de bases
teóricas comunes basta para trasvasar sin más el aparato conceptual desarrollado
en el estudio de un caso al estudio de otro. El concepto de imperialismo lingüístico de Phillipson (1992), concretamente su aplicabilidad al caso de la promoción
internacional del español, será un buen punto de partida para profundizar en la
comparación. Según Phillipson, el imperialismo nos ofrece un marco histórico y
político y las teorías del imperialismo un marco teórico apropiados para el análi-

sis del valor y prestigio internacional del inglés. En su estudio, deja claro que los objetivos del British Council incluían la propaganda cultural y el apoyo a los intereses comerciales y estratégicos del Reino Unido, y que una de sus funciones principales, durante su desarrollo en los años cincuenta, fue la de consolidar la influencia británica dentro de la Commonwealth y el Imperio. En términos generales, estos objetivos –promoción de la lengua, propaganda cultural y apoyo a la expansión empresarial– se encuentran también, como hemos visto, entre los que caracterizan las políticas lingüísticas contemporáneas de promoción del español. Es más, como ya señalamos, el pasado imperial aparece aún ocasionalmente como punto de referencia para la comprensión de la actual expansión empresarial ("El español conquista Brasil"), y la retórica neocolonial impregna el lenguaje de algunos de los agentes de la promoción del español:

> Un siglo después del repliegue definitivo de España al perder Cuba, se vuelve a un continente que de ninguna manera a nadie nos es ajeno: Iberoamérica. Ahora con otras ideas, perspectivas e ilusiones que nos confieren las nuevas armas: las empresas españolas, que se han expandido con los nuevos vientos de la globalización. [...] adviértase que la extraordinaria posición alcanzada en este continente, ha sido posible gracias a nuestro extraordinario aliado: el idioma, causa y efecto de nuestra afinidad cultural, psicológica y afectiva (Casilda Béjar 2001).

No descartamos la utilidad que puedan tener algunos de los conceptos elaborados por Phillipson tales como *lingüicismo, imperialismo lingüístico, relaciones centro-periferia* o *explotación* para el análisis histórico de las políticas de promoción del español. Ahora bien, creemos que caracterizar éstas como proyectos de imperialismo lingüístico sin matizaciones sería forzar la comparación y desvirtuar parcialmente la que nosotros creemos es la compleja naturaleza de las políticas lingüísticas españolas actuales –que emergen además en un contexto histórico y en un sistema de relaciones económicas distintos–. Es cierto que la relación entre España y América Latina está mediatizada aún por el imaginario imperial y por estructuras de desigualdad económica que hunden sus raíces en la colonia. Pero ante lo concluido en nuestro estudio (el papel de las multinacionales españolas en la financiación de las políticas lingüísticas, la posible –y aparentemente voluntaria– dependencia brasileña de España para implementar la ley del español, los esfuerzos por crear una comunidad hispano-brasileña, la concepción esencialmente económica del español), consideramos que una mejor comprensión de estas políticas y de las industrias lingüísticas asociadas se alcanzará estableciendo además un diálogo con fenómenos tales como la acaparación de poder por parte de las compañías transnacionales, la capacidad de acción de los estados nacionales ante el capital internacional, los nuevos y viejos mecanismos de constitución de identidades étnicas, nacionales y transnacionales y, de un modo fundamental, la mercantilización de la cultura.

En conclusión, como mencionábamos arriba, la colaboración entre empresa y agencias de política lingüística y cultural no es exclusiva de la España contemporánea. La política exterior y la propaganda cultural han estado siempre estrechamente vinculadas y su uso combinado forma parte del modus operandi de cualquier gobierno que sienta la necesidad y posea los recursos para adoptar medidas oportunas. En cualquier caso, es el objeto de la aproximación crítica que adoptamos el visibilizar esta conexión y señalar los intereses concretos que yacen bajo aquellas políticas, muy especialmente cuando se presentan con asépticas máscaras de naturalidad.

# LA AUTORIDAD LINGÜÍSTICA DEL ESPAÑOL Y LAS IDEOLOGÍAS DE LA AUTENTICIDAD Y EL ANONIMATO[1]

## KATHRYN A. WOOLARD

En la última década, la antropología lingüística y otras disciplinas vecinas han dedicado buena parte de su atención al estudio de las ideologías lingüísticas o ideologías del lenguaje. Al usar este término nos referimos a representaciones de la intersección entre el lenguaje y la dimensión social de la actividad humana y a la carga de intereses morales y políticos inscritos en estas representaciones (Woolard 1998: 3, Irvine 1989: 255). Tal como indica esta definición, las ideologías lingüísticas no representan solamente el lenguaje sino que exhiben los lazos íntimos que lo unen a nociones tales como identidad y comunidad, nación y estado, o moralidad y epistemología (Woolard 1998). Están, por lo tanto, profundamente imbricadas en las estructuras sociales y en el ejercicio del poder. Constituyen un instrumento al servicio no sólo de la interacción verbal sino también de la acción política y de la imposición, fortalecimiento y disputa de las jerarquías sociales (Gal y Woolard 2001: 1). Las ideologías no son necesariamente herramientas manipuladas conscientemente por las elites que conspiran para consolidar su poder. En el sentido en que utilizamos aquí el término, la ideología se entrelaza con el poder social y político porque organiza los procesos de significación que

---

[1] Trabajos relacionados con éste se presentaron en los coloquios "Los discursos sobre la reformulación del Estado: el pluralismo lingüístico," Barcelona, 13 de diciembre de 2004, y "Políticas de regulación del plurilingüismo" en el Ibero-Amerikanisches Institut, Berlin, junio de 2005. El trabajo se ha beneficiado de las discusiones que tuvieron lugar en todos estos coloquios, incluido el celebrado en Nueva York en marzo y abril de 2005 y que dio origen a este libro. Quiero expresar mi agradecimiento a los organizadores y participantes, y especialmente a José del Valle por animarme a pensar en estas cuestiones, a Mary Louise Pratt y Miki Makihara por sus comentarios, y a Clare Mar-Molinero por proporcionarme referencias y artículos útiles.

constituyen a los seres humanos como sujetos sociales y producen su relación con la sociedad (Eagleton 1991: 18).

El término ideología se ha consolidado como un concepto central y productivo para algunos de los investigadores que trabajan en la antropología lingüística. Por eso lo continuamos utilizando. Pero confieso (como una de las antropólogas responsables de haber escogido el término con este propósito) que tiene tantos significados (complementarios y contradictorios) que no siempre se ha sentido que nuestra decisión fuera afortunada. Mientras que algunos analistas utilizan *ideología* como término neutral que abarca en general los esquemas conceptuales de la cultura, otros invocan un sentido negativo en el que es definida como una representación falsa y distorsionada de la realidad que contrasta con la verdad objetiva o científica. Mientras que algunos ven la ideología como un sistema coherente y articulado de fenómenos mentales, otros la aceptan como una visión fragmentaria e internamente contradictoria y la localizan en el comportamiento y las relaciones vividas. Para unos, las ideologías están esencialmente ligadas al mantenimiento de una posición de dominación, mientras que para otros pueden ser tanto subalternas como dominantes.

¿Qué hay de constante en todos estos usos y cuál es el propósito de adoptar este término? Lo fundamental no es afirmar la existencia de una conciencia falsa ni tampoco del pensamiento consciente o sistemático. Lo que proponemos es más bien la búsqueda de las fuentes y efectos sociales de los conceptos culturales. Entendemos así que los sistemas de conocimiento responden a las circunstancias sociales e históricas en las cuales hunden sus raíces. En el caso que aquí nos ocupa, la historia social se encuentra tras los marcos culturales aceptados sin más en el pensamiento sobre la lengua y a la vez se construye específicamente sobre ellos. Al utilizar el término ideología, queremos tener presente que los conceptos culturales son parciales, interesados, disputables y disputados. Son además activos y no simplemente reflexivos. Terry Eagleton ha aplicado la distinción propuesta por J. L. Austin para describir la ideología como actos performativos disfrazados de constativos: la ideología opera desde el interior de un mundo social, aunque se presenta como descripción del mismo (Eagleton 1991: 19).

Al usar el término ideología desde la antropología lingüística, no estamos sugiriendo que se trate de un epifenómeno, del simple reflejo "superestructural" de relaciones sociales o materiales más básicas. La ideología no refleja sino que refracta las relaciones sociales que la generan y que a la vez son organizadas por ella. Tampoco queremos implicar que haya un punto privilegiado de acceso a la verdad objetiva libre de raíces sociales. Lo ideológico no es una característica que distingue una forma de pensamiento social de otra sino una dimensión de casi cualquier práctica de significación que interprete las relaciones sociales humanas.

Como investigadora norteamericana que se especializa no en el español sino en el estudio de la sociolingüística catalana, tengo una vista doblemente distanciada de nuestro tema: el español como ideología en la era de la globalización[2]. Arraigada como estoy en los mundos del inglés y del catalán, me acerco al país de las maravillas del español global como Alicia, a través del espejo. Sin lugar a duda, esto me da acceso, en el mejor de los casos, a una visión parcial, que posiblemente no se comparta desde otras perspectivas.

Cuando echamos una mirada sobre las ideologías lingüísticas en el mundo occidental moderno, encontramos dos que con frecuencia sostienen la autoridad lingüística. Nos referiremos a ellas respectivamente como el sistema ideológico de la *autenticidad* y el del *anonimato* (Gal y Woolard 2001). Si bien se trata de un obvio reflejo del familiar contraste entre lo particular y lo universal, este par de conceptos presenta características específicas de los debates sobre el valor de la lengua. Cada una de estas ideologías naturaliza un tipo de relación entre una determinada variedad lingüística y un determinado estado de la sociedad.

La distinción puede resultar útil para analizar, por un lado, los intentos de definición del español como lengua global, y por otro, los esfuerzos por redefinir la relación entre las lenguas minoritarias y el español. Vamos a describir cada uno de estos conceptos ideológicos para después situarlos en el contexto español.

## La autenticidad

Por *autenticidad* se entiende la expresión genuina y esencial de una comunidad o de un *yo*. Es bien sabido que la autenticidad como herramienta ideológica surgió en los siglos dieciocho y diecinueve de la visión romántica de las nociones de pueblo, lengua y nación[3]. Como ideología lingüística, la autenticidad sitúa el valor de una lengua en su asociación con una comunidad concreta y como expresión de su espíritu.

La voz "auténtica" está profundamente arraigada en un lugar y su valor es, por tanto, local. Las raíces pueden hundirse en los reductos montañosos donde se supone que se halla la pureza rural, o en las calles del gueto urbano, donde, se cree, los sujetos auténticos viven la autenticidad –*keepin' it real* como se dice en Estados Unidos–. Para ser auténtica, una variedad de habla debe ser claramente "de algún lugar" en la conciencia de los hablantes. Si no se pueden hallar sus raí-

---

2  Nota del editor: Fue el título del coloquio con que se inició este proyecto.
3  Juan Ramon Lodares da cuenta de su aparición en España como reflejo del nacionalcatolicismo (Lodares 2002: 23-24).

ces en un territorio social y geográfico, carece de valor. El sociolingüista corso Ghjacumu Thiers (1993: 260) relata, por ejemplo, cómo un desconcertado entrevistado rechazaba un estándar supradialectal de la lengua corsa. Lo rechazaba precisamente porque no era capaz de identificarlo con una región específica: "Es un corso de ningún lugar", se quejaba.

Cuando la autenticidad es la ideología que legitima a una lengua, la variedad marcada con el sello de lo local gana valor. El acento local se vuelve importante en la medida en que el habla es percibida como la proyección de la persona misma. La importancia de la voz auténtica está en lo que indica sobre el que habla más que en lo que dice. Invocando un esquema semiótico, podemos decir que en este sistema ideológico prima la función pragmática de la deixis social sobre la referencia semántica. Con frecuencia, el habla se interpreta no solamente como un índice asociado a un grupo particular, sino como una representación icónica, como una imagen natural representativa de la esencia de un tipo de persona. Para beneficiarse del valor de la autenticidad, uno debe "sonar" como el tipo de persona valorado; uno debe reproducir los tonos y los matices del hablante auténtico. De hecho, esta relación icónica de la lengua con la persona es en sí misma la esencia de la autenticidad. De acuerdo con esta lógica, adquirir una segunda lengua puede incluso llegar a exigir que se deje de hablar la primera: el hablante no puede arriesgarse a que los rastros lingüísticos de la identidad anterior estropeen su afirmación de una nueva y valiosa.

La ideología de la autenticidad se asocia hoy en día con las lenguas minoritarias y las variedades no estándar. La etiqueta de "lengua propia" que llevan las lenguas minoritarias en España expresa esta visión que valora la lengua como privada y particular más que como pública y genérica. La supervivencia de dialectos estigmatizados, como el inglés vernacular de los afroamericanos[4], y de lenguas subordinadas como el francés canadiense, el corso y, sí, el español en los Estados Unidos, depende de la autenticidad. La autenticidad facilita la conservación de estas lenguas al hacer de ellas valiosos recursos en redes sociales locales donde, para ser reconocido como auténtico miembro de la comunidad, la lengua también auténtica es la moneda de cambio. En algunas situaciones bilingües el uso de la lengua minoritaria tiene para algunos interlocutores valor no de referente sino de índice social. Desde el punto de vista de la lengua dominante (y de la ideología del anonimato, de la que hablaremos enseguida), este valor no referencial a menudo se trivializa y se desestima.

---

[4]   En la literatura, suele aparecer mencionado como AAVE, es decir, "African-American Vernacular English".

## El anonimato: una visión de ningún lugar

En contraste con las lenguas minoritarias, en las sociedades occidentales modernas, las lenguas hegemónicas tienden a basar su autoridad en el anonimato. Esta noción es uno de los fundamentos ideológicos de la autoridad política de la esfera pública burguesa y del público moderno (Habermas 1989). En este contexto contemporáneo el "público" incluye a todo el mundo, pero no como individuos sino como abstracción. Este público es concebido como una voz general y común, que deja a un lado las peculiaridades e intereses privados de cada persona (Gal y Woolard 2001: 6). De esta manera, las raíces sociales de la visión que produce la esfera pública se representan ideológicamente como trascendidas o incluso ausentes. A este público incorpóreo y desinteresado se le supone liberado de las limitaciones de una perspectiva social concreta. Así logra, supuestamente, una superior "objetividad libre de perspectiva", lo que Thomas Nagel ha llamado "una visión de ningún lugar" (Nagel 1986). Cualquier visión dominante en la esfera pública moderna se representa por lo tanto como una verdad natural y objetiva, como un saber socialmente neutral y universalmente disponible y no como un discurso propio de algún individuo o grupo concreto. En cierto sentido, se trata de una visión anónima.

También las lenguas hegemónicas en la esfera pública moderna basan a menudo su autoridad lingüística en el anonimato. Si, como hemos visto, las lenguas minoritarias, como el corso, no derivan su autoridad del hecho de sonar como si no fueran de "ningún lugar", las lenguas dominantes sí lo hacen. Idealmente, el ciudadano desinteresado que participa en el discurso público, como hablante de verdades universales, habla en una "voz de ningún lugar". La autoridad lingüística del estándar no sólo "está" sino que "es" desarraigada y universal, no localizada. No sólo se supone que el hablante como ciudadano es el hombre común ("Everyman"), él (o con más dificultad, ella) también debe "sonar" como el hombre común, usando una lengua pública común, estandarizada y no marcada. La mayoría no oye en este estándar público ni los intereses ni las experiencias de un grupo social concreto. Al contrario, la lengua ideal debe ser una ventana que da acceso directo a una mente racional y, por ello, a una verdad en sí misma (véase Silverstein 1987; Woolard 1989). Según este razonamiento, las lenguas públicas, precisamente por no pertenecer a "nadie en particular", pueden representar a todos y ser usadas igualmente por todos. Se nos representan abiertas y disponibles. Basta con ser lo suficientemente bueno y astuto para aprovecharse plenamente de tamaño recurso. Mientras que, como vimos arriba, la deixis social es valiosa en la defensa de las lenguas minoritarias, la función referencial es ideológicamente crucial en la esfera pública anónima (téngase en cuenta que hablo de ideologías y no de lo que yo considero realidades objetivas).

Los estudios sociolingüísticos nos muestran cómo la ideología del anonimato permite consolidar la hegemonía ejercida por las lenguas mayoritarias. Al decir hegemonía, quiero decir que estas lenguas consiguen lo que Raymond Williams (1977) llamó la saturación de la conciencia, la cual permite naturalizar su posición dominante y situarla más allá de cualquier cuestionamiento.

Por ejemplo, Joshua Fishman argumentó que el poder asimilador del inglés en la sociedad americana a lo largo de su historia se debía al hecho de que era percibido esencialmente como "no étnico" (al menos hasta mediados del siglo veinte). Fishman escribió: "El nacionalismo americano era principalmente no-étnico o supra-étnico [...]; no chocaba ni exigía de forma obvia la traición de los valores *étnicos* del inmigrante [...]" (1965: 149). Y en otro trabajo: "Así como difícilmente hay un fundamento étnico en el nacionalismo americano, tampoco hay una conciencia lingüística especial en el uso del inglés" (1966: 29-30). Según Fishman esta ideología no particularista promovió la aceptación del inglés como lengua aparentemente neutral que facilita la movilidad social ascendente.

En algunos casos, como el euskera batúa, el bahasa indonesia, o el neomelanesio de Papúa Nueva Guinea, los planificadores lingüísticos han seleccionado formas niveladas, koinés o lenguas auxiliares como base para la estandarización. Intentan con ello desarrollar una lengua libre de identificaciones locales concretas. Pero en general, la propagación del anonimato lingüístico requiere más ingeniería ideológica que lingüística. Un buen ejemplo nos lo ofrece el desarrollo del húngaro unificado en el siglo XIX, tal como lo describe Susan Gal (2001). Los lingüistas y activistas implicados en la creación del húngaro moderno no eran hablantes nativos de esta lengua. Produjeron un estándar que, según ellos, no estaba vinculado a ningún grupo particular o clase social. Al contrario, aseguraban que se derivaba solamente de las leyes inherentes de la lengua (Gal 2001: 33). Este húngaro podía ser "de todos" porque no pretendía ser "de nadie en particular" (Gal 2001: 43).

El sociólogo francés Pierre Bourdieu (1982, 1991) criticó el proyecto ideológico de universalidad que sostiene la hegemonía de la lengua francesa. Bourdieu llamó *meconnaissance* a la aceptación popular de la autoridad del anonimato. Gracias a ella, los oyentes aceptan la autoridad de una lengua dominante pasando por alto los hechos históricos y la diferencia de poder entre distintos grupos sociales que apuntalan esta autoridad. Esta elisión ideológica (Gal e Irvine 2000) es lo que hace que una relación de dominación se convierta en una relación hegemónica.

Para Bourdieu, la *meconnaissance* es producto del desarraigo institucional de la lengua. Éste se lleva a cabo particularmente en las escuelas, que la purgan (el francés, en este caso) de su origen en el habla de un grupo social específico. La imaginan como un atributo natural de la autoridad (o, en el caso del inglés, como el feliz resultado de la obra de la mano invisible del mercado). Podríamos decir que el proceso es una suerte de "blanqueo lingüístico" hecho por las instituciones de la legitimidad. Bajo el poder persuasivo de las escuelas y los medios de comunicación, la gente llega a aceptar el poder de la lengua como algo natural e inherente a la lengua misma. Tras haber perdido sus raíces sociales, se convierte en una lengua "de ningún lugar".

Según Bourdieu, tanto dentro del marco del anonimato como del de la autenticidad, el acento puede tener gran importancia, aunque se pretenda que no. La presencia de algún acento regional en el francés del hombre común puede ser percibido como un rasgo particularista que descalifica al hablante. Ese acento puede enturbiar la identidad del ciudadano incluso en el contexto más universalista y anónimo (Blommaert y Verschueren 1998).

El concepto de *meconnaissance* recoge y subraya el hecho de que en sociedades como la francesa el estándar no es en verdad la lengua de todos pues pertenece a unos más que a otros. Los que están en los márgenes más que en el centro de la sociedad tienen mejor vista de esta situación. Por ejemplo, en Estados Unidos muchos jóvenes afroamericanos evitan el inglés estándar de la escuela (supuestamente no marcado y anónimo) y lo rechazan por ser "demasiado blanco". Lejos del anonimato, el "blanqueo" de la lengua estándar a través de la escuela solamente confirma el lazo que lo une a la América blanca. La naturaleza privilegiada y exclusiva del acceso a la esfera pública se nota más desde la perspectiva que ofrecen las posiciones marginales.

No todas las lenguas demográfica o políticamente dominantes consiguen el nivel de anonimato que han alcanzado el inglés o el francés. Cuando las raíces de una lengua en el capital cultural de un grupo social determinado son demasiado visibles, esta visibilidad ayuda a mantener la resistencia de otros grupos. Podríamos decir que el español no consiguió desplazar al catalán durante el período franquista porque, lejos de ser una anónima "voz de ningún lugar", el español era percibido en Cataluña, entonces más que nunca, como la voz de un lugar muy específico. Podríamos argumentar asimismo que el catalán, a su vez, no ha podido desplazar al español en el período autonómico porque la lengua catalana todavía se percibe como una voz local y privada, propia de un tipo particular de persona. Los que residen en Cataluña y se acercan al catalán como segunda lengua no siempre lo perciben como una voz pública y anónima, como un vehículo de objetividad libre de perspectiva. Por eso, algunos no lo hablan.

## El anonimato y el español

Encontramos manifestaciones de la ideología lingüística del anonimato en los esfuerzos por enmarcar el español como lo que del Valle llama en el capítulo 2 lengua posnacional. Se oye en los discursos que lo retratan como *lengua de encuentro*, en la noción de *lengua común* (que Juan Ramón Lodares reivindicaba fiel a la tradición hispanista) y últimamente en la retórica del mestizaje lingüístico (véase al respecto el capítulo de Mauro Fernández en este volumen). Más aun, el esfuerzo por legitimar el español como voz anónima de ningún lugar ha llegado también en algunos casos a naturalizarlo como un vehículo de objetividad libre de perspectiva con acceso privilegiado a verdades imprescindibles para la modernidad.

En el espíritu de diálogo que nos propuso el editor de este volumen, quiero examinar la presencia de la ideología del anonimato en el brillante relato de los orígenes históricos del español de nuestro compañero Ángel López García. En su merecidamente premiado libro de 1985, *El rumor de los desarraigados*, Ángel proponía que el español fue originariamente una koiné vasco-romana y que sólo más adelante fue adoptada como propia por Castilla y "disfrazada" de castellano. Así se deformó la esencia natural que tenía como "lengua de los otros" (López García 1985: 54, 58-59). La koiné, escribió, "tiene su origen en todas partes y en ninguna" (López García 1985: 72). O sea, proponía que se trataba precisamente de una voz de ningún lugar. Según aquella visión, no tiene sentido hablar de un "hablante nativo" de una koiné como el español originario (López García 1985: 54). La koiné es la lengua de todos porque no es de nadie en particular. No se trata de una "lengua propia" sino más bien de un recurso anónimo y por lo tanto universal.

No pretendo cuestionar la explicación histórica presentada en *El rumor* (véase el intercambio entre Trask y Wright 1988 y López García 1988). Lo que me interesa en el presente ensayo es analizarla en el contexto en el cual fue premiada y publicada a mediados de los años ochenta. Funcionaba como la suerte de mito de origen que el antropólogo Bronislav Malinowski llamó *charter myth*: una visión de la historia que ofrece el fundamento para una versión particular de la sociedad contemporánea. En este caso, se trata de la visión de una España básicamente moderna y multilingüe, unida a través de una lengua de amplia comunicación socialmente desarraigada; una lengua que es, precisamente, "el rumor de los desarraigados", expresión que dio título al libro. Tal como lo expresaba poéticamente el autor, "como lengua de relación, la koiné no representa un *ser*, significa un *estar*" (López García 1985: 120). Este *no ser* es lo que yo quiero capturar con el concepto del anonimato de la lengua de ningún lugar. Desde esta perspectiva, la lengua española, y la esfera pública que articula, son de hecho de todos, porque no son de nadie en particular. El español es la lengua de "los desheredados que no conocían otra nación que la que ellos mismos [...] pudiesen edificar sin restricciones de raza, sexo, clase social o lugar de nacimiento" (López García 1985: 54).

Esta lengua de ningún lugar tenía una capacidad inherente para expresar una visión universalmente disponible y libre de la perspectiva local: "La koiné lleva implícita [...] justamente la ideología antiparticularista y antihegemónica de *lo común*" (López García 1985: 143).

López García propone que las raíces del poder del español se desplazaron durante el Renacimiento desde el anonimato hacia la autenticidad local. Una vez que el español fue localizado como castellano, afirma, el prescriptivismo ganó poder; el control perfecto de la forma lingüística se volvió crucial. Es decir, la función socialmente indicial de la lengua triunfó sobre la función referencial:

> Como koiné no importaba demasiado que el español centropeninsular fuese la lengua materna de unos y sólo la segunda lengua de otros; para comerciar, para dialogar, para emprender proyectos en común, bastaba con que unos y otros se pudiesen entender. Mas ¡ay de los otros! cuando el español se convirtió en castellano: quien no lo dominara a la perfección, por tratarse de su lengua materna urbana o porque una educación esmerada –y, naturalmente, selectiva– le había preparado para ello, quedaba automáticamente excluido o en inferioridad de condiciones para la vida pública (López García 1985: 108).

Vemos pues que López García reconoce que la base de la autoridad del español en el período moderno ha sido particular y selecta, no anónima. Pero en la última década, portavoces de la visión posnacional del español global han afirmado la adecuación del español de hoy, precisamente como lengua desarraigada, para ser el vehículo de la universalidad moderna y de la democracia. Por ejemplo, Gregorio Salvador sostiene que

> el español [...] no es seña de identidad ni emblema ni bandera [...] la vieja lengua de mil años y miles de caminos no es vernácula ya en ninguna parte [...] [ha] devenido en pura esencia lingüística, es decir, en un valiosísimo instrumento de comunicación entre pueblos y gentes, en un idioma plurinacional y multiétnico (cit. en *El País* 7/11/1995).

La ideología del público anónimo y su discurso universalista se enfrentó originariamente con la personificación de la autoridad en el rey y la aristocracia durante el *Antiguo Régimen*. Posteriormente se usa para desafiar lenguas cuya autoridad yace en la reivindicación de la autenticidad. En el caso peninsular lo vemos en algunos de los giros retóricos del hispanismo "posnacional" y su crítica a los nacionalismos minoritarios. Como observa del Valle en el capítulo 2, "se presenta el español como símbolo de la concordia, de la democracia, del progreso económico, como instrumento al servicio de una posnación, de una comunidad internacional panhispánica que deja reducidas al atavismo y al particularismo reaccionario al catalán, gallego y euskera".

Se puede abrir la trilogía de libros de Juan Ramón Lodares por casi cualquier página para encontrar este fenómeno. Sobre la cuestión de quién enseñaría las lenguas minoritarias de España, Lodares escribió:

> los maestros serían todos de la provincia, estarían facultados para enseñar por las autoridades locales [...] y probablemente dispuestos a hacer de las escuelas un foco de culto a los valores regionales [...] y un vivero de apoyos futuros para la capilla tradicionalista (Lodares 2000: 17-18); en la historia de España la conservación de lenguas particulares está ligada a la conservación de analfabetos generales en todo el dominio nacional (Lodares 2000: 21).

En su crítica de la defensa de las lenguas minoritarias, Lodares invoca explícitamente la modernidad y la democracia, e implícitamente la adecuación de la lengua española para esta forma de sociedad:

> la España lingüística que se nos presenta ahora como el colmo de la modernidad, con sus cinco lenguas oficiales [...] es, en esencia, una España antiquísima. [...] Una España cuyas lenguas minoritarias se conservan no por una voluntad colectiva, secular, democrática [...] sino más bien porque [...] no hubo ninguna organización de peso que rompiera la tradicional foralidad de los reinos [...] La gente que no circulaba se conservaba pura (Lodares 2000: 29).

En otro momento escribe:

> treinta años después del renacimiento lingüístico, creo que queda claro que los propósitos del nacionalismo en cuestión de lenguas chocan reiteradamente con las necesidades, derechos y usos típicos de una sociedad moderna (Lodares 2000: 251).

Por un lado, cuando los defensores de las lenguas ideológicamente localizadas persiguen su instalación como lenguas de uso público general, éstas son desacreditadas por su presunto particularismo, como se ve en la obra de Lodares. No deja de ser irónico, frente al discurso del español global, que en otros contextos, se haya dirigido la misma acusación de particularismo al español. Los referendos sobre la oficialización y uso exclusivo del inglés en San Francisco (USA) en 1981 y en el estado de California en 1983 ofrecían precisamente este argumento contra el uso del español en las elecciones (Woolard 1989). Los que se oponían a la publicación de informes oficiales y materiales electorales en cualquier idioma que no fuera el inglés afirmaban que tales materiales prolongan el analfabetismo en inglés, minan la nación americana, condenan a los individuos a la semi-ciudadanía y fomentan el caciquismo. Un argumento típico se presentó en un periódico en los siguientes términos: "Es cuestionable si un votante que no habla inglés puede formarse una opinión y emitir un voto inteligente". La facilidad con que se hacen tales afirmaciones sugiere un supuesto subyacente: los monolingües pueden confiar en el inglés como vehículo transparente de información objetiva. Los idiomas de la minoría, en cambio, se tratan implícitamente como herramientas de manipulación que no informan sino que "encarcelan" a la minoría en una visión ofuscada o torcida del mundo (véase Woolard 1989).

Por otro lado, cuando las lenguas subordinadas están "desarrolladas" o elaboradas para desempeñar funciones generales y públicas, son a menudo desacreditadas, tanto por parte de los hablantes nativos como los no nativos, por su falta de autenticidad. Y las pocas lenguas minoritarias resurgentes que pretenden convertirse en lengua pública principal están sujetas a las contradicciones resultantes entre la autenticidad y el anonimato. El catalán, por ejemplo, se encuentra en una posición paradójica. La autenticidad étnica fue un soporte ideológico que contribuyó a su supervivencia en condiciones de subordinación. Pero el valor particularista, que pone el acento en la identidad, puede ser un factor limitador cuando el objetivo es la adquisición y el uso por parte de una población más amplia. En la actualidad la autenticidad coexiste en tensión con la ideología universalista del anonimato que típicamente caracteriza a las lenguas públicas hegemónicas[5].

En su libro más reciente sobre el asunto, *Babel airada*, López García (2004) se refiere a las lenguas minoritarias de España como "obscenas" en el sentido etimológico de la palabra, es decir, "excesivamente obvias". Dicho de otro modo, no tienen la invisibilidad del habla en sentido estricto, de la pura referencia, entendida como la función principal de una lengua pública. El autor afirma que es "casi imposible" llevar a cabo todas las actividades de la vida diaria en una lengua como el catalán con naturalidad (López García 2004: 40-41). No sé si será tan cierto para los catalanohablantes de Girona o incluso de algunos sectores de Barcelona como Gràcia. Pero probablemente es cierto para muchos de los que se acercan al catalán como segunda lengua a través de la escuela. Vulnerable ante ataques como los de Lodares, la lengua también tiene un alcance limitado para posibles nuevos hablantes, a causa de su carácter de señal de autenticidad. El valor indicial de la lengua catalana para identificar "catalanes catalanes", "catalanes de verdad", restringe su uso como segunda lengua entre los jóvenes de Barcelona, especialmente los de clase trabajadora (Woolard 2003).

Pero si las lenguas minoritarias son "excesivamente obvias" entonces las lenguas hegemónicas son, a su vez, excesivamente invisibles. Por eso, en contraposición

---

[5]   Esta tensión entre la autenticidad y el anonimato se ve ahora en los comentarios sobre el catalán hablado por José Montilla, el político de origen inmigrante nombrado presidente del gobierno catalán (*la Generalitat*) en noviembre de 2006. Estos acontecimientos son demasiado recientes para examinarlos en este artículo, que se escribió en el año 2005.

a la campaña para universalizar el español y localizar el catalán y otras lenguas periféricas, se realizan esfuerzos para localizar el español. Podemos ver en años recientes intentos organizados de desnaturalizar el anonimato y el estatus no marcado de la lengua castellana en el Estado español. Por ejemplo, se ha tratado de cuestionar los carnés de conducir monolingües, los sellos de correos monolingües, la lotería monolingüe y hasta los nombres monolingües de los miembros de la Casa Real. Tales gestos pueden parecer triviales o quijotescos, casi broma para algunos. Pero su efecto no es necesariamente el de cambiar estas prácticas lingüísticas concretas, sino el de perturbar el anonimato, la *meconnaissance* y el estatus incuestionado de la autoridad anónima de la lengua estatal. El objetivo es desplazar el español de su posición transparente como *doxa*, hacerlo por lo menos "obvio", si no "excesivamente obvio", y convertir su invisibilidad en "obscena".

### Relaciones entre la autenticidad y el anonimato

Como sucede con cualquier dicotomía, la que acabo de proponer entre el anonimato y la autenticidad es exagerada. Hasta aquí mi argumento pareciera indicar que estas dos ideologías son opuestas y mutuamente excluyentes. Sin embargo, la relación entre ambas es, de hecho, más compleja. Por ejemplo, el auténtico espíritu americano e incluso inglés, visto ideológicamente como abierto e integrador, a menudo se dice que aparece reflejado en el carácter abierto y absorbente de la lengua inglesa, y así lo demostrarían los incontables préstamos de muchas fuentes lingüísticas. López García, como hemos visto, propone una historia parecida para el español: el verdadero español, el auténtico, no le pertenece a nadie sino a todo el mundo. Y, de la misma manera, uno podría imaginar una explicación similar de la autenticidad lingüística del catalán, basada en la tradición de Cataluña como "tierra de paso" que ha incorporado todo tipo de pueblos diferentes sin ser partidaria de la pureza racial.

La dependencia mutua entre la autenticidad y el anonimato se aprecia también en las defensas actuales del español globalizado: aunque explícitamente esta defensa sea construida sobre su supuesto anonimato, implícitamente está fundada, al menos en parte, también en el valor de la autenticidad del español, especialmente en Estados Unidos. Del Valle y Gabriel-Stheeman (2004) ya han resumido bien esta imbricación: "el valor simbólico del español como seña de identidad hispánica, como patrimonio cultural, se traduce en valor económico en la medida en que al asegurarse la lealtad de los hispanos a esta comunidad se consolida un mercado" (262). Citan a Óscar Berdugo, Director de la Asociación para el Progreso del Español como Recurso Económico, quien dice:

Si España se consigue colocar como referente de identidad o como proveedor de señas de identidad culturales con respecto a la comunidad hispanohablante de Estados Unidos, estaremos en una inmejorable situación para mejorar nuestras posiciones en aquel país (Berdugo 2001).

Esta interdependencia ideológica entre anonimato y autenticidad se desarrollaba en el tema de portada de *El País Semanal* del 21 de noviembre de 2004, bajo el título "La fuerza del español; los retos de un idioma en expansión por el mundo". La manifiesta legitimación de la expansión del español por el mundo yace en la invocación de valores universales, en el mercado y la economía, y en el pragmatismo. El artículo de *El País* explica que la gente quiere aprender español porque "es práctico". Pero mucho de este valor económico y práctico se encuentra implícitamente, a su vez, en el valor comunitario y auténtico que tiene el español en el mercado latino de Estados Unidos. Esto es, el mismo valor que se criticaba como particularismo no democrático en las campañas *English-only* para la oficialización del inglés en California. El artículo de *El País* felizmente, incluso con regodeo, aclara este punto: "en Estados Unidos [...] el orgullo [del español] se ha implantado [...]" Va a ser realidad, se escribe, "la amenaza" que Samuel Huntington "ve en la cultura latina contra los valores anglosajones *wasp*". Pues bien, pero en este argumento ha desaparecido la lengua pública desarraigada y universal, la "pura esencia lingüística" de la que hablaba Gregorio Salvador. Aquí apreciamos más bien un enfrentamiento entre dos visiones particulares y localizadas, iconizadas y encarnadas en dos lenguas. Lo práctico es, en la base, lo simbólico, y el anonimato precisa de la autenticidad.

**Conclusión: ¿otros modelos ideológicos para la diversidad lingüística?**

¿Existen en nuestro mundo (pos)moderno alternativas a estos dos sistemas ideológicos que sirven de base al poder lingüístico, o al ocultamiento de la interdependencia entre ellos? Parece apreciarse la creación de nuevas avenidas en las tentativas de desnaturalizar el contraste entre lo marcado y lo invisible, y también en las combinaciones híbridas entre anonimato y autenticidad. Pero ¿disponemos de otros modelos conceptuales sobre la diversidad lingüística en la sociedad?

Obviamente ha habido alternativas a lo largo de la historia. Antes de la estandarización monolingüe al amparo de la nación y el Estado europeo moderno, había variación lingüística y plurilingüismo social. Los medios para conceptualizarlos y gestionarlos (no por el Estado, claro está) no incluían ni el anonimato, ni la autenticidad, ni la identidad. Por ejemplo, el género, más que la identidad, era una de las bases para organizar el repertorio multilingüe de las élites en el período premoderno.

Además de los modelos premodernos, hay alternativas posmodernas[6]. El posestructuralismo planteó importantes desafíos a los modelos ideológicos del anonimato lingüístico de la esfera pública liberal, por un lado, y de la autenticidad de los movimientos nacionalistas esencialistas, por el otro. Ha ofrecido diversas ideas de descentramiento, multiplicidad, hibridación y fluidez, todas ellas presentadas como alternativas a la dicotomía tradicional.

Una propuesta con muchas posibilidades, realizada por Mary Louise Pratt (1991), consiste en situar el lenguaje en la *zona de contacto* más que en la comunidad. Pratt argumenta que los esfuerzos de los sociolingüistas por respetar la variabilidad lingüística quedan frustrados por el constante retorno a la idea de comunidad como base del análisis. El activismo español, igual que el catalán, pueden verse frustrados por la misma razón. La "comunidad" se entiende siempre basada en la semejanza y lo compartido, en la existencia de creencias y prácticas comunes.

Pratt nos plantea la siguiente pregunta: ¿cómo serían nuestros análisis si entendiéramos el lenguaje como esencialmente, prototípicamente, normalmente, no asociado con la semejanza y el hecho de compartir, sino con la navegación en una zona de contacto a través de las diferencias? Y yo preguntaría: ¿cómo serían el activismo español o el catalán si adoptaran esta posición?, ¿qué pasaría si se tomara en serio la idea del repertorio lingüístico como un fundamento de la vida social, y se asumiera que la diferencia y la variabilidad son elementos constitutivos básicos de los procesos comunicativos? Críticos como Lodares asumen que algo parecido a la *zona de contacto* ha sido canonizado en España en el multilingüe *Estado de las autonomías* y lo rechazan como un fracaso. Yo diría que ni siquiera se ha intentado todavía y que por lo tanto no ha podido fracasar.

---

[6]   Mauro Fernández señaló en la discusión del coloquio de Nueva York que dio origen a este volumen que la autoridad de la lengua árabe en el mundo árabe contemporáneo se funda en una ideología distinta de estas dos. No es casualidad que se discuta en Occidente si existe o no una esfera pública "moderna" en esas sociedades.

# IDEOLOGÍAS DE LA LENGUA ESPAÑOLA: REALIDAD Y FICCIÓN

## ÁNGEL LÓPEZ GARCÍA

Nada es inocente en la vida de las lenguas. Menos aún entre bastidores. Por eso, cuando se nos convoca a colaborar en un coloquio –como el que dio origen a este libro– titulado "El español como ideología en la era de la globalización" (acabo de tener un lapsus freudiano: había escrito "civilización") no podemos por menos que andar con la mosca detrás de la oreja: ¿por qué presupone el organizador del proyecto que el español es una ideología?; ¿acaso porque lo es cualquier lengua internacional como el inglés o el francés, porque lo es cualquier lengua sin más (incluyendo al catalán, al quechua o al ewe) o porque se trata de un rasgo propio del español?; y si esto último, ¿es bueno o malo?; y suponiendo que una cosa o la otra, ¿para quién y desde cuándo? Son muchas preguntas, tal vez demasiadas.

Pongamos un poco de orden en este galimatías y echemos mano del *Diccionario de la Real Academia Española (DRAE)*, ese viejo y entrañable (también mediocre) almacén de la lengua en el que se guardan bastantes palabras mal definidas o mancilladas. No es este el caso de "idea" ni de "ideología", los dos términos que nos interesan aquí. Prescindiendo de algunas acepciones que no son atingentes a nuestro asunto, el *DRAE* define:

> **idea** (s. v.). Concepto, opinión o juicio formado de una persona o cosa ‖ fam. Manía o imaginación extravagante.

> **ideología** (s. v.). Conjunto de ideas fundamentales que caracteriza el pensamiento de una persona, colectividad, época, movimiento cultural, religioso o político.

O sea que se puede tener una idea sobre la lengua española, también una idea extravagante, pero para que haya ideología es preciso que exista un conjunto de ideas que emanan de una fuente coherente y delimitada –ya sea local, temporal o cultural– , de las cuales se sigue una acción social duradera. Pues bien: yo diría que, a priori, las únicas ideas estructuradas –ideologías, por tanto– que existen sobre las lenguas son las gramáticas y quienes las sustentan somos los gramáticos. Todo lo demás son ideas, no ideologías. Porque las ideologías justifican y determinan el comportamiento de los grupos humanos: así la ideología liberal o la comunista, la cristiana o la musulmana, la urbana o la rural. Y es muy dudoso que ninguna idea de la lengua española haya llegado a ser tan fuerte como para convertirse en ideología y determinar la acción histórica y social de los hispanohablantes. Es verdad que lo que el coordinador de este proyecto quiere decir con esto tal vez no llega tan lejos. Probablemente piensa tan sólo que existen unas elites, unos grupos de presión, que han hecho de la singladura vital del español toda una ideología. José del Valle y Luis Gabriel-Stheeman han hablado humorísticamente de "language monarchy" (2002: 210) o "monarquía lingüística" (2004: 249), de un verdadero estado dentro del Estado español, constituido por una cabeza, la Casa Real, unos sacerdotes, la Real Academia Española, y unos soldados, el grupo mediático PRISA. Pero el problema es que, a no ser que aceptemos que se trata de un grupo conspiratorio, habrá que admitir que esta monarquía lingüística es el resultado de una situación social, la cual simplemente la manifiesta. Y esto es lo que no tengo claro.

¿Ha habido ideas sobre la lengua española dignas de mención con excepción de las que propugnamos los gramáticos (todo eso de si se trata de una lengua SOV, flexiva o "pro-drop")? Sí, las ha habido. Permítanme traer a colación unas cuantas.

### El español como icono o instrumento de comunicación que se empieza a expandir

El argumento de la utilidad es puramente pragmático y, por lo tanto, icónico, pues refleja una supuesta realidad exterior. Que el romance era un instrumento de comunicación más útil que el latín fue algo que, como reflejo icónico de la realidad, se fue haciendo patente a lo largo de la Edad Media. La primera mención, cuando todavía se trataba del castellano –de la lengua de Castilla– se expresó en latín y se limitaba a celebrar su ritmo: "illorum lingua resonat quasi tympano tuba", decía el Poema de Almería. Pero pronto se pasaría a exaltar la utilidad del español como instrumento de comunicación. Los testimonios son muy numerosos y sólo traeré a colación dos (Gauger 2004: 687): uno desde dentro del idioma y otro desde fuera del mismo. Es conocida la anécdota transmitida por Pierre de Bourdeille y seguramente falsa de que, cuando Carlos V hizo un discurso en español en Roma ante la corte pontificia el 17 de abril de 1536, fue interrumpido por el obispo de Mâcon, embajador de Francia, quien se quejaba de no entenderle, lo que provocó la siguiente respuesta del emperador: "Señor obispo, entiéndame si quiere, y no espere de mí otras palabras que de mi lengua española, la cual es tan noble que merece ser sabida y entendida de toda la gente cristiana". Curiosa contestación en alguien que no era hispanohablante nativo: el incidente (que "se non é vero, é ben trovato") no deja de recordar a ciertas trifulcas que se organizan en las Cortes españolas, por ejemplo a la riña del socialista Manuel Marín, el presidente del Congreso, al diputado nacionalista catalán Joan Tardà de Esquerra Republicana de Catalunya, por intervenir en catalán (véase la prensa de los días 3 y 4 de junio de 2004).

Otra anécdota interesante, ahora desde fuera, es la protagonizada por el humanista francés Henri Estienne en su *Projet du livre de la précellence du language français* (1579) en el que le propone al idioma italiano un pacto consistente en que le concederá el segundo puesto (frente al español) a condición de que reconozca la superioridad del francés. La situación, creada por el repentino auge internacional del español en el siglo dieciséis, recuerda a la de principios del veintiuno: muchos conocerán anécdotas de departamentos universitarios de EE.UU. y de muchas otras partes del mundo en los que el español ha desplazado al francés y este se ha aliado con el italiano.

**El español como índice o síntoma: la lengua del pueblo**

Un paso más, en este panorama de ideas sobre la lengua española, lo constituye su valoración como idioma más hablado en España y, por lo tanto, como índice o síntoma del pueblo español. Adviértase que este argumento es cuantitativo, no cualitativo. No se dice que el español sea un idioma mejor que otros, sólo que lo habla más gente. Que yo sepa, la primera vez que aparece este planteamiento en público es también en el siglo dieciséis, en la *Gramática de la lengua vulgar de España* publicada en Lovaina en 1559 (Balbín y Roldán 1966: 6-7). Tras cantar las excelencias de otras tres lenguas españolas, el vasco, el catalán y el árabe, el anónimo autor escribe:

> El quarto lenguaje es aquel que io nuevamente llamo Lengua Vulgar de España porque se habla i entiende en toda ella generalmente i en particular tiene su asiento en los reinos de Aragón, Murcia, Andaluzia, Castilla la nueva i vieja, León i Portugal: aunque la Lengua Portuguesa tiene tantas i tales variedades en algunas palabras i pronunciaciones que bien se puede llamar lengua de por sí, toda vía no es apartada realmente de aquella que io llamo vulgar [...] A esta, que io llamo Vulgar, algunos la llamaron Lengua Española, en lo qual a mi parescer erraron, pues vemos que en España hai más de una lengua i otras más antiguas, que no es esta, i de más lustre por los más escritores que han tenido.

Juan de Valdés había dicho cosas parecidas en su *Diálogo de la lengua*, escrito en 1535, pero que permaneció inédito hasta el siglo dieciocho. Con independencia

del curioso tratamiento unificado del español y del portugués en el anónimo de
Lovaina (que tampoco debería sorprendernos: hasta el "Rexurdimento" muchos
creían que el gallego era un dialecto del español), lo cierto es que la idea de que
el español tiene una legitimidad cuantitativa respecto a las demás lenguas peninsulares se ha formulado muchas veces. Por ejemplo, en los textos legales, tanto
en la Constitución de 1978 como, antes, en la republicana de 1931:

> El castellano es el idioma oficial de la República. Todo español tiene obligación de
> saberlo y derecho de usarlo, sin perjuicio de los derechos que las leyes del Estado reco-
> nozcan a las lenguas de las provincias o regiones. Salvo lo que se disponga en leyes
> especiales, a nadie se le podrá exigir el conocimiento ni el uso de ninguna lengua regio-
> nal (http://www.constitucion.es/otras_constituciones/espana/1931.html, artículo 4).

Cierto que aquí no se alude a ninguna razón cuantitativa que justifique la diferencia entre el español y las otras lenguas peninsulares: se da por supuesta. Y es que
existía toda una serie de textos argumentativos de apoyo y se siguieron escribien-
do muchos otros más tarde. En realidad, este argumento cuantitativo, de tan
obvio, no suele necesitar expresarse: en España, la publicidad, los medios de
comunicación, la vida social tiende a transcurrir en español incluso en las regiones bilingües. Es notable que el argumento aparezca hasta en un discurso en
defensa del regionalismo pronunciado por el político carlista Vázquez de Mella
(1861-1928) en 1918:

> Repito que las regiones con lengua propia deben ser pueblos bilingües y que para
> todos los usos literarios y jurídicos puede emplearse la lengua propia [...] Esta lengua
> castellana, formada por todas las regiones, no es lengua castellana, porque no es len-
> gua regional; es lengua de comunicación y por lo tanto lengua común y española (Gón-
> zalez Ollé 1993: 146).

### El español como símbolo: la lengua de la cultura, de la nación y del progreso

Entramos aquí en otra diferencia semiótica que también fue establecida por Ch.
S. Peirce, la que opone el síntoma al símbolo. El síntoma manifiesta hechos (el
humo es síntoma o índice del fuego), el símbolo manifiesta valoraciones de los
hechos (por ejemplo, la balanza es el símbolo de la justicia porque se supone que
el juez pesa los pros y los contras y concede a cada uno lo que le corresponde).
Este tipo de valoraciones no aparece perfilado de manera definitiva hasta el siglo
diecinueve y, además, las tres no son equivalentes. Primero se dio la ecuación
lengua = cultura, luego la ecuación lengua = nación y finalmente la ecuación lengua = progreso (o lengua = anquilosamiento). En cualquier caso, resulta evidente
que, al tomar la lengua como símbolo, ya la estamos convirtiendo en un cuerpo

estructurado de doctrina, en una ideología. Habrá, por tanto, una *ideología lingüística de la cultura*, una *ideología lingüística de la nación* y *una ideología lingüística del progreso*. La primera da por supuesto que tal lengua favorece más la cultura que tal otra y, además, encarna los valores de dicha cultura superior. La segunda convierte a tal lengua en sustento último de determinada nación. La tercera, en fin, es propia de las lenguas internacionales y las liga al progreso de la humanidad en su conjunto.

**La ideología lingüística de la cultura**

Una expresión típica de la valoración cultural del español aparece ya en Juan Pablo Forner (1756-1797), cuando lamentando elegíacamente su decadencia advierte que la lengua española no sólo era un buen instrumento, según quería el Barroco, sino también un símbolo cultural patrio edificado por los escritores:

> Cuando se representa en mi imaginación la grandeza a que llegó la lengua de mi patria en su mejor edad, y veo el miserable y lamentable estado a que la han reducido la vana inconsideración, la barbarie y la ignorancia temeraria y audaz de los escritores de estos últimos tiempos [...] prorrumpiría en expresiones no del todo dignas del decoro de los que me escuchan [...] Levantemos un monumento a la inmortalidad de esta lengua, ya que la ignorancia no ha permitido que ella sea inmortal; y perpetuemos, cuanto nos sea dable, las excelencias que tuvo en sí, para que la posteridad española cuente entre las grandes hazañas que se atribuyen a este siglo filosófico, la de haberla defraudado de la magnificencia de su idioma, del mayor y mejor instrumento que conocía la Europa para expresar los pensamientos con majestad, con propiedad, con sencillez, con gala, con donaire y con energía (Forner 1972: 25-26).

No debe creerse, empero, que este tipo de planteamientos resulta extraño en el dieciocho. En el siglo de la razón y de las luces lo que se aprecia son las cualidades universales. Pero, como también sucedía en el caso de la valoración icónica, Forner habla a la contra, se enfrenta a otros autores que sostienen puntos de vista opuestos. Por ejemplo, a Antoine de Rivarol (1753-1801), quien en su opúsculo titulado expresivamente *L'universalité de la langue française*, había dicho lo siguiente:

> Il est vrai que la folie des chevaliers errants nous valut le Don Quichotte et que l'Espagne acquit un théâtre; il est vrai qu'on parlait espagnol dans les cours de Vienne, de Bavière, de Bruxelles, de Naples et de Milan; que cette langue circulait en France avec l'or de Philippe, du temps de la Ligue, et que le mariage de Louis XIII avec une princesse espagnole maintint si bien sa faveur que les courtisans la parlaient et que les gens de lettres empruntèrent la plupart de leurs pièces au théâtre de Madrid; mais la génie de Cervantes et celui de Lope de Vega ne suffirent pas longetemps à nos besoins [...] Mais en supposant que l'Espagne eût conservé sa prépondérance politique, il n'est

pas démontré que sa langue fût devenue la langue usuelle de l'Europe. La majesté de sa prononciation invite à l'enflure, et la simplicité de la pensée se perd dans la longueur des mots et sous la plénitude des désinences. On est tenté de croire qu'en espagnol la conversation n'a plus de familiarité, l'amitié plus d'épanchement, le commerce de la vie plus de liberté, et que l'amour y est toujours un culte (1998: 35-36).

Curiosamente Rivarol atribuye a la cultura que se expresa en español las mismas cualidades que Forner, sólo que valorándolas negativamente.

## La ideología lingüística de la nación

La ecuación lengua = nación es, en cambio, propia de comienzos del siglo diecinueve. Hay que advertir, no obstante, que una cosa es postular el binomio lengua-nación, otra, suponer que la nación debe tener un correlato estatal y, finalmente, una tercera, alentar la unión de todos los pueblos que hablan una misma lengua en un gran macroestado. Esto se ve claramente en el caso alemán, tal vez el más emblemático en lo relativo a este asunto. Así, Johann Gottfried Herder (1744-1803) había sostenido que la lengua alemana es la expresión del espíritu del pueblo alemán, pero nunca aspiró a unificar políticamente los "Länder" germánicos; por eso, su discípulo Wilhelm von Humboldt (1767-1835) se limita a constatar en 1821:

> En nadie que haya dedicado alguna reflexión, por exigua que haya sido, a la naturaleza de las lenguas presupondremos opiniones como las siguientes: que una lengua es un mero conjunto de signos conceptuales arbitrarios o que se han vuelto habituales por azar [...] y que, por tanto, puede considerarse en cierto modo indiferente cuál sea la lengua de que se sirve una nación. Al contrario, podemos dar por generalmente aceptado lo siguiente: que las diversas lenguas constituyen los órganos de los modos peculiares de pensar y sentir de las naciones [...] Las generaciones pasan, pero la lengua permanece; cada una de las generaciones encuentra ya ante sí la lengua y la encuentra como algo que es más fuerte y poderoso que ella misma; jamás consigue una generación llegar del todo al fondo de la lengua y la deja como legado a la generación que la sigue; sólo mediante la serie entera de las generaciones resulta posible conocer el carácter de la lengua, pero esta establece un vínculo entre todas las generaciones y todas tienen en ella su representación [...] en el fondo la lengua es la nación misma, la nación en el auténtico sentido del término (1991: 61-63).

No todos fueron tan prudentes como los lingüistas. Julius Langbehn (1851-1907) no tardaría en sacar consecuencias políticas de estas ideas en su libro *Rembrandt como educador* de 1890: si el alemán es el fundamento de la nación alemana y hay una sola lengua, el paso inmediato sería unificar la nación en un estado que incluya a alemanes, austriacos, luxemburgueses, casi todos los suizos, los checos de Bohemia, las minorías de habla alemana del Báltico, etc. Pero no contento con ello, Langbehn se daba cuenta de que realmente el alemán actual es el heredero del alemán antiguo y de que este no se hallaba suficientemente diferenciado de otras lenguas germánicas, por lo que también proponía incluir a holandeses, flamencos e ingleses en esta nación lingüística. ¿Para qué seguir?: la más trágica historia moderna de Europa, con el III Reich como monstruo político y el salto de la nación lingüística a la raza aria como consecuencia argumentativa, están prefigurados en esta idea.

¿Qué hay de la ecuación lengua = nación en el caso del español? Creo que aquí hay que matizar diferenciando claramente entre España y los países americanos. Entre mediados del siglo diecinueve y mediados del siglo veinte se desarrolló, en efecto, un cierto nacionalismo lingüístico en España, pero no en Hispanoamérica donde lo que hubo fue más bien una curiosa ideología lingüística progresista. A comienzos del siglo veinte hubo autores que pretendieron que la Hispanidad era una raza, eso sí, muy particular. El escritor mejicano José Vasconcelos concibió en 1925 una "raza cósmica" en la que deberían fundirse todas las demás, una raza que tendría como elemento unificador, como hilo conductor, la acción de los iberos en el continente americano. Subyace a esta obra un nacionalismo paniibérico evidente, pero trascendido a valores universalistas y apoyado en la cultura, antes que en la lengua:

> Es tesis central del presente libro que las distintas razas del mundo tienden a mezclarse cada vez más, hasta formar un nuevo tipo humano, compuesto con la selección de cada uno de los pueblos existentes [...] (XV) Se perdió la mayor de las batallas el día en que cada una de las repúblicas ibéricas se lanzó a hacer vida propia, vida desligada de sus hermanos, concertando tratados y recibiendo beneficios falsos, sin atender a los intereses comunes de la raza (7) [...] Los antiguos colonos de Nueva Inglaterra y de Virginia se separaron de Inglaterra, pero sólo para crecer mejor y hacerse más fuertes [...] En cambio, *nosotros los españoles, por la sangre o por la cultura* [el subrayado es mío], a la hora de nuestra emancipación comenzamos por renegar de nuestras tradiciones (10-11) [...] En la América española ya no repetirá la Naturaleza uno de sus ensayos parciales, ya no será la raza de un solo color [...] lo que de allí va a salir es la raza definitiva, la raza síntesis o raza integral, hecha con el genio y con la sangre de todos los pueblos y, por lo mismo, más capaz de verdadera fraternidad y de visión realmente universal (Vasconcelos 2001: 17).

Probablemente, el que Vasconcelos hable de cultura hispánica antes que de lengua española está en relación con el hecho de que Brasil pertenece para él a la raza cósmica exactamente igual que las demás naciones hispanoamericanas. No sólo lo dice Vasconcelos, quien insiste en la mutua inteligibilidad de los enunciados por parte de brasileños e hispanoamericanos: para la Oficina de Inmigración de EE. UU. "Hispanic" incluye indistintamente a hispanohablantes o a lusohablantes del sur del río Grande. Pero el paso que lleva de la "raza hispánica" a la lengua española estaba implícito. Por eso, no sorprende que Salvador Tió, un intelectual puertorriqueño de raza negra y de apellido obviamente catalán, ardiente defensor de la cultura hispánica frente a los anglos, afirme taxativamente en el diario *El Mundo* de San Juan el 25 de diciembre de 1969: "Es ajeno a nosotros el concepto de raza en sentido biológico; nuestro sentido de raza nos lo da la lengua".

En el imaginario colectivo de los hispanoamericanos la idea de la raza y la de la lengua española han llegado a fusionarse, hasta tal punto que han terminado por conformar un verdadero tópico del discurso. De aquí a su utilización por los políticos hispanoamericanos de todas las orientaciones media bien poco. Basta leer los discursos de los tres presidentes americanos que asistieron a la apertura del II Congreso Internacional de la Lengua Española en Valladolid en 2000 –Vicente Fox de Méjico, Fernando de la Rúa de Argentina y Andrés Pastrana de Colombia– para darse cuenta de cómo es imposible tratar este asunto sin recaer en el mismo. Por ejemplo, Fox adoptó un punto de vista mentalista: "La lengua de algún modo nos crea, nos conforma, nos define. Y con la lengua se establecieron las creencias, las ideas, los valores, la concepción del mundo propios de la hispanidad". De la Rúa, por su parte, prefirió un planteamiento más pragmático: "Nuestro idioma ha hecho sus aportes concretos al entendimiento de los pueblos y a la búsqueda del progreso, sin alejarse en sus desarrollos de la ética y la eficacia". En cuanto a Pastrana, acabó rematando la jugada con una curiosa proyección profética retrospectiva: "Vengo de *Nuestra América*, la de Martí y la de nosotros, la que ha enriquecido en el crisol del mestizaje la vitalidad de la lengua española, es decir, vengo del futuro, allí donde la imaginación y la realidad se disputan el tiempo y el espacio" (todos estos discursos están disponibles en http://cvc.cervantes.es/obref/congresos/valladolid). Desde luego, se trata de afirmaciones que no llegan ni por asomo a las de Langbehn. No se plantea la unión de los países hispanoamericanos, sólo su común entronque e, implícitamente, la conveniencia de su acción coordinada.

Puede que todo esto les suene a retoricismo vacuo. Da igual, está ahí. No me imagino un congreso de la lengua inglesa en el que la cabecera de la mesa esté constituida por los presidentes de EE. UU., Australia, Canadá, Nueva Zelanda y por la reina de Inglaterra. Tampoco concibo un congreso de la lengua árabe con los presidentes de Egipto, Marruecos, Túnez, Siria, Arabia Saudita, Argelia, etc. Esto no significa que los países de entronque anglosajón no constituyan una unidad cultural con obvias manifestaciones políticas y que los países árabes, por su parte, no obren a menudo conjuntamente: los alineamientos de aquellos en la pasada guerra de Irak o los de estos frente a Israel lo ponen de manifiesto. Pero la lengua, aun siendo común a los integrantes de cada grupo, no es un lazo lo suficientemente fuerte para garantizar el sentimiento de comunidad. En el caso de los países anglosajones, más que el inglés (que también se habla en muchos otros estados: Suráfrica, Irlanda, Jamaica, Kenia...), lo que importa es la cultura "wasp". En el caso de los países árabes, más que la lengua árabe, que también se habla en Malta, lo decisivo es el Islam (por lo que países como Irán o Afganistán entran fácilmente en el grupo también).

Hay, pues, tres situaciones. En los países anglosajones, la lengua desborda ampliamente el marco de la cultura; en los países árabes, la cultura desborda el marco de la lengua; sólo en los países hispánicos existe una sorprendente coincidencia entre la lengua y la cultura. Esta coincidencia tiene que ver, por supuesto, con la forma en que se ha llegado a esta situación. Las naciones hispánicas se formaron sobre antiguas colonias españolas, pero lo hicieron sobre colonias que se habían construido a imagen y semejanza de España, sobre el Virreinato de la Nueva España, sobre el del Perú o sobre el de la Nueva Granada. Nada parecido ocurrió en el caso de los imperios coloniales inglés y francés. En los nuevos países africanos y asiáticos independizados a mediados del siglo veinte (Nigeria, Bangla Desh, Singapur, Senegal...), el inglés y el francés son lenguas internacionales de intercambio que suelen conocer, y aun dominar, las elites, pero no son *su* lengua, porque la inglesa y la francesa no son *su* cultura. En los países latinoamericanos, en cambio, el español es la lengua nacional y ello tanto en los que no tienen población que hable lenguas indígenas porque fue exterminada –Cuba–, como en los que tienen grupos testimoniales –Argentina, Costa Rica– minoritarios –Perú, México– o incluso mayoritarios –Paraguay, Guatemala–. Da lo mismo: las constituciones de todos estos países dejan bien claro que se trata de países hispanohablantes en los que lo primero es la lengua española, la cual figura en todas ellas (Alvar 1986). En otras palabras, que es en Hispanoamérica donde el español ha llegado a ser incuestionablemente una ideología de progreso (López García 2005a).

## La ideología lingüística del progreso

He señalado arriba que esta ideología de progreso le viene al español de su condición de lengua internacional. Por supuesto, cuando una lengua internacional (esto es, inter-nacional: que se habla por varias naciones) funciona, además, como lengua puente (López García 1999), como instrumento de comunicación válido para intercambios científicos o comerciales entre cualesquiera seres humanos, su condición de lengua de progreso se hace aún más patente y sus defensores pasan a considerarla *lengua global*. Es lo que le ocurrió en lo antiguo al latín y lo que hoy día sucede con el inglés. Como dice David Crystal:

> What are we to conclude, after this wideranging review of the way English has come to be used in the modern world? [...] The evidence [...] is that it is a language which

has repeatedly found itself in the right place at the right time. In the seventeenth and eighteenth centuries English was the language of the leading colonial nation –Britain. In the eighteenth and nineteenth centuries it was the language of the leader of the industrial revolution –also Britain. In the late-nineteenth century and the early twentieth it was the language of the leading economic power –the USA. As a result, when new technologies brought new linguistic opportunities, English emerged as a first rank language in industries which affected all aspects of society –the press, advertising, broadcasting, motion pictures, sound recording, transport and communications. (1997: 110-111)

Con independencia de algunas interpretaciones retrospectivas francamente voluntaristas –¿de dónde se ha sacado Crystal que en el diecisiete la potencia colonial más eficiente era Gran Bretaña?–, lo cierto es que en lo demás tiene razón, pues se limita a constatar hechos comprobables. De ahí a suponer que ello convierte al inglés en una lengua de progreso naturalmente media un abismo, aunque era inevitable que se le fuera la mano y que una argumentación del tipo *destino manifiesto* (la lengua que estaba en el lugar adecuado en el momento adecuado) se impusiera.

Volvamos al español. En América su condición inter-nacional ha llevado a valorarlo como lengua de progreso a cuenta del argumento de la raza cósmica (insisto en lo de "progreso": en realidad la idea salió del Ateneo de la Juventud mexicano, de autores como Leopoldo Zea, Antonio Caso o Pedro Henríquez Ureña, es decir, de ambientes izquierdistas más que de cenáculos conservadores). Pero a lo que no se atrevieron es a considerarlo una lengua puente como la lengua global que ha llegado a ser el inglés. ¿Y en España? Últimamente se está discutiendo mucho el papel de la lengua española como símbolo nacional y se intenta retrotraerlo al centralismo borbónico del siglo dieciocho y a los Decretos de Nueva Planta que prohibieron o limitaron el uso de las demás lenguas españolas –catalán, vasco y gallego– en sus respectivos territorios. Creo que hay que matizar: una cosa es el centralismo y otra el nacionalismo lingüístico. Se puede ser centralista sin necesidad de alzar la lengua a la condición de símbolo nacional, pues para que haya nacionalismo lingüístico es preciso que la nación soñada se enfrente a otras naciones y esto no ocurrió en España hasta finales del siglo diecinueve.

Entre el siglo dieciséis y mediados del diecinueve, lo que hubo fue una acomodación de la política lingüística a los avatares de la política en general. Esto se comprueba fácilmente por el hecho de que la actitud del gobierno respecto a las demás lenguas fue similar a ambos lados del Atlántico, de manera que lo que se hizo en relación con el quechua, por ejemplo, fue exactamente lo mismo que se hacía en relación con el catalán. Y así (López García 2005b), tras un primer periodo "imperial" (hasta el último cuarto del siglo dieciséis) en el que se intenta imponer el español a los indígenas al tiempo que dicho idioma gana terreno al catalán en Valencia y al gallego en Galicia, llega la ideología trentina con la institución del vicariato, la cual hurta grandes parcelas de población al dominio real (Lodares 2004). El resultado (durante el dieciocho, en el que lo unificador es la religión católica, nunca la lengua) fue una modesta recuperación de los otros romances peninsulares y una decidida protección de las lenguas indígenas, sobre todo de las llamadas lenguas generales, por la Iglesia. Con la llegada del dieciocho el regalismo borbónico cambia otra vez la orientación de la política lingüística y el español se intenta extender a todos los demás idiomas, pero –y esto es importante destacarlo– no por ser la lengua de la nación española, sino por ser la lengua del gobierno, de la administración y del rey. Ello no obsta para que las medidas administrativas conducentes a dificultar el pleno desarrollo de las otras lenguas peninsulares, sobre todo las aplicadas al catalán en los Decretos de Nueva Planta, sean merecedoras de represión moral: sin embargo, se trata de centralismo y, en parte, del viejo derecho de conquista respecto a los territorios partidarios del archiduque de Austria, no de nacionalismo.

## La ideología lingüística españolista

El español como símbolo de la nación española no llegó a plasmarse ideológicamente hasta las postrimerías del siglo diecinueve porque la misma idea de nación va ligada al surgimiento del Romanticismo. Y lo hizo al tiempo que se alzaban otras ideologías competidoras: la del catalán como símbolo de la nación catalana, la del vasco como símbolo de la nación euskérica y la del gallego como símbolo de la nación gallega. Es la herencia del Romanticismo. Resulta fácil aportar testimonios textuales de esta partitura ejecutada por cuatro instrumentos a la vez. Gaspar Núñez de Arce (1834-1903), político y poeta, en un discurso pronunciado en el Ateneu de Barcelona (!) en 1886, ya distinguía entre lenguas superiores y lenguas locales y, aunque afirmaba su cariño hacia estas últimas como "santa reliquia de familia" [sic], terminaba con lo siguiente:

> Pero de esto a rendirle culto fanático, fuera de toda realidad, hasta el extremo de mirar con enojo, rayano de la envidia, *el habla oficial de la nación a que se pertenece*, y que no por caprichosa voluntad de los hombres, sino por causas mucho más altas, ha llegado a alcanzar la perfección, la universalidad y el predominio que las lenguas y dialectos provinciales no han podido conseguir, hay, señores, inmensa distancia (Núñez de Arce 1886: 10, el énfasis es mío).

Por si no quedara suficientemente claro, Unamuno, entre otras muchas citas recogidas por Resina (2002), apostilla en un artículo de 1899 sobre la enseñanza superior en España:

Y ahora es cuando nos acordamos de nuestra raza. Mas esta nuestra raza no puede pretender consanguinidad, no la hay en España misma. Nuestra unidad es, o más bien será, la lengua, el viejo romance castellano convertido en la gran lengua española (citado en Resina 2002: 121).

Se podrían traer a colación muchos otros autores, pero de muestra basta un botón. La consecuencia inevitable de este tipo de planteamiento es que las otras lenguas de España se sienten como nacionales igualmente por sus hablantes y quedan enfrentadas al español. Como afirma Enric Prat de la Riba (1879-1917) en su ensayo fundacional *La nacionalitat catalana* de 1906 :

> Esclata llavors a tot Europa una grandiosa renaixença literària: totes les llengües hi prenen part, i, conduïdes per la gran revolució romàntica, totes les fins llavors arraconades es fan fer lloc en el concert universal de les lletres [...] A tot arreu la llengua era instrument de la resurrecció del poble. No cal pas dir, doncs, si n'és de poderós el corrent ideològic que, nodrit per deus tan fecundes, fa de llengua i nacionalitt una mateixa cosa [...] Aqueix fet, aqueixa transformació de la civilització llatina en civilització catalana, és un fet que per ell sol, sense necessitat de cap altre, demostra l'existència de l'esperit nacional català. Encara que després d'engendrar la llengua catalana no hagués produït res més, l'ànima del nostre poble ens hauria ja revelat les ratlles fonamentals de la seva fesonomia, estampades en la fesonomia de la seva llengua (1978: 77, 89).

En el País Vasco este nacionalismo lingüístico aparece ligado a la noción de raza incluso en sentido biológico. El fundador del Partido Nacionalista Vasco, Sabino Arana (1865-1903), argumenta así en la revista *Baserritarra* en 1897:

> Estamos acostumbrados a representarnos las razas que hoy viven en Europa ya viniendo por los Urales, ya por el Cáucaso, ora por el Mediterráneo, ora por el estrecho de Gibraltar; pero la raza euskeldun es más antigua y más grande, según lo revela su lengua [...].

y en otro pasaje de sus obras deja bien claro que el enfrentamiento de las respectivas lenguas enfrenta a su vez la nación vasca a la nación española:

> En el pueblo vizcaíno [...] se hablan dos lenguas: la indígena y una extranjera; la primera es el euskera bizkaíno, la segunda la española castellana: la primera la hablan la mayoría de los hijos de esta rama de la raza euskeriana, la segunda, la población invasora y los naturales por ella influidos (Arana 1965: 1370, en Juaristi 1997: 198).

No voy a seguir desarrollando este argumento que podríamos rotular como el de "a cuatro lenguas [peninsulares], cuatro naciones". Por resumirlo crudamente, he aquí las palabras recientes de un reintegracionista gallego:

> A Península Ibérica é constituída por quatro povos: o Catalám, con 11 milhons de pessoas, o Basco, con 2,5 milhons, o Espanhol –velho povo Castelhano–, con 19 milhons,

e o Galego-Português, com 14. Nesta nova Europa felizmente Castela já nom é centro de nada, todos somos periferia e as relaçons entre os povos peninsulares é bom que se fagam por meio do novo centro. Nessa nova Europa ninguém deve ser ameaça de nada (Banhos 1995: 278).

Que Santa Lucía le conserve el olfato político: no sé de dónde se ha sacado esas curiosas cifras de hablantes (o sí: obviamente confunde la población de los territorios con el número de usuarios de las lenguas), pero, en cualquier caso, no se puede hacer afirmaciones más utópicas en vista de lo que se vivió durante el reciente proceso de ratificación del Proyecto de Constitución Europea. Retornando a la cuestión que nos ocupa aquí, lo que me interesa destacar es que el nacionalismo lingüístico españolista es una ideología combativa y lo es, necesariamente, por relación a otras tres ideologías similares y opuestas.

Sin embargo, la ideología nacionalista del español no es la única sobre la faz de la tierra que afecta a este idioma. Junto a ella –y prácticamente al mismo tiempo– se había desarrollado la ideología de la raza cósmica en América. Y es importante destacar que una y otra no son similares ni tan apenas compatibles.

La ideología lingüística españolista es, por definición, una ideología que se nutre de otras similares a las que se ve obligada a combatir porque aspiran a ocupar el mismo espacio político, económico y social: los llamados territorios bilingües de la Península Ibérica. Esto lo pone de relieve la actitud que el pensamiento nacionalista español ha mantenido históricamente en relación con Portugal: ha habido muchas veces el deseo, confeso o no, de incorporar la República portuguesa a España como única manera de completar un fiasco histórico: lo intentó Godoy, lo pensaban Alfonso XIII y el general Franco. Incluso de una manera diferente se lo planteaba Gaziel (1887-1964), el nacionalista catalán, cuando titula un libro de viajes por Galicia y Portugal *La Península inacabada* (1961). Pero nunca se hicieron proposiciones relativas al desplazamiento del portugués por el español, conscientes de que esto no resultaba posible. La ideología lingüística hispanística, por el contrario, no se concibe en términos de antagonismo, aspira –utópicamente, no hay que decirlo– a un porvenir de fraternidad universal cimentada en la fusión de todas las razas, aunque a la postre su fundamento sea una lengua que, por serlo, no puede ser el idioma de todos.

## Hacia una ideología unificada de la lengua española

Durante un siglo ambos sistemas de pensamiento convivieron sin tan apenas relacionarse. Primero fueron las secuelas emocionales de las guerras de emancipación americanas. Luego, los convulsos periodos revolucionarios, tanto en España como en América. Finalmente un rosario de dictaduras, aquí y allá. Pero en el último cuarto del siglo veinte las cosas empezaron a cambiar. Es sintomático que fuera precisamente en 1977, el año en que se estaba redactando la Constitución española de 1978, cuando Julián Marías escribe en el suplemento dominical de *ABC* bajo el expresivo título de *La Lengua Nacional* lo siguiente:

> España y todos los países hispanoamericanos constituyen una unidad no política, sino social; no saturada, sino tenue, sin más poder conjunto que un poder espiritual: un repertorio de vigencias comunes, cuyo principal elemento, vehículo o expediente de todo lo demás es la lengua española. Esta comunidad lingüística es, probablemente, lo más valioso que poseemos los países hispánicos. Algún día las regiones españolas, que poseen además una lengua particular, pedirán cuentas a los que, en nombre de ello –tan positivo y valioso por sí mismo– están intentando despojarlas de la lengua española. Hacer que se sientan ajenas a ella, que no la consideren como suya, es el más colosal despropósito de empobrecimiento que puede recordarse (Suplemento dominical de *ABC* 24/4/1977).

Desde luego, en esta cita y en este periodo aún no se han fusionado ambas ideologías, aún perviven secuelas del nacionalismo lingüístico en España y de la simbología culturalista de la raza cósmica en Hispanoamérica. Pero están en camino de hacerlo. Para llegar a una *ideología unificada de la lengua española* era necesario que los defensores del español en España, curtidos en un planteamiento de defensa y de ataque respecto a las otras lenguas peninsulares, llegaran a volcar sus energías en un ámbito internacional, justamente el que proporcionaba la ideología hispanoamericana. Este proceso, lento desde la perspectiva vital de una persona, pero muy rápido en términos históricos, se ha alargado durante el último cuarto del siglo veinte. Hoy se puede decir que, en términos lingüísticos (no sé si también políticos), la cuestión peninsular ya no es lo que era. La conversión del español en lengua internacional y el surgimiento de la aldea global han relativizado muchas disputas que hace sólo veinticinco años parecían irresolubles (López García 2004a). Los hablantes de lenguas minoritarias, que un día concibieron la esperanza de poder vivir en ellas de forma preferente, han comprobado cómo la abrumadora presencia del español en los medios de comunicación y en la vida social ha reforzado su condición de koiné más que nunca con independencia de las condiciones políticas. Los hispanohablantes, primero los de las regiones bilingües y luego todos los demás, han dejado progresivamente de hablar de la persecución del español porque son conscientes del hecho de que, sean cuales sean las medidas administrativas adoptadas –eso que ahora se llama "normalización lingüística"– y a menudo en abierta contradicción con las mismas, la lengua española lleva camino de ser la de toda España. Y ello incluso en el supuesto de que el Estado español, como lo conocemos hoy, pudiera ver reducidas sus dimensiones por la segregación de alguno de sus territorios. El panorama de 2007 no se parece en nada al de 1977: por entonces se publicaron libros que, dentro de su inevitable exageración, denunciaban hechos reales y actitudes poco democráticas (Jardón 1997); ahora mismo, lo que tenemos son los sucesivos anuarios del Instituto Cervantes, de contenido claramente positivo.

Y bien: ¿qué fue de las energías dedicadas a defender la lengua española en la Península Ibérica? Pues que se aplicaron a defenderla en un contexto internacional frente a otros idiomas internacionales. En el nuevo mundo globalizado el español no puede codearse con la fuerza internacional del inglés, pero sí se ha convertido en la segunda lengua occidental y, por lo tanto, para muchos efectos, en la segunda lengua sin más. Ello lo enfrenta inevitablemente a otras lenguas que hasta hace muy poco ocupaban dicha posición o aspiraban a ello: el francés, el alemán, el ruso. Y entiéndase que ya no se trata tan sólo de destacar su mayor presencia cuantitativa y de denunciar las tergiversaciones de lo que se ha llamado los "alegres guarismos de la demolingüística" (Salvador 1987). Ahora se argumenta en el sentido de que el español es un vehículo de comunicación mejor que aquellos idiomas, porque la cultura internacional se expresa en inglés, por supuesto, pero también en español. Los estudiantes de español como L2 no sólo lo eligen porque lo hablan más personas que otras lenguas, también porque lo creen más útil y mejor. En otras palabras que la disputa ya no es únicamente estadística, es cultural. Los responsables de la estrategia de mercado manejan argumentos que recuerdan a los de la raza cósmica, pero ahora con proyección extrahispánica. Así, Humberto López Morales, el secretario de la Asociación de Academias de la Lengua Española y, probablemente, uno de los valedores más lúcidos e inteligentes del idioma, escribe en el prólogo de un libro dedicado a profesores de Español como Lengua Extranjera (ELE) lo siguiente:

> Si algún hecho lingüístico no admite discusión es que el español se ha convertido en la actualidad en la segunda lengua de comunicación internacional. Esto es así debido a dos circunstancias importantes. La primera es la cantidad de hablantes que lo maneja como lengua materna en grandes extensiones de todo el mundo, ya sea en países que lo tienen como lengua oficial c co-oficial [...] Es cierto que la mayoría de ellos se encuentra en zonas americanas, pero no hay que olvidar que su cuna europea, España, es un país de gran liderazgo en el mundo de la cultura. Tampoco deben desestimarse los contingentes de hablantes europeos, africanos y orientales [...] La segunda razón, tan importante como la primera, es que el español es una lengua relativamente homogénea, una lengua "blanda" (*soft language*) en terminología de la sociología del lenguaje, lo que significa que [...] la comunicación entre hispanohablantes de distintas latitudes geográficas es fluida y sin graves rupturas comunicativas. Ambas características garantizan, desde luego, que cuando se aprende español se puede hablar en él con muchísimas personas en diferentes partes del mundo, con la seguridad de poder entendernos sin dificultad [...] (López Morales 2004: 15-16).

Esta nueva actitud es el resultado de proyectar hacia afuera energías que antes se consumían en estériles luchas fratricidas. Esto ha ocurrido a menudo en la vida política de las naciones, sólo que aquí se constata en la cultural. Por ejemplo, las Cruzadas dirigieron hacia el adversario religioso las tensiones sociales (lucha de clases) y políticas (enfrentamiento entre el Papado y el Imperio) que estaban viviendo los países europeos. También se llegó a una tregua entre los regímenes socialistas y los capitalistas durante la Segunda Guerra Mundial para derrotar al nazismo. La expresión simbólica más clara de este ánimo cooperativo y concilia-dor en lo que respecta a la nueva ideología de la lengua española fue la creación del Instituto Cervantes y los acuerdos a los que ha llegado con institutos similares de las otras lenguas peninsulares (el Ramón Llull para el catalán, por ejemplo) o con organismos equivalentes en otros países hispánicos como México. Pero la nueva ideología de la lengua española se sustenta sobre todo en hechos, mucho más que en símbolos. Son las editoriales que publican millones de libros para todo el ámbito hispánico, las productoras que filman culebrones o graban cancio-nes que se consumen en todos los países de habla española, las estrechas relacio-nes económicas que establecen empresas asentadas en todos estos países a la vez, las que están cimentando un nuevo espacio cultural de enorme pujanza. Un espa-cio en el que, por cierto, participan activamente numerosos profesores de lengua materna no española (basta con ver los apellidos de los docentes y, a menudo, de los responsables del Instituto Cervantes), pues ahora la propagación del español ha dejado de ser una labor proselitista (y, por lo que a estas personas respecta, una especie de traición) para convertirse en un trabajo o en un negocio. Un espa-cio, también, al que tanto han contribuido las migraciones internas –de españoles hacia América a comienzos del veinte y de americanos hacia España a finales de este siglo– o las migraciones externas –de hispanoamericanos hacia EE. UU. o de europeos y africanos hacia España–.

La nueva actitud que estamos glosando también se beneficia de haber alcanzado un pacto implícito. Se habrá advertido que hasta ahora sólo había mencionado el portugués de pasada. Evidentemente es una gran lengua mundial y una lengua que por el número de sus hablantes parecía destinada a priori a competir con el espa-ñol. Arriba me he referido a la *Gramática de la lengua vulgar de España* (1559), curioso texto anónimo en el que se considera al español y al portugués como variantes de un mismo sistema lingüístico. Desde luego, hoy en día nadie se atre-vería a sostener esta tesis. Pero ello no obsta para que no se deje de reconocer –como bien sabía Vasconcelos– que el portugués de Brasil y el español de Améri-ca son variantes románicas mutuamente inteligibles sin demasiada dificultad y que, además, se asientan sobre un espacio cultural homogéneo. El español ameri-cano y el brasileño permiten entre ciudadanos normales lo que, para la UE y tras una laboriosa preparación previa se ha propuesto para hablantes cultos europeos, ya románicos ya germánicos: que cada uno hable en su idioma y comprenda el del otro. Con estos mimbres se ha propiciado una ampliación notable del espacio lingüístico ibérico, casi sin costo añadido alguno. No importa si un anuncio, una película o un discurso están en español americano o en brasileño: las personas que se mueven en el espacio ideológico que comentamos continúan sin abandonar su casa común tanto si reciben los mensajes en un idioma como en el otro (López García 2000). Al fin y al cabo también participan de una misma actitud ante el mestizaje de los pueblos: por los mismos años en los que Vasconcelos escribía su libro *La raza cósmica*, se escriben en Brasil obras con planteamientos parecidos (por ejemplo, *Casa Grande & Senzala* de Gilberto Freyre) y a los que se les pueden hacer las mismas objeciones ideológicas. La ampliación del hispanobrasileño es una ampliación en ambos sentidos, una ampliación que ha cuajado en medidas educativas de gobierno y que se siente por todos como algo beneficioso. Lo que se perfila en el horizonte es, pues, una ideología unificada bilingüe en la que dos bloques lingüísticos diferentes, pero muy próximos y que comparten una misma cultura, se enfrentan a otros con idénticas pretensiones universalistas.

Claro que uno podría preguntarse hasta qué punto dicha ideología unificada es una idea o una ideología. Por un lado, el discurso sobre la lengua española retiene características claramente ideológicas, como es su propensión a servir de coartada legitimadora para el mestizaje. Pero, por otro, la misma dinámica competitiva en la que se halla inmerso lo convierte en una idea comercial más que en una propuesta ideológica. Hoy en día los argumentos tal vez sean ideológicos todavía, pero las razones que llevan a tantos y tantos alumnos a estudiar español como segunda lengua tienen poco que ver con la ideología; tampoco son ideológicas las razones que llevan a editores, profesores o medios de comunicación a aprovechar la plataforma que les brinda el español. Esta es la razón por la que muchas veces las declaraciones públicas que tienen que ver con la lengua española han sido, en mi opinión, malinterpretadas. Es verdad que parece como si el Instituto Cervantes, la RAE, algún que otro grupo editorial y la monarquía española estuviesen empeñados en propagar una ideología lingüística imperialista. Pero se trata de una mera apariencia: lo que les une es el deslumbramiento ante la creciente demanda de español en el mundo, un fenómeno reciente y casi eruptivo. Fuera de este deslumbramiento, cada uno tira por su lado: quién, como el Cervantes, quiere propagar la cultura española sirviéndose de un embalaje de fácil aceptación; quién, como la RAE, intenta mantener unido el diasistema lingüístico, a pesar de su dispersión geográfica, precisamente porque la aldea global exige un modelo unificado; quién, como las empresas mediáticas, pretende simplemente hacer negocio y ganarles la partida a los competidores; quién, como la Casa Real, en fin, busca apuntalar la acción exterior del Estado español en su embajador más fiable.

Es cierto que, a juzgar por determinados textos propagandísticos, parece como si todavía siguiéramos en el siglo diecinueve o incluso antes. Un periodista español, autor de obras de divulgación que se venden como rosquillas en los grandes almacenes, dice este tipo de cosas:

> El idioma constituye la expresión más fiel de cada pueblo, y por eso ningún otro idioma podrá definirnos. Nunca ya otra lengua ocupará ese lugar para explicarnos, porque entonces no seremos explicados, sino suplantados [...] Pedro Salinas hablaba del lenguaje como el instrumento de la inteligencia, pero el idioma español es sobre todo el instrumento de los sentidos y de las emociones [...] Ninguna lengua más homogénea que la nuestra. Alrededor del español se separan el portugués europeo y el americano, que empiezan a ser dos idiomas distintos, se enfría el inglés funcional en las viejas colonias que nunca lo asumieron como lengua materna; pelea el francés con los idiomas árabes de quienes lo usan sólo como instrumento de comercio, se aísla el chino con sus 1.000 millones de hablantes y se divide en innumerables dialectos (Grijelmo 2001: 384-388).

Esto es, acumula en sólo una página tres posiciones dialécticas históricamente diferenciadas: la del mejor idioma, propia del siglo dieciséis; la del idioma del pueblo, típica del diecinueve; y la del idioma que supera a sus competidores, el planteamiento del veintiuno. No deberíamos reprochárselo: al fin y al cabo, la divulgación humanística se puede permitir estas licencias. Pero no hay que dejarse engañar. Por lo que respecta a la tozuda presencia de los hechos, cada época histórica propicia unos determinados argumentos y una determinada visión de la lengua, los cuales van dejando atrás a los que les precedieron. Y lo que el siglo veintiuno está debatiendo es cuáles serán las lenguas internacionales del futuro y qué papel le cumplirá desempeñar a cada una.

No sabría cómo apellidar la curiosa conjunción de pragmatismo e ideología sobre la lengua española a la que se está llegando. Porque la ideología unificada ibérica bilingüe no es una ideología para ganar adeptos o fieles, simplemente busca conseguir clientes. Tal vez, puesto que se trata de una ideología que se justifica por la venta de un producto, podríamos llamarla *ideología emolingüística* (del verbo latino EMO, "comprar"). Lo interesante es que, en el espacio globalizado en el que nos movemos, sólo conozco otro idioma en la misma situación: el inglés. En otra escala, ciertamente, pero la justificación del carácter universal del inglés se basa en un argumento igualmente mercantilista:

> A language does not become a global language because of its intrinsic structural properties, or because of the size of its vocabulary, or because it has been a vehicle of a great literature in the past, or because it was once associated with a great culture or religion [...] A language becomes an international language for one chief reason: the political power of its people –especially their military power [...] But international lan-

guage dominance is not solely the result of military might. It may take a militarily powerful nation to establish a language, but it takes an economically powerful one to maintain and expand it. This has always been the case, but it became a particularly critical factor early in the twentieth century, with economic developments beginning to operate on a global scale [...] By the end of the [nineteenth] century, the population of the USA (then approaching 100 million) was larger than that of any of the countries of western Europe, and its economy was the most productive and the fastest growing in the world [...] And the language behind the US dollar was English. (Crystal 1997: 8)

Curiosamente, de acuerdo con la tesis de Huntington (2004), la masiva inmigración de hispanos en los EE. UU. está cambiando este panorama al prestarle al inglés una coloración ideológica nacionalista en ausencia de otras propiedades susceptibles de mantener unidos a los ciudadanos, como antaño lo fueron el llamado Credo y la cultura central. No voy a comentar este planteamiento. Sólo quiero destacar que las lenguas española e inglesa están ambas sujetas a una ideología emolingüística, la primera viniendo de una ideología nacionalista, la segunda dirigiéndose hacia ella.

Qué consecuencias pueda tener todo ello para el futuro es asunto complejo y apasionante del que pienso ocuparme próximamente, entre otras razones porque la suerte del español se juega, ciertamente, en relación con la posición que termine adoptando respecto al inglés (López García 2004b).

# POR UNA RECONSTRUCCIÓN DE LA IDEA DE LA LENGUA ESPAÑOLA. MÁS ALLÁ DE LAS FRONTERAS INSTITUIDAS

## LUIS FERNANDO LARA

Karl-Otto Apel, en su *Die Idee der Sprache in der Tradition des Humanismus von Dante bis Vico* (1980, Cap. III) llamó la atención sobre un fenómeno que durante mucho tiempo ha pasado inadvertido para la lingüística, seguramente a causa de su acérrimo compromiso con la objetividad descriptiva: el hecho de que una comunidad lingüística, a lo largo de la evolución de su cultura, se forma ideas de su propia lengua; es decir, enfrentada a una realidad de su actividad verbal, reflexiona acerca de ella y logra objetivarla de alguna manera y en alguna medida. Para Apel eso fue lo que sucedió cuando Dante, en su tratado *De vulgari eloquentia*, hizo de la lengua vulgar un medio de expresión poética que por primera vez disputaba la primacía del latín como lengua del arte. Pero podemos agregar a esa afirmación de Apel que, de manera casi simultánea a Dante, el mismo fenómeno se produjo en Castilla, gracias a la actividad reflexiva lingüística de Alfonso X el Sabio, aunque no por cierto en el estilo poético, sino en el de la prosa histórica, científica y jurídica.

Algo semejante sostiene Roger Wright en su *Latín tardío y romance temprano en España y la Francia carolingia* (1989), aunque lo demuestra de otra manera y nos permite retrotraer el "descubrimiento de la lengua materna" (romance) –como lo calificaba Apel– a la época, alrededor del año 800 d. C., en que la necesidad de definir cómo se había de leer (en voz alta) el latín medieval llevó a darse cuenta de que, entre el dialecto romance y el latín había una gran brecha, que habría que zanjar definiendo la relación entre el texto escrito y su lectura; lo que obligaba, a su vez, a reconocer las peculiaridades fonéticas del romance y a problematizar la relación de representación entre letra y fonema. Según Wright, el francés carolingio y poco después el español (aunque identificar de esa manera "francés" y "español" sea anacrónico, pues tal identificación de las lenguas es muy posterior) comienzan a reconocerse como lenguas diferentes del latín y no meros estilos del hablar latín, meros "sermo vulgaris", por la actividad de clérigos germánicos y celtas, para quienes el latín era una lengua completamente extranjera a las suyas, lo que les daba una perspectiva de objetivación lingüística que habría sido más difícil de lograr en el mundo románico.

Esos dos primeros "descubrimientos" del español, resultado de diferentes reflexiones acerca de la lengua materna, no fueron comprobaciones nacidas de una simple intuición lingüística natural de sus hablantes, como le gustaría pensar a la lingüística descriptiva contemporánea y como casi se lo exige a los hablantes de lenguas amerindias, sino que se dieron mediante dos diferentes instrumentos conceptuales, dos "espejos" (para seguir la metáfora de la reflexión): el de la escritura y el del arte de la gramática latinas. Es decir, que el español –como otras lenguas en Europa– comenzó a identificarse, a delimitar sus características, a plantearse su sistema de escritura y su sistema gramatical en el "espejo" del latín.

El "descubrimiento de la lengua materna" tiene lugar en el ámbito general de la *representación*. De la lectura de los textos latinos eclesiásticos se discierne un valor propio de las letras; del valor propio de las letras, la identificación de los fonemas, o sea, la manera de representarlos en la escritura, cuando la lengua ya no es más latín, sino que se ha transformado y ha dado lugar a la aparición de sonidos nuevos, no reconocidos todavía y por eso mismo necesitados de representación. Más tarde, con la *Gramática de la lengua castellana* (1492) de Elio Antonio de Nebrija, la gramática latina se convierte en instrumento de análisis y representación del español. Pero desde el momento en que es la gramática latina no sólo el instrumento del conocimiento reflexivo, sino el modelo al que debía ajustarse la lengua, el ámbito de la representación se convierte plenamente en ámbito *simbólico*: reducir la lengua vulgar al arte, como preconizaban Dante o Nebrija[1], implicaba ya el interés por acercar el florentino y el español al latín como modelo ejemplar y, junto con ello, asumir para la lengua vulgar un valor simbólico equiparable al del latín clásico, junto con sus valores literarios y sus valores civilizatorios.

En ese paso del descubrimiento de la lengua materna y su primera representación, que obedece a una objetivación reflexiva de la propia lengua y a su reconsideración simbólica bajo el modelo latino, la lengua trasciende su primera realidad reflexiva y pasa a formar parte de un "imaginario colectivo" –en la concepción de Cornelius Castoriadis (1987)– que comienza a atribuir a la lengua su primera identidad; es decir, a distinguirla de las otras y a atribuirle una perso-

---

[1]   "Acordé ante todas las otras cosas reduzir en artificio este nuestro lenguaje castellano" (Nebrija 1492: 100, prólogo, líneas 41-48).

nalidad virtual, un "genio", como todavía gustan de entenderlo muchos académicos de España y de América. Este hecho, por lo general, si no despreciado por su "falsedad" objetiva, al menos soslayado, se convierte a la vez en un elemento definitorio de la identidad social, que se produce totalmente en el ámbito simbólico. Como dice Castoriadis, "lo simbólico incluye, casi siempre, un componente 'real–racional': aquel que representa lo real o es indispensable para pensarlo o actuar sobre él. Pero este componente está inextricablemente entretejido con el componente imaginario" (1987:128)[2].

La exploración de esa dimensión simbólica del español, a la que debemos la posibilidad y, para muchos, la necesidad de definir las fronteras de la lengua, es una empresa, en general, poco acometida, en mucho debido al riesgo inmediato de sesgar la interpretación (pues no se puede hacer de otra manera, sino interpretando) en favor o al servicio de alguna ideología política, que la deslegitime desde sus comienzos. Por eso es necesario advertir, en este momento, desde dónde propongo tal exploración: no desde el núcleo tradicional español, sino desde su periferia americana; no desde un patriotismo español, sino desde la visión que me permite la larga historia de búsqueda de lo mexicano y la crítica que ya podemos hacer de ella; no desde una ideología nacional que coloque la lengua española en su centro, sino desde la contradicción ideológica mexicana que a la vez tiene la lengua española como constitutiva de su identidad social (la Constitución de los Estados Unidos Mexicanos está escrita en español, y el 90% de los mexicanos somos hispanohablantes de nacimiento) y sin embargo se legitima simbólicamente en su pasado prehispánico, amerindio.

Decía que dos momentos centrales de la formación de la idea de la lengua española fueron los de su "descubrimiento" mediante la problematización carolingia de la escritura latina, transmitida a España por los monjes que, desde Francia, comenzaron a poblar los monasterios del este, en Aragón, en La Rioja y en Navarra, y mediante la decisión de Alfonso el Sabio de crear una prosa jurídica, histórica y científica en su lengua vulgar. La idea de la lengua que se produce en esa época es una idea práctica, orientada a la escritura y a un discurso preciso, desde el punto de vista de la comunicación. Hans–Josef Niederehe lo expone así:

> A Alfonso el Sabio le interesa únicamente la precisión expresiva, 'la razón que cumple', como dice en [un] pasaje [...] del *Libro de la ochava esfera*. Le resulta, por tanto, ajeno el querer hablar según el modo de un grupo étnico o social. [...] Dicho con otras palabras, su concepción lingüística no se orienta a un sistema, a la *langue*, sino a la *cosa*. Tiene un carácter pragmático (1987: 128)[3].

---

2    La traducción es mía, a partir de la versión inglesa de la obra de Castoriadis.
3    En el original alemán, § 3.3.4, p 100. Continuaré citando sólo la versión en español.

Dicho con otras palabras más, se puede proponer que para Alfonso el Sabio el castellano adquiere un reconocimiento práctico, pero todavía no una identidad simbólica; todavía no se identifica delimitando sus características frente a los otros dialectos romances de la Península, aunque sí seleccionando alternativas morfofonológicas y ortográficas; no se identifica como símbolo de prestigio, ni mucho menos en cuanto lengua de una sociedad "castellana", *diferente* de las otras sociedades peninsulares. Pragmáticamente, ya Fernando III había mandado traducir el *Forum Judicum* al romance castellano para facilitar la vida jurídica de todos los pueblos que, bajo la dominación árabe, se habían alejado aún más del conocimiento del latín y sus fueros habían evolucionado de manera particular y aleatoria; pero al convertir el castellano en lengua de la cancillería real, seguía, en opinión de Niederehe, tomando ese romance como la forma de hablar más conveniente para darse a entender. *Castellano drecho* y *hablar paladinamente* no serían dos concepciones normativas, como suele interpretárselas, sino dos maneras de significar el hablar con la precisión que requiere la comunicación (126-127).

Quizá podamos atribuir a la preferencia alfonsina por el castellano dos impulsos profundos: por un lado, el anhelo *español* –y aquí el adjetivo parece ser adecuado– por recuperar la unidad territorial cristiana de la Península, lograda en buena medida por los reyes visigóticos y destruida por la invasión musulmana (de ahí el llamar "reconquista" a la prolongada guerra contra al-Ándalus); por el otro, el carácter lingüístico y social del llamado "castellano", frente a los demás dialectos románicos peninsulares. En cuanto a lo primero, Menéndez Pidal afirma en su ensayo *Los españoles en la historia* que

> la destrucción del reino godo, seguida de tan prolongada disgregación, no consiguió borrar de los espíritus el concepto unitario; lo oscurecieron, lo relegaron en la vida política, pero no en la esfera de las ideas y de las aspiraciones. Porque los reinos medievales no vinieron a romper la unidad gótica de un modo arbitrario, sino a remediar la ruina de esa unidad [...] El localismo tiene como principal fundamento una diferencia lingüística, y ninguno de esos reinos, salvo el de Portugal, se fundó sobre una base idiomática. León, Castilla, Navarra, Aragón, todos fueron reinos bilingües. Todos nacieron como una primera forma de reintegración (1959:127).

Podemos considerar ese "concepto unitario" del que habla Menéndez Pidal una manifestación clara del imaginario colectivo de la época, cuya creación varios historiadores atribuyen a los monjes mozárabes emigrados al norte (Martin 1984), y que adquiere realidad desde el momento en que el pequeño reino de Asturias se asume como heredero del desaparecido reino visigótico de la Península; a Pelayo se le atribuye origen godo; si resulta imposible mudar el sepulcro del apóstol Santiago a Asturias, para dotar a su lucha de una absoluta legitimidad cristiana, trasladan al menos los restos de San Isidoro a León, y plasman en un estandarte guerrero una imagen del obispo visigodo de Sevilla a caballo, con una cruz y una espada[4]. La llamada "Reconquista" se plantea desde entonces como una recuperación de la unidad perdida de España, por la que reiteradamente habrán de esforzarse sucesivos reyes peninsulares. También Alfonso el Sabio participaba de ese anhelo unitario, según lo documenta Niederehe:

> Desque los sus naturales ouo el rey don Alffonso puesto en recabdo desta guisa, apartos-se otro día con los de Aragón et portogaleses et gallegos et asturianos, essos que y uinieron, et díxoles assí el rey don Alffonso: 'Amigos, todos nos somos espannoles'[...][5].

En cuanto al carácter lingüístico y social del castellano, Ángel López García defiende en su ensayo *El rumor de los desarraigados. Conflicto de lenguas en la Península Ibérica* (1985: 56), la tesis de que el castellano no fue un dialecto romance de características lingüísticas y sociales semejantes al aragonés, al catalán, al leonés, sino desde su origen una *koiné* vascorrománica, es decir, no "un producto espontáneo de la escisión del latín, sino un habla de transición entre dos bloques lingüísticos" (1985:43), creada como medio de comunicación que podían adoptar quienes no hablaban ni vasco, ni la variedad romance del Alto Ebro:

> En otras palabras, que la utilización de la *koiné* del valle del Ebro como instrumento de comunicación entre peninsulares –primero en Navarra, Rioja, Aragón y Cantabria, luego, a través del camino de Santiago, en la Castilla central y en León, por último en otros Estados peninsulares– es anterior a la entronización del castellano como lengua oficial del Estado español e independiente de aquélla (1985:43).

La tesis de la koiné vascorrománica, que seguramente resulta muy provocativa para varios historiadores de la lengua, supone que toda koiné nace por necesidades primarias de comunicación y, por esa causa, no sufre las tendencias disgregadoras naturales de una evolución dialectal.

López García (1985: 48-50) suma a las reconocidas influencias fonéticas del sustrato vasco (la aspiración de /f/, el refuerzo de /r/ inicial, el ensordecimiento de las sibilantes, el sistema de cinco vocales) un artículo neutro *lo* indiferente al número (*lo* bueno *es* la casa/*lo* bueno *son* las amistades), correspondiente a una declinación indefinida, también indiferente al número, en vasco; la posibilidad de acumular varias preposiciones ("*desde por entre* los árboles nos espiaban"), correspondiente a un fenómeno de sobredeclinación reconocido en vasco; la llamada conjugación objetiva, que consiste en la indicación del objeto, junto con el sujeto en forma pronominal átona obligatoria ("*me* mira a mí" y nunca *"mira a

---

4   Se puede ver en la Colegiata de San Isidoro, en León.
5   En la *Crónica general*, 693ª46, en Niederehe 1987: 104.

mí"); las oraciones impersonales en que el sujeto pasa a ser objeto directo y deja de concordar con el verbo ("se vende botellas"), a las que relaciona con la construcción ergativa vasca, por la que el caso del sujeto de las oraciones intransitivas es el mismo del objeto de las transitivas; la capacidad para sustantivar el infinitivo ("mi parecer", "el ir y venir"), y varios fenómenos más. Siguiendo a Alarcos, señala que las *Glosas Emilianenses* comparten más rasgos con las variedades romances orientales que con el castellano de Alfonso el Sabio (véase también Wolf 1996).

Si esos son los argumentos lingüísticos que permiten a López García sostener su tesis de la koiné vascorrománica, no es menos sugerente su explicación de que la koiné se debe a la comunicación entre los pobladores de diversas procedencias, que iban avanzando con la Reconquista por los territorios arrebatados a los moros. A diferencia del modo en que Menéndez Pidal y la historia canónica de la lengua española lo explican, en el sentido de que el dialecto romance castellano se impone por sí mismo y absorbe las diferencias dialectales de los pobladores que avanzaban hacia el sur de la Península, López García sostiene que fue la koiné de los pobladores del valle del Ebro la que se impuso comunicativamente, no en dirección norte-sur, sino primero este-oeste, siempre nutrida por el desarraigo de los contingentes humanos que participaban en la Reconquista; no una cuña castellana, como lo explicaba Menéndez Pidal, sino una mancha de límites imprecisos y difusos, hasta que Castilla la adoptó como lengua de su cancillería y, más tarde, como lengua del reino. Concluye López García: "El español nació como la lengua de los otros, la lengua de los desheredados que no conocían otra nación que la que ellos mismos y su trabajo pudiesen edificar" (1985:54).

Así que la primera idea de la lengua española, identificada como castellana desde Alfonso el Sabio, se apoya sobre el imaginario de la unidad cristiana española y no sobre una identidad étnica castellana, cualitativamente diferente de la de los demás pueblos románicos peninsulares.

Pasarán dos siglos, en que crece la literatura popular escrita en castellano y no sólo en Castilla, antes de que Nebrija, educado por el humanismo italiano, termine por completar la idea de la lengua ampliando su imaginario colectivo, aproximándola a los valores estéticos y civilizatorios del latín, dotándola de su primera gramática, y proponiéndola como "compañera del imperio". La idea de la lengua en la época de los Reyes Católicos y hasta la llegada de la dinastía Borbón será de esplendor clásico latino, de expansión imperial[6], pero no de identidad étnica ni

---

6    Un valor notable todavía un siglo más tarde, según afirma Guitarte a propósito de la historia de Bernardo de Aldrete (1606), *Del origen y principio de la lengua castellana o roman-*

de oposición ni con el gallego, ni con el portugués, ni con el catalán, ni con el
vasco; y, en América, tampoco con las lenguas amerindias, que se estudian, las
aprenden los misioneros, se busca difundirlas como "lenguas generales" y se
crean cátedras universitarias para cultivar las más extendidas, como el náhuatl[7].
López García afirma que "los Estados del SIGLO XVI –y el español constituye su
prototipo más evidente– aspiraban a la uniformidad política y económica, pero
no a la lingüística" (1985: 84). El historiador Joseph Pérez lo reafirma:

> Los primeros Austrias [[...]] se apoyaron en Castilla [...] Nunca trataron de someter
> por la fuerza las resistencias que encontraron en los países de la corona de Aragón. Ni
> siquiera Felipe II, tantas veces presentado como autoritario y centralizador, dejó de
> respetar los fueros. El poder real no hizo nada por imponer el uso del castellano en el
> siglo XVI. Fueron las minorías selectas portuguesas, catalanas y valencianas las que
> adoptaron progresivamente el castellano como lengua de cultura, un movimiento
> espontáneo que no estuvo acompañado de presión política alguna (1999: 236).

Castilla sostuvo de esa manera su preponderancia sobre los demás reinos españoles durante dos siglos más. Una economía agotada por las continuas guerras
europeas y el atraso de los medios para mejorarla; y una situación social correspondiente a ese agotamiento llevó a los primeros ilustrados españoles a tratar de
modificar la organización del Estado. El conde duque de Olivares propuso a
Felipe IV reforzar la unión del territorio peninsular mediante un derecho, una
fiscalidad y una administración comunes, guiados por el modelo castellano, y
bajo un *rey de España*, no bajo un rey de Castilla, de Portugal, de Aragón, de
Valencia, conde de Barcelona, etc.; es decir, se recupera la idea de una unidad
española, aunque ahora ya no como reivindicación de los territorios cristianos
frente a los "invasores" musulmanes, sino como una unidad política, fiscal y
administrativa. La idea de Olivares no habría de triunfar hasta el cambio de
dinastía, con la llegada al trono de Felipe V de Borbón[8]. Sin embargo, como
señala Pérez,

---

*ce que oi se usa en España*: "¿Qué significaba en el siglo XVI el orgullo de ser español? No
se agotaba, ciertamente, como en el nacionalismo del siglo diecinueve, en un sentimiento
de superioridad por las conquistas de todo orden hechas por la propia nación. Era un patriotismo universalista, "católico" (en el doble sentido, etimológico y religioso, de la palabra).
Aldrete tenía plena conciencia de que la dimensión imperial de España, de la que estaba tan
orgulloso, sólo alcanzaba su último sentido como vehículo de catolicidad" (1986:157).

[7] Lo cual no debe ocultar la tensión constante en América entre los defensores de las lenguas
indígenas y los que propugnaban la imposición forzosa del español. La cuestión es que tales
intentos de imposición no revelan todavía una idea de la lengua unitaria y contraria a las
demás lenguas; serán impulsos que cuajen en el siglo XVIII. Véase Zavala 1996.

[8] El llamado "Decreto de nueva planta" de 1707 abolió los fueros e instituciones aragoneses
y valencianos, pero al parecer no impuso el español en esos reinos.

los primeros Borbones se guardaron mucho de tocar, especialmente, las lenguas regionales. El catalán siguió siendo la lengua oficial de la Audiencia de Barcelona, aunque, en la vida cotidiana, el castellano fuera cada vez más utilizado como lengua de la elite y de la cultura. [...] En 1780 unas instrucciones gubernamentales recomendaron generalizar el uso del castellano, pero ningún texto prohibió formalmente las lenguas regionales (1999:326)[9].

Habría de ser Carlos III, bajo la influencia intelectual del despotismo ilustrado francés, quien modificara el estatuto de las lenguas en la Península y en América, aunque, en cuanto a América, probablemente la multitud de lenguas aborígenes con que tenían que habérselas los gobernantes españoles y la Iglesia haya sido una causa de quejas y peticiones constantes de imposición del español que, si ya se manifestaba desde la época de Felipe II, encontraba un ambiente intelectual más propicio en el pensamiento ilustrado. Así por ejemplo, a instancias del arzobispo de México, Lorenzana, Carlos III emite una cédula real en 1770:

para que en los Reinos de las Indias, Islas Adyacentes y de Filipinas, se pongan en práctica y observen los medios que se refieren y ha propuesto el Arzobispo de México, a fin de conseguir que se *destierren* los diferentes idiomas que se usan en aquellos dominios, y sólo se hable el castellano (ápud Zavala 1996: 84, el énfasis es mío).

El paso del imaginario colectivo español, de integración de la unidad idiomática a su unidad política y económica se produjo en esa época. Con ello, el español adquiere, por primera vez, una identidad opuesta a la de las otras lenguas del imperio. La vieja koiné, que del valle del Ebro bajó hacia Andalucía; que cultivaban incluso los demás pueblos peninsulares, y de allí se extendió hasta América, adquiría ahora una identidad delimitadora e impositiva, dando lugar a los movimientos reivindicatorios de las lenguas regionales en la Península y en Hispanoamérica que vendrían a caracterizar los siglos diecinueve, veinte y estos comienzos del veintiuno[10]. Por vez primera, la lengua española se convierte en un símbolo nacional; España se identifica con el español; y los conflictos políticos y administrativos que se habían creado en los siglos anteriores y en diferentes momentos, sobre todo entre Cataluña y la Monarquía, ganan un símbolo poderoso: la diferencia de las lenguas. La identidad de las lenguas pasa a nutrir una ideología identitaria y diferenciadora.

---

[9] Supongo que esas "instrucciones" son las de la Pragmática a la que refiere López García (1985:105) y que califica como "una solución de tipo francés".

[10] A la reorganización política y administrativa del imperio por parte de los Borbones se debió también la modificación del estatuto jurídico y simbólico de los virreinatos hispanoamericanos, que pasaron, de tener derechos semejantes a los reinos españoles, a la categoría de *colonias*, según el modelo francés.

Pero no sólo eso. Se puede suponer que la resistencia tradicionalista española –sobre todo "castellanista"– a las modificaciones llevadas a cabo por los Borbones, junto con el escándalo que causaba a una sociedad controlada por el catolicismo la llegada del pensamiento y la ciencia franceses, dio lugar a una nueva característica de la idea de la lengua: el purismo y su alternativa casticista, que no son sino ideologías identitarias y defensivas frente a lo que se considera un embate o una invasión de otra lengua.

Según se puede colegir a partir de la obra de Fernando Lázaro Carreter *Las ideas lingüísticas en España durante el SIGLO XVIII* (1947), el germen del purismo y el casticismo no tuvo procedencia política, sino literaria: el hastío y la molestia que producían los excesos de la literatura y la oratoria barrocas, en una época en que el neoclasicismo comenzaba a configurar una nueva posición intelectual y estética. Las actitudes de los escritores españoles del siglo dieciocho hacia esa literatura llevaban a un estilo depurado, racional, austero en sus metáforas, alejado de las palabras altisonantes; incluso antipoético. Se revalora la literatura del siglo dieciséis y se abjura de aquella del diecisiete que ha caído en la exageración. La creación de la Real Academia Española y el *Diccionario de autoridades* (1713–29) manifiestan con claridad esa actitud; de ahí que el *Diccionario* mostrara una notable apertura hacia la literatura antigua, apreciara la del dieciséis y la mejor del diecisiete, aceptara incluso vocablos de la germanía antigua y voces provenientes de las provincias españolas y de América (lo que lo destaca en comparación con sus semejantes, los diccionarios de la Academia Francesa y de la Academia de la Crusca). El *Diccionario de autoridades* no era una obra purista ni casticista; incluía en él vocablos de cualquier procedencia (Lázaro Carreter 1980), siempre que llevaran el cuño del uso de los "buenos escritores" (a juicio, por supuesto, de los miembros de la Academia). Observa Lázaro Carreter (1947: § 81) que, a principios del siglo dieciocho, "los galicismos no constituyen problema lingüístico [aunque] sí los cultismos de la corrupción literaria" producida en la última etapa del barroco.

Pero la actitud depuradora, la que "limpia, fija y da esplendor" a la lengua, como suele suceder, crece y se expande casi automáticamente; así, la Academia se inclina por la lengua escrita, la lengua literaria, lo que la lleva, dice Lázaro Carreter a "desestimar y a desconocer el hablado [...] Vistas así las cosas, el concepto de vulgarismo se enquista en la idea de corrupción del lenguaje literario, correcto y culto" (1947: § 83). A la persecución del vulgarismo se añade muy pronto la del galicismo, como respuesta del "sentimiento nacional herido continuamente por la actividad política francesa y por el desprecio de sus escritores" (ídem, § 86).

Si ya Nebrija, como los humanistas, había hecho de la idea de la corrupción lingüística un instrumento de reflexión que, por un lado, explicaba las diferencias crecidas entre el latín y el romance; y por el otro, apuntalaba su necesidad de "reducir la lengua al arte de la gramática", para impedir que el español, a su vez, se corrompiera, en el dieciocho la idea se recupera, y se identifican con ella las causas de la nueva corrupción: los cultismos barrocos, los galicismos y los vulgarismos. La idea de la lengua se comienza a volver una idea defensiva que conduce, sí, a un uso más austero e ilustrado, pero también a una restricción a lo culto, enfrentado con lo hablado y popular, y a una lucha contra el francés.

El paso de la idea de la lengua española al imaginario colectivo que sustenta el Estado español desde Carlos III es anterior a la difusión del pensamiento nacionalista, de principios del siglo diecinueve[11], propalado por la Revolución Francesa. Más que a un incipiente nacionalismo a finales del siglo dieciocho, las reformas borbónicas condujeron a un centralismo, en que la lengua española era sólo uno más de los instrumentos que facilitan la conducción del Estado. Sólo la invasión napoleónica, a principios del diecinueve[12], desata un sentimiento patriótico que se puede confundir con el nacionalismo. El historiador Andrés de Blas afirma: "Exceptuando algún momento específico –la Guerra de Independencia es especialmente importante al respecto–, el nacionalismo es un recurso relativamente innecesario en la vida española del grueso del siglo pasado [es decir, del siglo diecinueve]" (1989: 16).

No ocurrió lo mismo en Hispanoamérica, cuyas características idiomáticas no parecen haberse planteado antes ni como conflicto –en todo caso, como curiosidad, particularmente por su vocabulario de la flora y la fauna[13]–, ni como objeto de interés en sí mismo. Hacia mediados del siglo diecinueve las recién formadas repúblicas hispanoamericanas pasan rápidamente del nuevo patriotismo a un naciona-

---

[11]  "Antes de que el impulso revolucionario francés generalice el recurso a la nación, es visible la génesis de un nacionalismo de carácter dinástico crecido a la sombra de una organización política que nace con clara vocación de Estado–Nación" (De Blas 1989: 14).

[12]  Anne Marie Thiesse (1999:70) observa: "La question des langues nationales est une des grandes affaires européennes à partir de la fin du XVIIIe. siècle. Ce que parlaient leurs différents sujets avait jusqu–là peut compté pour les monarques, plus soucieux des rentrées d'impôts, de l'état de leur armée ou des possibles oppositions nobiliaires à leur pouvoir. [...] La proclamation de la République change radicalement la perspective: l'usage de la 'langue du roi' était pour les sujets question d'éducation et de choix, pour les citoyens, l'usage de la langue de la nation est un devoir".

[13]  Por ejemplo en el glosario del *Diccionario geográfico–histórico de las Indias Occidentales o América*, publicado por Antonio de Alcedo en Madrid, entre 1786 y 1789. Vicente Salvá, desde París y por motivos de mercado en Hispanoamérica (aunque también quizás con el impulso que Francia quería dar a su influencia en Hispanoamérica, "L'Amérique Latine") parece haber sido el iniciador del interés por los "americanismos" en su *Nuevo diccionario de la lengua castellana que comprende... muchas americanas, añadidas*, en 1846. Véase Seco 1987.

lismo inspirado por Francia y los Estados Unidos de América. Comienzan por ser Estados que construyen naciones; es decir, no surgen de una sociedad nacional ni de una identidad étnica, sino de una independencia llevada a cabo como una reacción largamente cultivada entre los criollos –es decir, los hijos de españoles nacidos en América, dueños de las haciendas y las minas y principales beneficiarios del comercio con la metrópoli y las islas Filipinas, que formaban una poderosa capa impuesta sobre una gran población de mestizos e indios explotados– contra la administración colonial borbónica en la segunda mitad del siglo dieciocho, pero que estalla en guerra con la invasión napoleónica de España, el absolutismo renovado de Fernando VII y su desconocimiento de la Constitución de Cádiz.

La relación con la lengua se vuelve a lo largo del siglo, por eso, problemática. Pues si Hispanoamérica se concibió a sí misma durante cuatrocientos años como parte de la monarquía española y si las características de su colonización europea produjeron un mestizaje con sus pueblos aborígenes y diferentes experiencias históricas en cada región americana que dieron lugar a nuevas culturas, el lema nacionalista francés (y estadounidense[14]) de "una nación, una lengua" produjo una larga serie de debates a propósito del papel que podría corresponder al español en ellas. En el estrecho marco del nacionalismo, la lengua de la antigua metrópoli entraba en conflicto con la buscada "identidad nacional" de los nuevos países independientes. Para unos, había que convertirla en lengua nacional, pero rescatándola del purismo y de la pobreza de la literatura y las traducciones españolas contemporáneas[15], y dándole una ortografía "racional", como propugnaba Domingo Faustino

---

[14]  Se soslaya muchas veces el papel ejemplar que tuvo para la América hispánica la independencia de los Estados Unidos de América y su proyecto de nación, tan claramente definido por sus próceres, como John Adams y, especialmente para el punto de vista lingüístico, Noah Webster. Véase Lara 1997: § 3.4. Aunque pasó menos de un siglo para que los hispanoamericanos se desencantaran de los Estados Unidos, cuyas artimañanas y afán de apoderamiento de Hispanoamérica se revelaron muy pronto. A partir de ese momento, en que autores como José Martí y Rubén Darío denuncian la voracidad estadounidense, la unidad de la lengua se convierte también en un valladar contra el imperialismo estadounidense y su lengua. Véase el valioso e informativo estudio de Fuentes Mares 1980.

[15]  Vale la pena notar que ese juicio del purismo, la pobreza de la literatura española contemporánea y el aprecio de la literatura francesa es probablemente una característica de toda la América española. En 1835, cuando el presidente Santa Anna creó la primera Academia mexicana de la lengua (sin intervención de la española), el decreto correspondiente lo justifica aduciendo: "La decadencia a que ha llegado entre nosotros la lengua castellana, tanto por la falta de principios en la mayor parte de los que la hablan y escriben, como por la circulación de las malas traducciones de que ha inundado a la República mexicana la codicia de los libreros extranjeros, y principalmente por la escasez de obras clásicas y originales, producidas por la incomunicación en que hemos estado con España [...]", para continuar definiendo entre sus objetivos "conservarla en toda su pureza", "formar el diccionario de las voces hispano–mexicanas, distinguiéndolas de las castellanas corrompidas" y también

Sarmiento en Chile y la Argentina (Verdevoye 1963: 172 ss)[16]; para otros, había que desligarse paulatinamente de ella, mediante el aprendizaje de otras lenguas extranjeras, aunque sin proponer un efecto definido, como lo hacían en la Argentina Marcos Sastre, Juan Bautista Alberdi y Juan María Gutiérrez en 1837; para otros más, se debía recuperar una lengua amerindia –el náhuatl en México– como lengua nacional, una idea aparentemente expuesta por Ignacio Manuel Altamirano en México[17]; por último, para otros, había que reivindicar la raíz histórica española de Hispanoamérica e impulsar el reconocimiento de un español culto, suficientemente educado entre los hispanoamericanos, que "[conservara] la lengua de nuestros padres en su posible pureza, como un medio providencial de comunicación y un vínculo de fraternidad entre las varias naciones de origen español derramadas sobre los dos continentes" (Bello 1847 [1964: 24]) como era la posición –finalmente triunfante, pero más acorde con la realidad– de Andrés Bello.

La idea de la lengua en Hispanoamérica no sólo no se diferenciaba en sus principales componentes de la de España, como correspondía a su continuidad cultural e histórica, sino que, por un lado, acentuó precisamente sus rasgos defensivos: galicismo, vulgarismo y americanismo se convierten en una obsesión permanente de los eruditos y académicos hispanoamericanos; por el otro, revaloró la idea de la unidad lingüística del español, como manera de conservar su unidad cultural y la comunicación entre las nuevas naciones. Los vocabularios y diccionarios dedicados a exponer los "barbarismos, solecismos y vicios" de las hablas hispanoamericanas se suceden por todo el continente durante el siglo diecinueve y la mitad del veinte[18]. Se nutre así una conciencia perversa del desvío de las variedades americanas del español: la denuncia de los barbarismos es al mismo tiempo su gozo como elemento diferenciador de España.

Las lenguas amerindias, habladas por la mayoría de la población en Hispanoamérica todavía a principios del siglo diecineve[19], con alguna excepción, como la de

---

"formar gramáticas y diccionarios de las diferentes lenguas que se hablan en toda la República" (en Cifuentes, 1998: 292).

[16] Hace falta un estudio completo e histórica y lingüísticamente bien contextualizado de las ideas de Sarmiento y sus contemporáneos argentinos, pues los fragmentos que se suelen citar de ellos muestran grandes contradicciones entre sus ideales patrióticos nacionalistas y el hecho –que al final se les impone a todos ellos– de que su lengua materna no era otra que la española.

[17] Véase Verdevoye, loc. cit. No he podido encontrar en dónde lo propuso Altamirano, si acaso es cierto.

[18] No sólo en Hispanoamérica se produjo este fenómeno, sino también en España, en todas las regiones que podían considerarse periféricas de una lengua cada vez más identificada con Castilla, como se puede colegir de Ahumada 2000.

[19] Extrapolo a partir de los datos conocidos acerca de la población de México en 1810 –año del comienzo de la guerra de independencia– en que de los 6.122.000 habitantes de Méxi-

Altamirano en México, se consideraban un estorbo de las unidades nacionales. En la Argentina se las combatió hasta principios del siglo veinte, tratando de exterminar a sus hablantes; en México, decía por ejemplo Francisco Pimentel, "debe procurarse que los indios olviden sus costumbres y hasta su idioma mismo, si fuera posible"[20]. Es decir, no hay una valoración de las lenguas amerindias contemporáneas, que diera por consecuencia una consideración objetiva de su papel social y de la idea de la lengua española en relación con ellas. El nacionalismo, que hacía concebir a las naciones hispanoamericanas como "una unidad de origen, de religión, de tipo, de costumbres, de lengua, de estado del desarrollo, así como de deseos, de fines, de aspiraciones", en palabras del mexicano Andrés Molina Enríquez (en Villoro 1950: 169), impide esa consideración.

Si el nacionalismo hispanoamericano tiene un origen diferente del centralismo español de principios del siglo diecinueve, la idea de la lengua en ambos lados del Atlántico es la misma: una idea políticamente uniformadora de los países, defensiva ante el francés, purista o casticista. En Hispanoamérica será en donde su papel como "medio providencial de comunicación y vínculo de fraternidad entre las varias naciones de origen español", como lo proponía Bello, comience a destacar. La unidad del español será la única manera de impedir una fragmentación lingüística del mundo hispánico, semejante a la que sufrió el latín a la caída del imperio romano. Desde Bello y Rufino José Cuervo será ésta la principal preocupación de los hispanoamericanos. Pero bajo una idea de la lengua de carácter defensivo y purista, será también la principal razón para que se desconozca la variedad del español en la Península, en las islas Canarias y en el continente americano. La Real Academia Española, que entre tanto había venido ganando en autoridad e imponiendo esa concepción defensiva de la lengua, se convierte, sí, en punto de referencia para la unidad del español, pero a costa de la reducción de la variedad a un español centrado en Castilla y en Madrid, seleccionado por los académicos, que educa a las sociedades hispanohablantes en la pasividad verbal, a la espera de la sanción académica de sus usos y de la "aceptación" de su vocabulario en el diccionario. En contra de esa Academia reaccionaban Sarmiento en la Argentina y los liberales colombianos y mexicanos del siglo diecinueve, que se opusieron a la creación de las correspondientes Academias Colombiana y Mexicana[21] en 1871 y

---

co, el 60% eran indios, el 40% mestizos y el 0.2% europeos. Véase Lara y Zimmermann 1988: 1342. Supongo que, al menos en Guatemala, Colombia, Perú, Ecuador y Bolivia, la población amerindia puede haber sido proporcionalmente aún mayor.

[20]   En su "Memoria sobre las causas que han originado la situación actual de la raza indígena y medios para remediarlas", en Villoro 1950, quien no da la localización exacta de la cita.

[21]   Un congresista colombiano en 1875 se oponía a su creación argumentando que "era hostil a las instituciones patrias y basada en el principio de autoridad, que bajo ningún aspecto

1875. En España, en cambio, las luchas entre liberales y conservadores que ocupan la mayor parte del siglo diecinueve, produjeron tres actitudes diferentes: por un lado, impulsaron la asociación del español con el tradicionalismo y el centralismo castellanista; por otro, en el bando liberal, la idea uniformadora ilustrada aunque con respeto a las lenguas regionales; y por el otro, las reivindicaciones secesionistas catalanas. Afirma Ángel López García:

> Lo lingüístico no ha condicionado nunca lo político en el Este peninsular: sólo en nuestro siglo, y probablemente a causa de una identificación de lo castellano con lo español, impulsada, en lo ideológico, por la generación del 98 sobre el modelo lingüístico, se llega, miméticamente, a negar especificidad propia a todos los hispanohablantes considerados, sin más, "castellanos" (1985: 34).

La idea de la lengua predominante en las sociedades hispanohablantes contemporáneas no ha variado en relación con la que se estableció durante el siglo diecinueve[22]. En España, se reforzó con el nacionalcatolicismo del franquismo, que atacó con él a las otras lenguas peninsulares, con los efectos que conocemos. En Hispanoamérica, sigue sirviendo para ignorar los derechos humanos de su población indígena (con diferencias al menos legales entre Nicaragua y Colombia, por un lado, Perú, y México, por el otro) e impedir toda consideración política de su verdadero multilingüismo.

La defensa del español ya no se ejerce contra el francés, sino contra el inglés, que ha pasado a ocupar su lugar; la unidad del español se ha convertido en el aspecto más destacado de nuestra idea de la lengua, aunque predomina una concepción centralista metropolitana de ella, incapaz hasta ahora de replantear ni la historia canónica de la lengua, que sigue la pauta definida por Ramón Menéndez Pidal (manifiesta, en especial, en la *Historia de la lengua española* de Rafael Lapesa, primera edición: 1942), y la presenta como una historia patriótica, providencialista y castellanista, ni de tomar en consideración la existencia y las características de las variedades del español en la Península y en América que se han producido a lo largo de los siglos.

La Real Academia Española, cuyo simbolismo institucional se impone sobre sus miembros, inhibiéndolos, no es capaz de replantearse su papel normativo en el mundo hispánico contemporáneo, un papel forjado desde sus inicios y manifiesto en sus gramáticas, sus diccionarios (hasta 1992), y sus ortografías[23]; titubea ante

---

social, ni aun el del idioma, podía conciliarse con la verdadera república". En: Romero (1972).

[22]  Véase al respecto, el interesante estudio de Lebsanft 1997.

[23]  Acerca de la última *Ortografía de la lengua española*. Madrid: Espasa, 1999 véase mi artículo Lara (2000).

los aportes contemporáneos al estudio de la gramática, por lo que su gramática de 1973 se llamó, elusivamente, *Esbozo de una nueva gramática de la lengua española*; la obra pedida a Emilio Alarcos Llorach y publicada en 1994 (*Gramática de la lengua española*) no se considera una gramática "oficial" de la Academia, como tampoco la monumental *Gramática de referencia*, de Ignacio Bosque y Violeta Demonte[24]; en sus diccionarios parece estar derivando hacia una actitud descriptivista del léxico, que desorienta a sus lectores, educados en su normativismo casticista y, sobre todo, conserva su distinción centralista entre el "diccionario general" y los "diccionarios de regionalismos", en particular de "americanismos", por lo que, a la vez que invita a sus correspondientes Academias hispanoamericanas a revisar el vocabulario de sus respectivos países incluido en su diccionario (eliminando el que consideren, casi subjetivamente, en desuso), se propone un diccionario académico de americanismos que, por lo que se puede ver, no es capaz de poner en práctica los métodos lingüísticos contemporáneos de construcción de corpus de datos[25] y los lexicográficos de elaboración del diccionario dejan bastante que desear[26]

La *realidad* de la lengua española hoy en día en las naciones hispánicas nos presenta, por el contrario, un conjunto de características que la idea predominante de la lengua comprende mal y, en consecuencia, induce a enfrentarlas inadecuadamente. Comenzaré por destacar que el español es lengua nacional[27] de 21 países

---

[24]  Aunque hay que señalar que Ignacio Bosque, miembro de la Academia, está preparando una gramática más, con el concurso de varios académicos españoles e hispanoamericanos, que supongo será su "gramática oficial".

[25]  Al respecto, el *Corpus de referencia del español actual* (CREA) quedó compuesto por un 50% de textos españoles y un 50% de textos hispanoamericanos; entre ellos, el peso de los textos procedentes de cada región varía: 40% de la llamada "zona mexicana", que comprende desde el suroeste de los Estados Unidos de América hasta Honduras y el Salvador (Nicaragua y Costa Rica forman otra zona, con 3%) frente al 14% de la "zona rioplatense", por ejemplo. No se entiende la justificación para esa repartición, pues ni demográfica ni culturalmente España e Hispanoamérica son paritarias; no se ve en qué puedan diferenciarse Nicaragua y Costa Rica del resto de Centroamérica, ni la conveniencia de unir Centroamérica con México, etc. A la vez, no parece haber ningún interés por construir corpus de datos hispanoamericanos, que nutran a su "diccionario de americanismos".

[26]  Juzgo a partir del *Diccionario breve de mexicanismos*, de Guido Gómez de Silva (2001), publicado por la Academia Mexicana. Véase mi reseña en *NRFH* 50, 1 (2002), 228–237.

[27]  No hay que confundir "lengua nacional" con "lengua oficial". La última presupone un reconocimiento legal, que tiene en muchos países hispanoamericanos pero no en todos. En México no hay, jurídicamente, una "lengua oficial", pero el hecho de que la constitución política del país se haya escrito en español y la lengua sirva como medio de comunicación general a todos sus ciudadanos, incluso a los indios, de cuyos 10 millones de hablantes más de la mitad también hablan español, la convierte en verdadera "lengua nacional". En España, el español sólo se convirtió en "lengua oficial" en la Constitución de 1931 y nuevamente en la actual, de 1978. Curiosamente, no lo fue durante el franquismo (González Ollé 1995: 37).

independientes, cuyas fronteras políticas en Hispanoamérica modifican en diversas medidas las regiones históricas creadas por la colonización del continente. Estas lenguas nacionales han creado "comunidades de comunicación" –aprovechando un concepto de Dell Hymes[28]– diferentes y propias de cada país; así por ejemplo, si históricamente el Estado mexicano de Chiapas formaba parte de Centroamérica y, en consecuencia, comparte con Guatemala, en particular, varias características dialectales, el formar parte de México le ha superpuesto una variedad nacional del español que lo diferencia de Guatemala. Si en el interior de México la investigación dialectológica puede reconocer, al menos, 17 dialectos, que conservan en buena medida la distribución territorial del siglo diecisiete[29], las comunicaciones del siglo veinte y el modo en que el centralismo mexicano a partir de Porfirio Díaz, sobre todo (1877-1910) y después con los gobiernos de la Revolución (1910-1982) expandieron las variedades culta y popular de la ciudad de México por todo el país (mediante el discurso y las maneras políticas, el radio y el cine), han creado un "español nacional mexicano" que lo singulariza frente al "español nacional de España" o al de la Argentina.

No se puede seguir pensando, entonces, que hay un "español de América", capaz de caracterizarse en bloque frente al de España; y no se puede seguir pensando que las variedades hispanoamericanas se describen y se comprenden bien mediante la pareja de "español general" / "español americano", suponiendo que tal "español general" existe y es idéntico al nacional de España, como lo hacen, en particular, la lexicografía académica, la lexicografía española y la lexicografía diferencial (Tampoco se puede seguir soslayando que hay un español nacional de España, con variedades modernas importantes, como puede ser, por ejemplo, el español de Cataluña, en diferentes medidas distintas de lo que ha ocupado tradicionalmente a la dialectología española).

Pero asumir la existencia de "españoles nacionales" en nuestra idea de la lengua actual tampoco es suficiente, puesto que, desde el punto de vista normativo, esos "españoles nacionales" reconocen el valor y la existencia de un español común a

---

[28]   Oesterreicher 2000: 293 utiliza el concepto de "Kommunikationsraum", que en general resulta equivalente. Varias de las afirmaciones de Oesterreicher en ese artículo son consonantes con las mías.

[29]   Debemos a Juan M. Lope Blanch el único intento, en México, por definir esos dialectos, aun cuando lo haya expuesto prudentemente como una hipótesis, antes de tener todos los resultados del *Atlas lingüístico de México*. En "El léxico de la zona maya en el marco de la dialectología mexicana", *NRFH* 27 (1971), Lope Blanch permite suponer que haya una continuidad entre varios dialectos contemporáneos del español mexicano y sus antecedentes históricos. Desgraciadamente los estudios dialectológicos se interrumpieron en México y no se ha podido avanzar en este sentido.

todos[30], que se conserva mediante una jerarquía de normas reales, no necesariamente prescriptivas, que los hispanohablantes aprendemos a utilizar según nuestro grado de educación y de experiencia de la internacionalidad de la lengua (Lara
2004: 47-70). Más allá de esas normas, lo que da lugar a ellas e impulsa el cambio y la conservación de la lengua española no es la supuesta existencia de un
"estándar" o una "norma" internacional –que no se puede demostrar– sino sus
*tradiciones* escritas y habladas, que constituyen la competencia histórica y real
–no chomskyana– de los hispanohablantes; es decir, no son las normas por ellas
mismas, meras reglas de uso más o menos respetadas por los hablantes, sino el
cultivo histórico de la lengua que, al igual que en la época de Alfonso el Sabio, se
orienta por la comunicación y pondera la calidad de la lengua en cada manifestación, ya sea escrita o ya sea hablada.

Sin duda esas tradiciones operan de maneras diferentes. Las tradiciones escritas
se han ido definiendo a partir de la lengua literaria, con la contribución de los
filólogos, los lingüistas y los agentes normativos más importantes, como la escuela y las academias que, a lo largo de la historia, han reflexionado sobre ella y la
han ido introduciendo en la educación de la lengua. Esas tradiciones son, por
naturaleza, anteriores a la acción académica y, en realidad, son las que le permiten la acción, a la vez que limitan las posibilidades de aplicación de sus sancio-
nes. No ha habido, ni en España ni en América, un desprecio de la tradición escrita; Sarmiento, para dar un ejemplo extremo, no se oponía a ella, sino que la
reivindicaba frente a la estrechez del trabajo académico y de la literatura española del siglo diecinueve.

Las tradiciones habladas, por no disponer de la escritura como medio de difusión
y de conservación, han sido siempre locales. Quizá la koiné castellana que se
expandió a Extremadura y Andalucía, y que tuvo a Sevilla como principal motor
de difusión hacia América, sea la fuente principal de las tradiciones habladas en
Hispanoamérica; según lo piensa Ángel López García, a ella se deben las variedades del español en la Península (y en las islas Canarias). Las tradiciones habladas dan lugar a las hablas populares, que no se separan, en una especie de diglosia, de las escritas cultas, sino que se nutren entre sí[31].

Desde estos puntos de vista, el español actual es, como lo han propuesto Klaus
Heger (1989), Wulf Oesterreicher (2000) y varios más, "pluricéntrico", no "con-
céntrico" como lo imagina la idea predominante de la lengua; no un español
"general" o "estándar" centrado en Madrid (con la Academia y los "manuales de

---

[30]  Algo que señala Lebsanft 2004, en clara intervención polémica con Oesterreicher.
[31]  Véase el "modelo" propuesto por Oesterreicher (2000: 289) para esta dinámica.

estilo" de la prensa española como principales agentes normativos), y rodeado de "variedades dialectales" españolas e hispanoamericanas, sino un dinámico conjunto de españoles nacionales, regionales históricos (por ejemplo, el andaluz occidental, el antillano, el centroamericano, el rioplatense, el yucateco), y regionales modernos, creados por las comunidades nacionales de comunicación (por ejemplo, el andaluz sevillano actual, el español catalán, el andino, el del centro de México; incluso el que hablan indios mexicanos bilingües, influido por sus lenguas maternas), que alteran su antigua constitución. Pero además de "pluricéntrico", el español actual es "multipolar", pues algunas de esas variedades nacionales o regionales son, también, focos de irradiación de características lingüísticas y de normas de corrección, difundidas por su prestigio socio-político y sus medios de comunicación. Por ejemplo, sin duda Barcelona y Madrid son polos de irradiación contemporánea, gracias a su industria editorial y al papel político que tienen en España; las ciudades de Buenos Aires, de Bogotá y de México, igualmente. El español nacional mexicano irradia su fonética y buena parte de sus peculiaridades gramaticales y léxicas hacia Centroamérica y las comunidades hispanohablantes de los Estados Unidos de América, particularmente por la televisión y la prensa. Las ciudades de Miami y Los Ángeles, núcleos de poderosa difusión mediática hacia todo el mundo hispánico, se vuelven cada día más claros polos de la lengua española, aun cuando no hayan formado parte de la tradición histórica hispánica. Éstas últimas, polos del consumo mediático mal llamado "latino", podrían contribuir a crear una nueva koiné española –no un "espanglish"[32]– que esterilice las tradiciones históricas del español y haga de la lengua un instrumento de penetración de la ideología estadounidense.

Una idea de la lengua acorde con esa realidad contemporánea del español necesita seguir orientándose por el valor de la unidad de la lengua, como principal medio de comunicación entre todos los hispanohablantes; pero no una lengua "unificada" por ninguno de sus centros o de sus polos, sino en constante regeneración por sus tradiciones escritas –centrípetas– y habladas –centrífugas–. Algo que se puede lograr, gracias a los actuales medios de comunicación y a la educación.

---

[32] La búsqueda del sensacionalismo, que aqueja a ciertos profesores de literatura "lationamericana", como Ilán Stavans, en los Estados Unidos de América y a la prensa, ha llevado a varios a creer que realmente se puede formar una "lengua criolla", mezcla del inglés y el español. No puedo discutir el tema en este espacio, pues requiere una argumentación más amplia; lo cierto es que, entre dos lenguas con la capacidad educativa y de comunicación que tienen el español y el inglés, así como las oportunidades de asimilación al ámbito anglohablante que, pese a todo, tienen los inmigrantes hispanoamericanos en los Estados Unidos de América, no hay lugar para una "nueva" lengua intermedia.

La idea de la lengua necesita también desligarse del nacionalismo y recuperar su característica de medio de comunicación entre todos los pueblos que forman los Estados hispánicos. El abandono de las identidades nacionalistas, que tanta dificultad causan en España y en varios países hispanoamericanos, como México, permitiría un reconocimiento pleno de los derechos a la lengua materna de esos pueblos, y desactivaría el peligro de que crezcan las reivindicaciones etnicistas, insoslayablemente reaccionarias, en el siglo veintiuno.

En cuanto a la investigación lingüística, una nueva idea de la lengua como la expuesta permite reconocer los valiosos aportes recientes de la investigación histórica del español, que llevan a una revisión crítica y creativa de la historia de la lengua, así como orientar la investigación dialectológica y sociolingüística, además de las prácticas metodológicas de la lexicografía, la gramática escolar, la traducción de lenguas extranjeras, la enseñanza del español como segunda lengua, y la elaboración de "manuales de estilo" para los medios de comunicación.

La "idea de la lengua" española, cuya evolución y características he tratado de mostrar, es una realidad del imaginario colectivo hispánico que, aun cuando forma parte de la ideología, no por eso deja de tener un papel central en la manera en que sus hablantes entienden su lengua y en que sus filólogos y lingüistas articulamos el discurso científico y normativo del español. Como tal realidad ideológica, debe formar parte de las teorías de las lenguas históricas particulares y debe considerarse para comprender a las comunidades lingüísticas y sus procesos de identificación simbólica, tan necesarios para la crítica de las identidades nacionales contemporáneas, así como para poder dar el paso intelectual que requiere una comprensión adecuada de las relaciones supranacionales o suprarregionales, que se manifiestan en el mundo que nos ha tocado vivir.

# OBRAS CITADAS

AALE [Asociación de Academias de la Lengua Española] (2004): *La nueva política lingüística panhispánica*. Madrid: Real Academia Española.

ACUÑA, Leonor (2002): "El español como recurso económico: de Colón al Mercosur". *Novedades de antropología*, año 11, 42, 19-22.

— (2005): "La enseñanza del español como lengua extranjera en la Argentina: de la iniciativa individual a la política de Estado", en: Mozzillo, Isabella/Machado, Maristela G. S./dos Santos, Sílvia C. K./Nicolaides, Christine/Pachalski, Lia J. N./Morales Klee, Márcia/Fernandes, Vera (orgs.): *O plurilingüismo no contexto educacional*. Pelotas: Editora da Universidade Federal de Pelotas, 97-111.

AHUMADA, Ignacio (2000): *Estudios de lexicografía regional del español*. Jaén: UNED.

ALARCOS LLORACH, Emilio (2004): *Gramática de la lengua española*. Madrid: Espasa-Calpe.

ALINEI, Mario (1996): *Origini delle lingue d'Europa. 1. La teoria della continuità*. Bolonia: Il Mulino.

ALONSO, Amado (1938): *Castellano, español, idioma nacional. Historia espiritual de tres nombres*. Buenos Aires: Losada.

ALTHUSSER, Louis (1971): "Ideology and ideological State apparatuses", en: Althusser, Louis: *Lenin and philosophy and other essays*. London: Verso, 121-173.

ALVAR, Manuel (1986): "Lengua nacional y sociolingüística: las Constituciones de América", en: Alvar, Manuel: *Hombre, etnia, estado*. Madrid: Gredos, 262-341.

— (1991): *El español de las dos orillas*. Madrid: Mapfre.

ÁLVAREZ JUNCO, José (2001): *Mater Dolorosa: la idea de España en el siglo XIX*. Madrid: Taurus.

ANDERSON, Benedict (1983): *Imagined communities: reflections on the origin and spread of nationalism*. London/New York: Verso.

ANGENOT, Marc (1982) : *La parole pamphlétaire*. Paris: Payot.

APEL, Karl–Otto ($^3$1980): *Die Idee der Sprache in der Tradition des Humanismus von Dante bis Vico*. Bonn: Bouvier Verlag.

ARANA, Sabino (1965): *Obras Completas de Arana Goiri'tarr Sabin*. Bayona/Buenos Aires: Sabindiarr-Batza.

AVOGADRO, Enrique Guillermo (2001): "Importancia económica del español en Brasil", en: <http//:cvc.cervantes.es/obref/congresos/valladolid/mesas_redondas/avogadro _e.htm>.

BAGNO, Marcos (2003): *A norma oculta: língua e poder na sociedade Brasileira*. São Paulo: Parábola.

BAKHTIN, Mikhail (1981): *The dialogic imagination*. Austin: University of Texas Press.

BALBÍN, Rafael De/ROLDÁN, Antonio (eds.) (1966): *Gramática de la lengua vulgar de España*. [Lovaina, 1559] Madrid: CSIC, Clásicos Hispánicos.

BANHOS, Alexandre (1995): "Ameaças ao espanhol na Galiza", en: *Agália*, 43, 269-278.

BARBOUR, Stephen/CARMICHAEL, Cathie (eds.) (2000): *Language and nationalism in Europe*. Oxford: Oxford University Press.

BELLO, Andrés (1964 [1847]): *Gramática de la lengua castellana destinada al uso de los americanos*. Buenos Aires: Sopena.

BERDUGO, Óscar (2001) "El español como recurso económico: anatomía de un nuevo sector", en: <http//:cvc.cervantes.es/obref/congresos/valladolid/ponencias/activo_del_espanol/1_la_industria_del_espanol/berdugo_o.htm>.

BEX, Tony/WATTS, Richard J. (eds.) (1999): *Standard English: the widening debate*. London/New York: Routledge.

BLAS GUERRERO, Andrés De (1989): *Sobre el nacionalismo español*. Madrid: Centro de Estudios Constitucionales.

— (1994): *Nacionalismos y naciones en Europa*. Madrid: Alianza Editorial.

BLOCK, David/CAMERON, Deborah (eds.) (2002): *Globalization and language teaching*. London/New York: Routledge.

BLOMMAERT, Jan (2005): *Discourse*. Cambridge: Cambridge University Press.

— (2006): "Language policy and national identity", en: Ricento, Thomas (ed.): *An introduction to language policy: theory and method*. London: Blackwell, 238-254.

BLOMMAERT, Jan/VERSCHUEREN, Jef (1998): "The role of language in European nationalist ideologies", en: Schieffelin, Bambi/Woolard, Kathryn/Kroskrity, Paul V. (eds.): *Language ideologies: practice and theory*. New York/Oxford: Oxford University Press, 189-210.

BONET, Lluís/GREGORIO, Albert de (1999): "La industria cultural española e América latina", en: García Canclini, Néstor/Moneta, Carlos (coords.): *Las industrias culturales en la integración latinoamericana*. Buenos Aires: Editorial Universitaria de Buenos Aires, 77-114.

BORGES, Jorge Luis (1972): "Del rigor de la ciencia", en: *El hacedor*. Madrid: Alianza Editorial, 143-144.

BORTONI-RICARDO, Stella M. (2005): *Nós cheguemu na escola, e agora? Sociolingüística e educação*. São Paulo: Parábola.

BOSQUE, Ignacio/DEMONTE, Violeta (eds.) (1999): *Gramática descriptiva de la lengua española*. Madrid: Espasa-Calpe.

BOSSONG, Georg/BÁEZ DE AGUILAR GONZÁLEZ, Francisco (eds.) (2000): *Identidades lingüísticas en la España autonómica*. Madrid/Frankfurt: Iberoamericana/Vervuert.

BOURDIEU, Pierre (1982): *Ce que parler veut dire; L'economie des echanges linguistiques*. Paris: Fayard.

— (1990): *The logic of practice*. Cambridge: Polity.

— (1991): *Language and symbolic power*. Cambridge: Harvard University Press.

Boyd, Carolyn (1997): *Historia patria. Politics, history and national identity in Spain, 1875-1975*. Princeton: Princeton University Press.

Bugel, Talia (1999): "O espanhol na cidade de São Paulo: quem ensina qual variante a quem?", en: *Trabalhos em Lingüística Aplicada*, 33, 71-87.

— (2000): "Aspectos ideológicos y culturales de la enseñanza actual del español como lengua extranjera en la ciudad de San Pablo – Brasil", en: *Actas del XI Congreso Internacional de ASELE. ¿Qué español enseñar? Norma y variación lingüísticas en la enseñanza del español a extranjeros*. Zaragoza, 239-246.

— (2004): "'Spanish conquers Brazil' – The expansion of Spanish abroad: reports by the Spanish media", en: *Research Papers Presented at the First International Conference on CDA*. Valencia: Universitat de València, Servei de Publicacions.

— (2005): "Sobre planificación lingüística en América Latina: el español en Brasil o "Los reyes viajan a Brasil para apoyar la enseñanza de español en la escuela" – *El País*, Madrid, 10 de julio de 2000". Comunicación presentada en el XIII Congreso Internacional de ALFAL, San José de Costa Rica.

Calhoun, Craig (ed.) (1992): *Habermas and the Public Sphere*. Cambridge, MA: The MIT Press.

Calvet, Louis-Jean (1974): *Linguistique et colonialisme; petit traité de glottophagie*. Paris: Payot.

— (1987): *La guerre des langues et les politiques linguistiques*. Paris: Payot.

Cameron, Deborah (1995): *Verbal hygiene*. London/New York: Routledge.

Canagarajah, A. Suresh (1999): *Resisting linguistic imperialism in English teaching*. Oxford: Oxford University Press.

— (ed.) (2005): *Reclaiming the local in language policy and practice*. Mahwah, NJ: Lawrence Erlbaum.

Casilda Béjar, Ramón (2001): "Una década de inversiones españolas en América Latina (1990-2000): El idioma como ventaja competitiva", en: <http//cvc.cervantes.es/obref/congresos/valladolid/ponencias/activo_del_espanol/1_la_industria_del_espanol/casilda_r.htm>.

Castillo Lluch, Mónica/Kabatek, Johannes (eds.) (2006): *Las lenguas de España. Política lingüística, sociología del lenguaje e ideología desde la Transición hasta la actualidad*. Madrid/Frankfurt: Iberoamericana/Vervuert.

Castoriadis, Cornelius (1987): *The imaginary institution of society*. Cambridge, MA: MIT Press.

Cebrián, Juan Luis (2004): "El español, lengua internacional", en: <http://cvc.cervantes.es/obref/congresos/rosario/mesas/cebrian_j.htm>.

Cecchini, Daniel/Zicolillo, Jorge (2002): *Los nuevos conquistadores*. Madrid: Ediciones Foca.

Cifuentes, Bárbara (1998): *Letras sobre voces. Multilingüismo a través de la historia*. México, D.F.: CIESAS/INI.

Constenla Umaña, Adolfo (2004): "Migraciones e identidad cultural en Costa Rica: examen de la tesis de la identidad cultural mestiza", en: <http:// cvc.cervantes.es/obref/congresos/rosario/ponencias/aspectos/constenla_a.htm>.

COOPER, Robert L. (ed.) (1982): *Language spread: studies in diffusion and social change.* Bloomington: Indiana University Press.

COULMAS, Florian (1988): "What is a national language good for?", en: Coulmas, Florian (ed.) *With forked tongues: what are national languages good for?* Singapore: Karoma, 1-24.

CROWLEY, Tony (1996): *Language in history: theories and texts.* London/New York: Routledge.

CRYSTAL, David (²2003): *English as a global language.* Cambridge: Cambridge University Press.

DiGIACOMO, Susan M. (1999): "Language ideological debates in an Olympic city: Barcelona 1992-1996", en: Blommaert, Jan (ed.): *Language ideological debates.* Berlin: Mouton de Gruyter, 105-43.

DPD [Real Academia Española y Asociación de Academias de la Lengua Española] (2005) *Diccionario Panhispánico de Dudas.* Madrid: Santillana.

DUCHÊNE, Alexandre/HELLER, Monica (eds.) (2007): *Discourses of endangerment.* London: Continuum International.

EAGLETON, Terry (1991): *Ideology: an introduction.* London: Verso.

— (ed.) (1994): *Ideology.* London/New York: Longman.

EDWARDS, John (1985): *Language, society and identity.* Oxford: Basil Blackwell.

ERRINGTON, Joseph (1999): "Indonesian('s): authority", en: Kroskrity, Paul V. (ed.): *Regimes of language: ideologies, polities, and identities.* Santa Fe, NM: School of American Research Press, 205-227.

ESTEBAN, Jorge De (1987): *Por la senda constitucional.* Madrid: Ediciones El País.

ESTIENNE, Henri (1579): *Projet du livre de la précellence du langage françois.* Paris: Mamert Patisson.

ETXEBARRIA, Maitena (2002): *La diversidad de lenguas en España.* Madrid: Espasa.

FARACO, Carlos A. (org.) (2001): *Estrangeirismos: guerras entorno da língua.* São Paulo: Parábola.

FERNÁNDEZ RODRÍGUEZ, Mauro (2006): "Una revisión crítica de los argumentos en pro de la diversidad lingüística y cultural", en: Luque Durán, Juan de Dios (ed.): *Actas del V Congreso Andaluz de Lingüística General: homenaje al profesor José Andrés de Molina.* Tomo I. Granada: GranadaLingvística, 239-256.

FERNÁNDEZ RODRÍGUEZ, Mauro/RODRÍGUEZ NEIRA, Modesto (1994): *Lingua inicial e competencia lingüística.* A Coruña: Real Academia Galega.

— (1995): *Usos lingüísticos en Galicia.* A Coruña: Real Academia Galega.

— (1996): *Actitudes lingüísticas en Galicia.* A Coruña: Real Academia Galega.

FISHMAN, Joshua (1965): "The status and prospects of bilingualism in the United States", en: *Modern Language Journal,* 49, 143-55.

— (1966): *Language loyalty in the United States.* Den Haag: Mouton.

— (1972): *Language and nationalism: two integrative essays.* Rowley, MA: Newbury.

FISHMAN, Joshua/COOPER, Robert L./CONRAD, Andrew W. (eds.) (1977): *The spread of English.* Rowley, MA: Newbury House.

FOGELQUIST, Donald F. (1968): *Españoles de América y americanos de España.* Madrid: Gredos.

FORNER, Juan Pablo (1972): *Exequias de la lengua castellana*. Madrid: Pérez del Hoyo.

FOUCAULT, Michel (1966): *Les mots et les Choses*. Paris: Gallimard.

— (1969): *L'archéologie du savoir*. Paris: Gallimard.

— (1975): *Surveiller et punir: naissance de la prison*. Paris: Gallimard.

FUENTES, Carlos (1997 [1992]): *El espejo enterrado*. Madrid: Taurus/Santillana [1° edición: México, D.F.: Fondo de Cultura Económica, 1992].

— (2001): "Unidad y diversidad del español: lengua de encuentros", en: <http//:cvc.cervantes.es/obref/congresos/valladolid/plenarias/ fuentes _c.pdf>.

— (2004): "Discurso inaugural", en: <http://cvc.cervantes.es/obref/congresos/rosario/inauguracion/fuentes_c.htm>.

FUENTES MARES, José (1980): *Génesis del expansionismo norteamericano*. México, D.F.: El Colegio de México.

GAL, Susan (2001): "Linguistic theories and national images in nineteenth-century Hungary", en: Gal, Susan/Woolard, Kathryn A. (eds.): *Languages and publics: the making of authority*. Manchester: St. Jerome, 30-45.

GAL, Susan/IRVINE, Judith T. (2000): "Language ideology and linguistic differentiation", en: Kroskrity, Paul V. (ed.): *Regimes of language*. Santa Fe, NM: School for American Research, 35-84.

GAL, Susan/WOOLARD, Kathryn A. (2001a): "Constructing languages and publics: authority and representation", en: Gal, Susan/Woolard, Kathryn (eds.): *Languages and publics: the making of authority*. Manchester: St. Jerome, 1-12.

— (eds.) (2001b): *Languages and publics: the making of authority*. Manchester: St. Jerome.

GARCÍA DELGADO, José Luis (2001): "El activo del español: presentación", en: <http//:cvc.cervantes.es/obref/congresos/valladolid/ponencias/activo_del_espanol/1_la_industria_del_espanol/garcia_j.htm>.

GARCÍA DELGADO, José Luis/ALONSO, José Antonio (2001): "La potencia económica de un idioma: una mirada desde España", en: <http//:cvc.cervantes.es/obref/congresos/valladolid/mesas_redondas/garcia_j.htm>.

GARDT, Andreas/HÜPPAUF, Bernd (eds.) (2004): *Globalization and the future of German*. Berlin/New York: Mouton de Gruyter.

GAUGER, Hans-Martin (2004): "La conciencia lingüística en la Edad de Oro", en: Cano, Rafael (ed.): *Historia de la lengua española*. Barcelona: Ariel.

GÓMEZ DE SILVA, Guido (2001): *Diccionario breve de mexicanismos*. México, D.F.: Academia Mexicana/Fondo de Cultura Económica.

GONZÁLEZ OLLÉ, Fernando (1993): "Tradicionalistas y progresistas ante la diversidad idiomática de España", en: VV. AA.: *Lenguas de España, lenguas de Europa*. Madrid, Fundación Cánovas, 129-160.

— (1995): "El largo camino hacia la oficialidad del español en España", en: Seco, Manuel/Salvador, Gregorio (coords.): *La lengua española, hoy*. Madrid: Fundación Juan March, 37–62.

GRAMSCI, Antonio (1991): *Selections from cultural writings*. Cambridge, MA: Harvard University Press.

GRIJELMO, Álex (1998): *Defensa apasionada del idioma español*. Madrid: Taurus.

GUAMAN POMA DE AYALA, Felipe (1615): *El primer nuevo corónica y buen gobierno*. Paris: Institut Ethnologique (1912).

GÜEMES BARRIOS, Juan José (2001) "El español como recurso turístico: el turismo idiomático", en: <http//:cvc.cervantes.es/obref/congresos/valladolid/mesas_ redondas/guemes _j. htm>.

GUESPIN, Louis/MARCELLESI, Jean-Baptiste (1986): "Pour la glottopolitique", en: *Langages*, 83, 5-34.

GUITARTE, Guillermo L. (1986): "La dimensión imperial del español en la obra de Aldrete: sobre la aparición del español de América en la lingüística hispánica", en: Quilis, Antonio/Niederehe, Hans-J. (eds.): *The history of linguistics in Spain*. Amsterdam: John Bejamins, 129-88.

GUMPERZ, John (1972): "The speech community", en: Giglioli, Pier Paolo (ed.): *Language and social context*. New York: Penguin, 219-231.

HABERMAS, Jürgen (1989): *The structural transformation of the public sphere: an inquiry into a category of bourgeois society*. Cambridge, MA: The MIT Press.

— (1991): *The structural transformation of the public sphere*. Cambridge, MA: The MIT Press.

HAMEL, Rainer Enrique (2004): "Las cuatro fronteras de la identidad lingüística del español: lengua dominante y dominada, lengua fronteriza y lengua internacional", en: <http://cvc.cervantes.es/obref/congresos/rosario/mesas/hamel_r.htm>.

HAUGEN, Einar (1959): "Planning for a standard language in Norway", en: *Anthropological Linguistics*, 1, 3, 8-21.

— (1972): *The Ecology of Language*. Stanford, CA: Stanford University Press.

HAWKES, David (1996): *Ideology*. London/New York: Routledge.

HEGER, Klaus (1989): "Zur plurizentrischen Sprachkultur", en: *Zeitschrift für Germanistische Linguistik* 17, 226-228.

HELLER, Monica (1999a): "Alternative ideologies of *la francophonie*", en: *Journal of Sociolinguistics* 3, 3, 336-359.

— (1999b): *Linguistic minorities and modernity: a sociolinguistic ethnography*. London: Longman.

HOBSBAWM, Eric J. ([2]1992): *Nations and nationalism since 1780*. Cambridge: Cambridge University Press.

HORNBERGER, Nancy (2006): "Frameworks and models in language policy and planning", en: Ricento, Thomas (ed.): *An introduction to language policy: theory and method*. Malden, MA: Backwell, 24-41.

HUNTINGTON, Samuel P. (2004): *Who are We? The challenges to America's national identity*. New York: Simon & Schuster.

IGLESIAS, Enrique V. (2001) "El potencial económico del español", en: <http//:cvc.cervantes.es/obref/congresos/valladolid/ponencias/activo_del_espanol/1_la_industria_del_ espanol/iglesias_e.htm>.

IRALA, Valesca B. (2004): *Práticas discursivas sobre o espanhol através da comunicação mediada por computador: "la lengua mía, la lengua tuya, la lengua nuestra"*. Dissertação de Mestrado, Escola de Educação, UCPEL, Orientador: Dr. Vilson José Leffa. Pelotas.

IRVINE, Judith T. (1989): "When talk isn't cheap: Language and political economy", en: *American Ethnologist*, 16, 2, 248-267.

IRVINE, Judith T./GAL, Susan (2000): "Language ideology and linguistic differentiation", en: Kroskrity, Paul V. (ed.): *Regimes of language: ideologies, polities, and identities*. Santa Fe, NM: School of American Research Press, 35-83.

IVES, Paul (2004): *Language and hegemony in Gramsci*. London/Ann Arbor, MI: Pluto Press.

JARDÓN, Manuel (1993): *La "normalización lingüística", una anormalidad democrática*. Madrid: Siglo XXI.

JAWORSKI, Adam/COUPLAND, Nikolas (eds.) (1999): *The discourse reader*. London/New York: Routledge.

JOSEPH, Joseph E. (1987): *Eloquence and power: the rise of language standards and standard languages*. New York: Basil Blackwell.

— (2004): "Language in national identities", en: Joseph, John E.: *Language and identity: national, ethnic, religious*. New York: Palgrave Macmillan, 92-131.

JOSEPH, John E./TAYLOR, Talbot J. (eds.) (1990a): "Introduction: ideology, science and language", en: Joseph, John E./Taylor, Talbot J. (eds.): *Ideologies of language*. London/New York: Routledge, 1-8.

— (eds.) (1990b): *Ideologies of language*. London/New York: Routledge.

JUARISTI, Jon (1997): *El bucle melancólico. Historias de nacionalistas vascos*. Madrid: Espasa.

— (2001): "Discurso de clausura", en: <http://cvc.cervantes.es/obref/ congresos/valladolid/clausura/juaristi_j.htm>.

JUDT, Tony/LACORNE, Denis (eds.) (2005): *Language, nation and state*. New York: Palgrave Macmillan.

JULIÁ, Santos (2004): *Historias de las dos Españas*. Madrid: Taurus.

KAPLAN, Robert B./BALDAUF, Richard B. Jr. (1997): *Language planning: from practice to theory*. Clevedon: Multilingual Matters.

KLEIN, Horst G./STEGMANN, Tilbert D. (2001): *EuroComRom - Die sieben Siebe. Romanische Sprachen sofort lesen können*. Aachen: Shaker.

KLOSS, Heinz (1969): *Research possibilities on group bilingualism: A report*. Quebec: International Center for Research on Bilingualism.

KRAUZE, Enrique (2004): "El imperio del español", en: <http://cvc.cervantes.es/obref/ congresos/rosario/plenarias/krauze_e.htm>.

KROSKRITY, Paul V. (2000a): "Regimenting Languages: Language Ideological Perspectves", en: Kroskrity, Paul V. (ed.): *Regimes of language: ideologies, polities, and identities*. Santa Fe, NM: School of American Research Press, 1-34.

— (ed.) (2000b): *Regimes of language: ideologies, polities, and identities*. Santa Fe, NM: School of American Research Press.

LAPESA, Rafael (1942): *Historia de la lengua española*. Madrid: Gredos.

LARA, Luis Fernando (1997): *Teoría del diccionario monolingüe*. México, D.F.: El Colegio de México.

— (2000): "La nueva Ortografía de la Academia y su papel normativo", en: *Nueva Revista de Filología Hispánica*, 48, 1, 1–24.

— (2002): "Una visión excéntrica del español contemporáneo". Ponencia presentada en el *I Congreso Internacional: El español, lengua de traducción*, Almagro, 12-14 de mayo de 2002.

— (2004): *Lengua histórica y normatividad*. México, D.F.: El Colegio de México.

LARA, Luis Fernando/ZIMMERMANN, Klaus (1988): "México", en: Ammon, Ulrich/Dittmar, Norbert/Mattheier, Klaus J. (eds.): *Sociolinguistics. An international handbook of the science of language and society*. Berlin: de Gruyter, 1341-1347.

LÁZARO CARRETER, Fernando (1947): *Las ideas lingüísticas en España durante el siglo XVIII*. Madrid: CSIC.

— (1980): "El primer diccionario de la Academia", en: *Estudios de lingüística*. Barcelona: Grijalbo, 83-148.

LEBSANFT, Franz (1997): *Spanische Sprachkultur, Studien zur Bewertung und Pflege des öffentlichen Sprachgebrauchs im heutigen Spanien*. Tübingen: Max Niemeyer.

— (2004): "Plurizentrische Sprachkultur in der spanischsprachigen Welt", en: Gil, Alberto/Osthaus, Dietmar/Polzin–Haumann, Claudia (eds.): *Romanische Sprachwissenschaft, Zeugnisse für Vielfalt und Profil eines Faches. Festschrift für Christian Schmitt zum 60. Geburtstag*. Frankfurt: Peter Lang, 205-220.

LODARES, Juan Ramón (2000): *El paraíso políglota*. Madrid: Taurus.

— (2001): *Gente de Cervantes*. Madrid: Taurus.

— (2002): *Lengua y patria*. Madrid: Taurus.

— (2004): "Lenguas y catolicismo en la América virreinal", en: Lluís, Adriana/Palacios, Azucena (eds.): *Lenguas vivas en América Latina*. Barcelona: ICCI, 71-83.

LOPE BLANCH, Juan Manuel (1997): *La lengua española y sus problemas*. México, D.F.: UNAM.

LÓPEZ GARCÍA, Ángel (1985): *El rumor de los desarraigados*. Barcelona: Anagrama.

— (1988): "Respuestas a algunas preguntas no formuladas a propósito del 'Vascorrománico'", *Verba*, 15, 375-383.

— (1999): "Lengua internacional / lengua puente y construcción de identidades culturales", en: *Homenatge a Jesús Tusón*. Barcelona: Empúries, 199-210.

— (2000): "El significado de Brasil para la suerte del idioma español", en: *Anuario Brasileño de Estudios Lingüísticos*, 129-143.

— (2004a): *Babel airada. Las lenguas en el transfondo de la supuesta ruptura de España*. Madrid: Biblioteca Nueva.

— (2004b): "La triple frontera del español", en: <http://cvc.cervantes.es/obref/congresos/rosario/mesas/lopez_a.htm>.

— (2005a): "La lengua española como ideología", en: *Homenaje a Manuel Alvar*. Zaragoza: Institución Fernando el Católico, 35-51.

— (2005b): "El avance del español americano dentro de sus fronteras: ideología y sociolingüística", en: Noll, Volker/Symeonidis, Haralambos (eds.): *Sprache und Iberoamerika. Festschrift für Wolf Dietrich*. Hamburg: Buske, 163-177.

LÓPEZ MORALES, Humberto (2004): "Presentación", en: Sánchez Lobato, Jesús/Santos Gargallo, Isabel (eds.): *Vademécum para la formación de profesores. Enseñar español como L2 / LE*. Madrid: SGEL, 11-13.

— (2006): *La globalización del léxico hispánico*. Madrid: Espasa.

MACAS, Luis (2005): "Discurso de Luis Macas en el acto de su toma de posesión como presidente de la CONAIE (Confederación de Nacionalidades Indígenas de Ecuador)", en: <http://www.conaie.org> (sección "Boletines de prensa").

MACDONNELL, Diane (1986): *Theories of discourse*. Oxford: Blackwell.

MAR-MOLINERO, Clare (2000): *The politics of language in the Spanish-speaking world*: London/New York: Routledge.

MAR-MOLINERO, Clare/STEWART, Miranda (eds.) (2006): *Globalization and language in the Spanish-speaking world: macro and micro perspectives*. New York: Palgrave Macmillan.

MARTIN, Georges (1984): "La chute du royaume visigothique d'Espagne dans l'historiographie chrétienne des VIII et IX siecles", en: *Cahiers de Linguistique Hispanique Médiévale*, 9, 207-233.

MARTÍN MUNICIO, Ángel (2003): *El valor económico de la lengua española*. Madrid: Espasa Calpe.

MARTÍNEZ, Rubén (1996): "Más allá de las mamonerías. Cultura, migración y desmadre en ambos lados del Río Bravo", *La Pus Moderna* 7, 14-16. [También en: Michael Dear (ed.) (1999): *Urban Latino Cultures. La vida latina en LA*. Thousand Oaks, CA/London/Nueva Delhi: SAGE, 157-164.]

MAURA/MONTANER, Antonio (1918): *Discurso leído ante la Real Academia Española en la recepción del Sr. D. Ricardo León y contestación del Excmo. Sr. Don Antonio Maura y Montaner*. Madrid: Bernardo Rodríguez. [Tema del discurso de León: "¿Son de todo punto incompatibles, como suelen decir algunos ingenuos contemporáneos, la lengua clásica y la sensibilidad moderna?"].

MAURAIS, Jacques/MORRIS, Michael A. (eds.) (2003): *Languages in a globalising world*. Cambridge: Cambridge University Press.

MENÉNDEZ PIDAL, Ramón (1959): *Los españoles en la historia*. Buenos Aires: Espasa-Calpe.

MCCALL MILLAR, Robert (2005): *Language, nation and power*. New York: Palgrave Macmillan.

MILLS, Sara (1997): *Discourse*. London/New York: Routledge.

MILROY, James/Milroy, Lesley ($^3$1999): *Authority in Language: Investigating Standard English*. London: Routledge.

MOLINA ENRÍQUEZ, Andrés (1909): *Los grandes problemas nacionales*. México, D.F.: A. Carranza e Hijos.

MONDÉJAR CUMPIÁN, José (2002): *Castellano y español: dos nombres para una lengua, en su marco literario, ideológico y político*. Granada: Comares.

MORENO CABRERA, Juan Carlos (2006): *De Babel a Pentecostés: manifiesto plurilingüista*. Barcelona: Horsori.

MORENO FERNÁNDEZ, Francisco. (2000) "El español en Brasil", en: http://cvc.cervantes.es/ obref/ anuario/anuario_00/moreno/.

— (2004): "Medias lenguas e identidad", en: <http://cvc.cervantes.es/obref/congresos/ rosario/ponencias/aspectos/moreno_f.htm>.

NAGEL, Thomas (1986): *The view from nowhere*. New York: Oxford University Press.

NARVAJA DE ARNOUX, Elvira (2005): "'La lengua es la patria', 'nuestra lengua es mestiza' y 'el español es americano': desplazamientos significativos en el III Congreso de la Lengua Española", en: Hofmann, Sabine (ed.): *Medios, espacios y nuevas comunidades imaginadas*. Berlin: Edition Tranvía.

— (2000): "La glotopolítica: transformaciones de un campo disciplinario", en: VV. AA.: *Lenguajes: teorías y prácticas*. Buenos Aires: Gobierno de la Ciudad de Buenos Aires/Instituto Superior del Profesorado.

NEBRIJA, Elio Antonio de (1980 [1492]): *Gramática de la lengua castellana*. Ed. Antonio Quilis. Madrid: Editora Nacional.

NIEDEREHE, Hans–J. (1975): *Die Sprachauffassung Alfons des Weisen*. Tübingen: Niemeyer, Beihefte zur ZRPh, 144 (Hay traducción española: *Alfonso X el Sabio y la lingüística de su tiempo*. Trad. Carlos Melches. Sociedad General Española de Librería, 1987).

NIETO MAGRO, Antonio (2001): "Aspectos socioeconómicos del español y el portugués. Algunas reflexiones sobre el turismo de lenguas en Brasil", en: <http//:cvc.cervantes. es/obref/congresos/valladolid/ponencias/unidad_diversidad_del_espanol/5_espanol_y _portugues/nieto_m_a.htm>.

NÚÑEZ DE ARCE, Gaspar (1886): *Discurso pronunciado por Don Gaspar Núñez de Arce*. Madrid: Sucesores de Rivadeneyra.

OAKES, Leigh (2001): *Language and national identity*. Amsterdam/Philadelphia: John Benjamins.

OESTERREICHER, Wulf (2000): "Plurizentrische Sprachkultur – der Varietätenraum des Spanischen", en: *Romanistisches Jahrbuch*, 51, 281-311.

— (2006): "El pluricentrismo del español", en: *Actas del VI congreso internacional de historia de la lengua española*. Madrid: Arco/Libros, 3080-3087.

PÊCHEUX, Michel (1982): *Language, semantics and ideology*. Basingstoke: Macmillan.

PENNY, Ralph (1991): *A history of the Spanish language*. Cambridge: Cambridge University Press.

— (2000): *Variation and change in Spanish*. Cambridge: Cambridge University Press.

PENNYCOOK, Alastair (1994): *The cultural politics of English as an international language*. London: Longman.

PÉREZ, Jospeh (1996): *Historia de España*. Barcelona: Grijalbo Mondadori.

PÉREZ DE MENDIOLA, Marina (ed.) (1996): *Bridging the Atlantic*. Albany, NY: State University of New York Press.

PHILLIPSON, Robert (1992): *Linguistic Imperialism*. Oxford: Oxford University Press.

— (1997): "Realities and Myths of Linguistic Imperialism", en: *Journal of Multilingual and Multicultural Development*, 18, 3, 238-247.

PIKE, Fredrik (1971): *Hispanismo, 1898-1936*. Notre Dame/London: University of Notre Dame Press.

PRATT, Mary Louise (1991): "Arts of the contact zone", en: *Profession*, 91, 33-40.

PRAT DE LA RIBA, Enric (1978 [1906]): *La nacionalitat catalana*. Barcelona: Edicions 62.

RAJAGOPALAN, Kanavillil (2003): *Por uma Lingüística Crítica: Linguagem, Identidade e a questão Ética*. São Paulo: Parábola.

RAMA, Carlos M. (1982): *Historia de las relaciones culturales entre España y la América Latina. Siglo XIX.* México, D.F.: Fondo de Cultura Económica.

REAL ACADEMIA ESPAÑOLA (²¹1992): *Diccionario de la Lengua española.* Madrid: Espasa-Calpe.

—— (1999): *Ortografía de la Lengua Española.* Madrid: Espasa.

—— (²²2001): *Diccionario de la Lengua Española.* Madrid: Espasa-Calpe.

RENAN, Ernest (1987): *¿Qué es una nación? Cartas a Strauss.* Madrid: Alianza Editorial.

RESINA, Joan Ramón (2002): "For Their Own Good", en: Valle, José del/Gabriel-Shteeman, Luis (eds.): *The battle over Spanish between 1800 and 2000: language ideologies and Hispanic intellectuals.* London/New York: Routledge, 106-133.

RICENTO, Thomas (2000): "Historical and theoretical perspectives in language policy and planning", en: *Journal of Sociolinguistics,* 4, 196-213.

RIDRUEJO, Emilio (coord.) (2004): *Las otras lenguas de España.* Valladolid: Universidad de Valladolid.

RIVAROL, Antoine de (1998 [1784]): *L'universalité de la langue française.* Paris: Arléa.

ROMERO, Mario Germán (ed.) (1972): *Epistolario de Rufino José Cuervo con los miembros de la Academia Colombiana.* Bogotá: Instituto Caro y Cuervo.

SALVADOR, Gregorio (1987): "Los alegres guarismos de la demolingüística", en: *Lengua española y lenguas de España.* Barcelona: Ariel, 45-66.

—— (1987): *Lengua española y lenguas de España.* Barcelona: Ariel.

—— (1992): *Política lingüística y sentido común.* Madrid: Istmo.

SÁNCHEZ RON, José Manuel (2003): "Elogio del mestizaje: historia, lenguaje y ciencia". *Discurso leído el día 19 de octubre de 2003 en su recepción pública, por el Excmo. Sr. Don José Manuel Sánchez Ron, y contestación del Excmo. Sr. Don Juan Luis Cebrián.* Madrid: Real Academia Española.

SCHIFFRIN, Deborah/TANNEN, Deborah/HAMILTON, Heidi E. (eds.) (2001): *The handbook of discourse analysis.* Malden, MA: Blackwell.

SCHIEFFELIN, Bambi B./WOOLARD, Kathryn A./KROSKRITY, Paul V. (eds.) (1998): *Language Ideologies: practice and theory.* New York/Oxford: Oxford University Press.

SCHWAMBORN, Friedhelm (1968): *Das Spanienbild Domingo Faustino Sarmientos.* Bonn.

SECO, Manuel (1987): "El nacimiento de la lexicografía moderna no académica", en: *Estudios de lexicografía española.* Madrid: Paraninfo, 129-59.

SEPÚLVEDA, Ignacio (2005): *El sueño de la Madre Patria. Hispanoamericanismo y nacionalismo.* Madrid: Marcial Pons.

SIGUAN, Miquel (1992): *España plurilingüe.* Madrid: Alianza Editorial.

SILVERSTEIN, Michael (1987): *Monoglot "standard" in America.* Chicago: Working Papers of the Center for Psychosocial Studies.

—— (1998): "Contemporary transformations of local linguistic communities", en: *Annual Review of Anthropology,* 27, 401-423.

SMITH, Anthony D. (2000): *The nation in history.* Hanover: University Press of New England.

SÖHRMAN, Ingmar (1993): *Ethnic pluralism in Spain.* Uppsala: Centre for Multiethnic Research, Uppsala University.

TAYLOR, Talbot (1997): *Theorizing language: analysis, normativity, rhetoric, history*. Amsterdam/New York, Oxford: Pergamon.

THIERS, Ghjacumu (1993): "Language contact and Coriscan polynomia", en: Posner, Rebecca/Green, John N. (eds.): *Bilingualism and linguistic conflict in Romance. Trends in Romance linguistics and philology*. Vol. 5. Berlin: Mouton de Gruyter, 253-70.

THIESSE, Anne Marie (1999): *La création des identités nationales. Europe XVIII-XX siecles*. Paris: Seuil.

TOLLEFSON, James W. (1991): *Planning language, planning inequality*. London/New York: Longman.

TOTARO-GENEVOIS, Mariella (2005): *Cultural and linguistic policy abroad: the Italian experience*. Clevedon: Multilingual Matters.

TRASK, Larry/WRIGHT, Roger (1988): "El 'vascorrománico'", en: *Verba*, 15, 361-373.

TURELL, Teresa (2001): *Multilingualism in Spain*. Clevedon: Multilingual Matters.

URIARTE, Edurne (2003): *España, patriotismo y nación*. Madrid: Espasa-Calpe.

VALLE, José del (1999): "Monoglossic policies for a heteroglossic culture: misinterpreted multilingualism in Modern Galicia", en: *Language and communication*, 20, 1, 105-132.

— (2003): "El gallego en la escalera: lengua e identidad en los márgenes", en: *Arizona Journal of Hispanic Cultural Studies*, 7, 101-107.

— (2005): "La lengua, patria común: política lingüística, política exterior y post-nacionalismo hispánico", en: Wright, Roger/Ricketts, Petter (eds.): *Studies on Ibero-Romance linguistics dedicated to Ralph Penny*. Newark, DE: Juan de la Cuesta, 391-416.

— (2006): "U.S. Latinos, *la hispanofonía*, and the language ideologies of high modernity", en: Mar-Molinero, Clare/Stewart, Miranda (eds.): *Globalization and language in the Spanish-speaking world: macro and micro perspectives*. New York: Palgrave Macmillan, 27-46.

VALLE, José del/GABRIEL-STHEEMAN, Luis (eds.) (2002a): *The battle over Spanish between 1800 and 2000: language ideologies and Hispanic intellectuals*. London/New York: Routledge.

— (2002b). "'Codo con codo': the Hispanic community and the language spectacle", en: Valle, José del/Gabriel Stheeman, Luis (eds.): *The battle over Spanish between 1800 and 2000: language ideologies and Hispanic intellectuals*. London/New York: Routledge, 193-216.

— (2004a): "Lengua y mercado", en: Valle, José del/Gabriel-Stheeman, Luis (eds.): *La batalla del idioma: la intelectualidad hispánica ante la lengua*. Madrid/Frankfurt: Iberoamericana/Vervuert, 253-263.

— (eds.) (2004b): *La batalla del idioma: la intelectualidad hispánica ante la lengua*. Madrid/Frankfurt: Iberoamericana/Vervuert.

VAN DIJK, Teun (1995): "Discourse analysis as ideology analysis", en: Schäffner, Christina/Wenden, Anita L. (eds.): *Language and peace*. Aldershot: Dartmouth, 17-33.

VARELA, Lía (2006): *La politique linguistique exterieure de la France et ses effets en Argentine: contribution à une théorie de la politique linguistique*. Thèse de Doctorat dirigée par Pierre Encrevé. Paris: École des Hautes Études en Sciences Sociales, Doctorat nouveau régime, Sciences du Langage.

VARELA, Lía/OTERO, Jaime (2006): "Hacia una política lingüística iberoamericana", en: *ARI*, 28, 16-22.

VASCONCELOS, José (1925): *La raza cósmica. Misión de la raza iberoamericana*. Madrid/Barcelona/Paris: Agencia Mundial de Librería.

— (2001 [1925]): *La raza cósmica*. México, D.F.: Porrúa.

VERDEVOYE, Paul (1963): *Domingo Faustino Sarmiento, éducateur et publiciste (entre 1839 et 1852)*. Paris: Institut des Hautes Études de l'Amérique Latine.

VILLORO, Luis (1950): *Los grandes momentos del indigenismo en México*. México, D.F.: El Colegio de México.

VON HUMBOLDT, Wilhelm (1991 [1821]): "Sobre la influencia del diverso carácter de las lenguas en la literatura y en la formación del espíritu", en: *Escritos sobre el lenguaje*. Barcelona: Península, 61-67.

WATTS, Richard J. (1999): "The social construction of Standard English: Grammar writers as a 'discourse community'", en: Bex, Tony/Watts, Richard J. (eds.): *Standard English: the widening debate*. London/New York: Routledge, 40-68.

WILLIAMS, Raymond (1977): *Marxism and literature*. Oxford: Oxford University Press.

WOLF, George (1992): *New departures in linguistics*. New York/London: Garland.

WOLF, Heinz Jürgen (1996): *Las glosas emilianenses*. Sevilla: Universidad de Sevilla.

WOOLARD, Kathryn A. (1985): "Language variation and cultural hegemony: towards an integration of sociolinguistic and social theory", en: *American Ethnologist*, 12, 738-748.

— (1989): "Sentences in the language prison: the rhetorical structuring of an American language policy debate" en: *American Ethnologist*, 16, 2, 268-278.

— (1998): "Introduction: language ideology as a field of inquiry", en: Schieffelin, Bambi B./Woolard, Kathryn A./Kroskrity, Paul V. (eds.): *Language ideologies: practice and theory*. New York: Oxford University Press, 3-47.

— (2003): "'We don't speak Catalan because we are marginalized'; ethnic and class connotations of language in Barcelona", en: R. Blot (ed.): *Language and social identity*. Westport, CT: Praeger, 85-103.

WRIGHT, Roger (1989): *Latín tardío y romance temprano en España y la Francia carolingia*. Madrid: Gredos.

— (2000): *El Tratado de Cabreros (1206): Estudio sociofilológico de una reforma ortográfica*. London: Department of Hispanic Studies Queen Mary and Westfield College.

WRIGHT, Sue (2004): *Language policy and language planning: from nationalism to globalization*. New York: Palgrave Macmillan.

ZAVALA, Silvio (1996): *Poder y lenguaje desde el siglo XVI*. México, D.F.: El Colegio de México.

ZIMMERMANN, Klaus (2006): "La selección de una variedad nacional como variedad principal para la enseñanza del español como lengua extranjera: Problemas de la política lingüística de lenguas extranjeras y de la política lingüística exterior en el Mundo Hispánico". En: Terborg, Roland/García Landa, Laura (eds.): *Los retos de la planificación del lenguaje en el siglo XXI*. Vol. 2, México, D. F.: UNAM, 565-590.

ZÚÑIGA GONZÁLEZ, Víctor A. (1998): "De cómo hablamos de los indígenas los mexicanos (no indígenas) en el México actual", en: *Región y Sociedad*, IX, 15, 131-164.

# SOBRE LOS COLABORADORES

José **del Valle** es profesor de Lingüística Hispánica en el Graduate Center de la City University of New York. Es autor de *El trueque s/x en español antiguo: aproximaciones teóricas* (Niemeyer, 1996) y co-editor de *The battle over Spanish between 1800 and 2000: language ideologies and Hispanic intellectuals* (Routledge, 2002), cuya edición en español, *La batalla del idioma: la intelectualidad hispánica ante la lengua* fue publicada por Iberoamericana/Vervuert en 2004.

Mauro **Fernández** es catedrático de Lingüística General en la Universidad de La Coruña. Entre 1998 y 2000 dirigió el Instituto Cervantes en Manila. Sus trabajos de investigación pertenecen al ámbito de la sociolingüística teórica y aplicada, con especial atención a los aspectos teóricos e historiográficos del concepto de diglosia y a la situación de la lengua gallega. Fue coordinador del Seminario de Sociolingüística de la Real Academia Gallega, desde su inicio en 1991 hasta su desaparición en 1997.

Luis Fernando **Lara** es profesor-investigador de planta del Centro de Estudios Lingüísticos y Literarios del Colegio de México, del cual fue director entre 1997 y 2003. Es miembro regular de la Academia Mexicana de Ciencias, miembro honorario del Instituto Caro y Cuervo de Bogotá y miembro del Colegio Nacional. Dirige el proyecto de elaboración del Diccionario del español de México en el Colegio de México desde 1973, y entre sus más recientes publicaciones se destacan *Lengua natural y lenguajes científicos* (México, 2001), *Lengua histórica y normatividad* (México, 2004) y *Curso de lexicología* (México, 2006).

Ángel **López García** es catedrático de Lingüística General en la Universitat de València desde 1978. Entre sus numerosas publicaciones se destacan *Gramática del español* (1992-1998), *Cómo surgió el español: introducción a la sintaxis histórica del español antiguo* (2000) y *Fundamentos genéticos del lenguaje* (2002). En 1985, ganó el XIII Premio Anagrama de Ensayo por *El rumor de los desarrai-*

*gados: conflicto de lenguas en la Península Ibérica.* En 2004 publicó *Babel airada: las lenguas en el trasfondo de la supuesta ruptura de España.*

Laura **Villa** es profesora adjunta de español en Lehman College y City College of New York y realiza sus estudios de doctorado en el Graduate Center de la City University of New York. Como becaria de investigación del Graduate Center ha hecho trabajo de campo en Rio Grande do Sul, Brasil, y en la actualidad, se encuentra desarrollando un proyecto de investigación sobre el estatus jurídico de la normativa académica en el siglo diecinueve.

Kathryn A. **Woolard** es profesora de Antropología en la Universidad de California en San Diego. Antes dio clase en las universidades de Pennsylvania y Wisconsin así como en la École des Hautes Études en Sciences Sociales de Paris. Su especialidad es la antropología lingüística y ha realizado investigaciones sobre lengua y etnicidad, política lingüística e ideologías lingüísticas en Barcelona y California. Es la autora de *Double talk: the politics of language and ethnicity in Catalonia* (Stanford, 1989) y co-editora de *Language ideologies: practice and theory* (Oxford, 1998), con Bambi Schieffelin y Paul Kroskrity, y de *Languages and publics* (St. Jerome, 2002) con Susan Gal.

www.ingramcontent.com/pod-product-compliance
Lightning Source LLC
Chambersburg PA
CBHW030839270326
41928CB00007B/1120